Susanne Plietzsch / Armin Eidherr (Hrsg.)
unter Mitarbeit von Sebastian Hartmann

Durchblicke
Horizonte jüdischer Kulturgeschichte

Jüdische Kulturgeschichte in der Moderne
hrsg. von Joachim Schlör
Band 13

Susanne Plietzsch / Armin Eidherr (Hrsg.)

Durchblicke

Horizonte jüdischer Kulturgeschichte

unter Mitarbeit
von Sebastian Hartmann

Neofelis Verlag

Inhalt

Standortbestimmungen: Moderne jüdische Geschichte

Widerständige Poesie: Jiddische Literatur

Susanne Plietzsch

Horizonte erweitern. Einleitung

Als wir die Tagung *Forschungsfelder Jüdischer Kulturgeschichte* anlässlich des zehnjährigen Bestehens unseres 2004 gegründeten Zentrums für Jüdische Kulturgeschichte an der Universität Salzburg vorbereiteten, wollten wir der interessierten akademischen wie außeruniversitären Öffentlichkeit vor allem die Vielfalt der Themen zeigen, mit denen wir es in unserer Forschungs- und Lehrtätigkeit zu tun haben. So stehen die drei thematischen Abschnitte des vorliegenden Bandes für die Forschungsgebiete der Leitungsmitglieder des Zentrums: Susanne Plietzsch arbeitet auf dem Gebiet der jüdischen Religion und ihrer Literatur, Albert Lichtblau vertritt die moderne jüdische Geschichte und Zeitgeschichte und Armin Eidherr die jiddische Sprache und Literatur wie auch die deutsch-jüdische Literatur. Es war für uns eine große Freude, dass die in diesem Band vertretenen Kolleginnen und Kollegen im Mai 2014 nach Salzburg gekommen sind und unsere Tagung bereichert haben.

Jüdische Studien, jüdische Kulturgeschichte – das ist ein Forschungsgebiet ohne traditionelle Grenzen.[1] Die Jüdischen Studien bewegen sich auf vielen Ebenen: Es geht in ihnen um die Geschichte der Jüdinnen und Juden in Europa und weltweit, um kulturelle Kontakte und die damit verbundenen Veränderungen, aber auch um

1 Vgl. Dan Diner: Jüdische Studien heute: Zwischen Beteiligung und Beobachtung. In: Verena Lenzen (Hrsg.): *Das Studium des Judentums und die jüdisch-christliche Begegnung*. Göttingen: V & R unipress 2013, S. 41–48, hier S. 43.

Religions-, Geistes- und Literaturgeschichte, um die Herausbildung religiöser und politischer Paradigmen und Identitäten. Eine der Funktionen der Jüdischen Studien ist es, altgewohnte Vorstellungen eines geisteswissenschaftlichen Kanons kritisch zu befragen. Das heißt in unserem Fall: die seit Jahrhunderten etablierte Tradition des Ignorierens und Ausgrenzens der religiösen und kulturellen Äußerungen der jüdischen Bevölkerung Europas – von ihren politischen Bedürfnissen ganz zu schweigen – uns selbst und anderen bewusst zu machen.[2] Eine bemerkenswerte Distanz gegenüber jüdischen Kulturen und Lebensrealitäten ist ja nicht nur im öffentlichen Bewusstsein auszumachen, sondern auch im wissenschaftlichen Alltag.

> Diese Distanz wird mitunter nur in Zwischentönen wahrnehmbar. Was kann beispielsweise eine Äußerung wie: „Vom Judentum weiß ich aber gar nichts!", wie sie Forscherinnen und Forscher aus den Jüdischen Studien in der Öffentlichkeit oder im interdisziplinären Gespräch häufig begegnet, alles bedeuten? Manchmal scheint es, als ob sich darin eher Verunsicherung und Abwehr aussprechen würden, als dass es um ein neutrales Nicht-Informiertsein ginge. Ist das die kaum reflektierte Angst vor dem nicht Normativen? ‚Nicht-Wissen' wäre dann eine Strategie des Selbstschutzes, der sogar vermeidet, das vermeintlich Abweichende überhaupt zu sehen, zu benennen, zu erforschen – geschweige denn zu ‚kennen' oder zu ‚verstehen'; ‚Nicht-Wissen' als Schutz davor, selbst dem Nicht-Normativen zugeordnet zu werden. Nachdenken über Nicht-Normativität ist somit eine grundlegende Aufgabe der Jüdischen Studien: Es geht darum, Zuschreibungen, Projektionen und Ausgrenzungen zu benennen, zu diskutieren – und zu überwinden.

Jüdische Studien haben es mit der Herausforderung zu tun, auf einer säkularen gesellschaftlichen und wissenschaftlichen Ebene eine evidenzbasierte Alternative zu einer vom traditionellen christlichen Antijudaismus (und seinen Nachwirkungen) geprägten Sicht auf das Judentum zu formulieren. Trotz aller nachhaltigen Kritik am Antijudaismus erscheint Judentum noch zu oft gewohnheitsmäßig als das

2 Vgl. dazu grundsätzlich David Nirenberg: *Anti-Judaismus. Eine andere Geschichte des westlichen Denkens*, aus d. Engl. v. Martin Richter. München: Beck 2015.

Andere – nicht nur das zufällig Unbekannte, nicht nur das (wie auch immer) historisch Ältere,[3] sondern auch das von der christlichen Normativität Abweichende, das die Brisanz des Christentums Verweigernde. Welche neuen Wege der Wahrnehmung und der Sprache können wir stattdessen einschlagen? Wäre es zielführender, die jüdische *Religion* (bei aller Problematik des Begriffs) mit ihrer israelitisch-hellenistisch-rabbinischen Geschichte und Vorgeschichte (um nur einige ihrer Aspekte zu nennen) im Sinne eines religionsgeschichtlich-anthropologischen Paradigmas zu verstehen, dessen Spuren durch vielfältige Transformationsprozesse hindurch bis heute unser Denken prägen? Es ginge dabei um das faszinierende Bewusstsein eines konkreten und exklusiven (kollektiven) Angesprochenseins – oder: Erwähltseins –, das in singulärer Weise individuelle ethische Standards mit der kultischen Praxis verknüpfte und jenen Priorität vor dieser verlieh. Wäre es möglich, jüdische Überlieferung, ob nun innerhalb oder außerhalb eines religiös-theologischen Rahmens, als einen Diskurs der Beziehung, Individualität und Würde zu lesen?[4] Als einen Diskurs, der diese Qualitäten signalisiert, um sie weiß, sie unerbittlich einfordert? Der Verweis auf Jüdisches würde dann gleichsam die Frage nach Individualität und Würde auslösen und hervorrufen – ein Diskurs, der einerseits fasziniert, andererseits aber, indem er auf schmerzliche Defizite verweist, starke Ambivalenzen bis hin zu Hass und Gewalt auslösen kann.[5]

3 Die Frage nach den kultur- und religionshistorischen Relationen zwischen Judentum und Christentum hat Daniel Boyarin in seiner inzwischen zum Klassiker gewordenen Monographie neu diskutiert (vgl. Daniel Boyarin: *Border Lines. The Partition of Judaeo-Christianity*. Philadelphia: University of Pennsylvania Press 2004).

4 In eine ähnliche Richtung geht m. E. Jan Assmanns Formulierung von einem „Monotheismus der Treue", ein Begriff, den er der von ihm geprägten „mosaischen Unterscheidung" modifizierend an die Seite stellte (Jan Assmann: *Exodus: Die Revolution der Alten Welt*. München: Beck 2015, S. 12 u. a.).

5 Diese Überlegung basiert auf der Argumentation Nirenbergs, der auf die lange Tradition der Gleichsetzung des „Jüdischen" mit dem „Fleischlichen, Irdischen" – dem Konkreten – hinweist, Ansprüche, von denen sich das Christentum mit seiner „geistlichen" Konnotation jedenfalls im Denken distanzieren konnte (vgl. z. B. Nirenberg: *Anti-Judaismus*, S. 116–118 u. a.; ders.: *„Jüdisch" als politisches Konzept. Eine Kritik der Politischen Theologie*, aus d. Engl. v. Karin Wördemann. Göttingen: Wallstein 2013, S. 14–16 u. a.).

Die Kenntnis und die integrierende Reflexion jüdischer Überlieferung und jüdischer Geschichte sind jedenfalls unverzichtbar, um die gesamte Bandbreite europäischer Geschichte, Kultur und Religiosität in den Blick zu bekommen. Gewohnte historische, kulturelle und theologische Narrative sind dabei kritisch zu überprüfen. Dies geschieht im vorliegenden Band auf vielfältige Weise. So werden im ersten Abschnitt in den Beiträgen von Daniel Boyarin, Susanne Plietzsch, Angelika Neuwirth und Sebastian Günther spätantike Wechselwirkungen zwischen Judentum und Christentum thematisiert, die an den Beginn der europäischen Geschichte gehören und ohne ihre Fortwirkung im Islam nur unvollständig beschrieben wären.[6] Der zweite Abschnitt bietet exemplarische Einblicke in die jüdische Geschichte: Marsha Rozenblit weist in ihrem Beitrag zur jüdischen Bevölkerung in Mähren im 19. und 20. Jahrhundert darauf hin, dass für Jüdinnen und Juden das Verhältnis zwischen jüdischer und (anders-)nationaler Identität nie von vornherein festgeschrieben ist, sondern entsprechend der regionalen politischen und kulturellen Gegebenheiten und Möglichkeiten individuell ausgehandelt wird. Der Abschnitt widmet sich aber auch der verstörenden Realität des Holocaust, die nach wie vor historische Analysen und kritische Re-Lektüre gesellschaftlicher Narrative fordert, wie der Beitrag von Tony Kushner und Aimee Bunting zeigt. In diesem Zusammenhang sei auch der Beitrag von Irène Heidelberger-Leonard erwähnt, den wir als Festvortrag dem gesamten Band vorangestellt haben. Heidelberger-Leonard setzt das Werk von Imre Kertész zu dem von Jean Améry in Beziehung und erschließt die philosophisch-literarischen Konfrontationen, Selbstverortungen und gesellschaftliche Visionen, mit denen beide Autoren ihr Erfahren und Überleben des Konzentrationslagers zur Sprache brachten. Im dritten Abschnitt bieten Armin Eidherr und Sabine Koller Einblicke in die jiddische Poesie des 20. Jahrhunderts. Sie zeigen die außergewöhnliche intertextuelle Vernetzung dieser jüdischen Literatur auf, die sich nicht zuletzt einem konventionell-religiösen Vorverständnis verweigert. Die Kenntnis der Hebräischen Bibel mit ihrer jüdischen Auslegungstradition ist zwar Voraussetzung für die Lektüre der hier vorgestellten Werke, doch wird die Welt der

6 Vgl. dazu Angelika Neuwirth: *Der Koran als Text der Spätantike. Ein europäischer Zugang*. Berlin: Verlag der Weltreligionen 2010.

religiösen Texte zu einem Ausgangspunkt für das Schreiben über historisch-politische Realitäten, Konflikte und Bedrängnisse.

Jüdische Studien gibt es, damit wir – zusammen mit anderen Fachdisziplinen und Forschungsrichtungen – für all diese Zusammenhänge eine Sprache finden und zur Verfügung stellen können. Es geht uns darum, unsere Themen in der Forschung und in der Öffentlichkeit immer wieder ins Gespräch zu bringen, im geisteswissenschaftlichen Kontext vielleicht sogar auf das eine oder andere neu aufmerksam zu machen. Wenn wir den Anspruch haben, das Spektrum europäischer und globaler Kulturgeschichte zu erweitern und zu vertiefen, ist es unerlässlich, dass wir untereinander im Gespräch sind – klassische Judaistik, Religionswissenschaft und Theologie, Geschichte, Sprach- und Literaturwissenschaft und alle weiteren kulturwissenschaftlichen Disziplinen.[7] Dass ein so wenig eingrenzbares Projekt wie dieses nicht ohne den Mut zur Lücke auskommt, zeigt dieser Band ohne Zweifel auch – hoffentlich aber auch unsere Freude daran, in neue Bereiche aufzubrechen, gemeinsam zu fragen und zu antworten, Orientierung zu gewinnen und zu vermitteln.

Dankesworte

Last but not least haben wir Mitglieder des Zentrums für Jüdische Kulturgeschichte etlichen Personen und Institutionen für ihre tatkräftige Unterstützung der Tagung *Forschungsfelder Jüdischer Kulturgeschichte* im Mai 2014 in Salzburg zu danken, deren Beiträge hier vorliegen: dem Rektorat der Universität Salzburg für finanzielle und ideelle Unterstützung, der Landtagspräsidentin des Landes Salzburg Brigitta Pallauf für ihr Grußwort, dem Stefan Zweig Centre Salzburg und seinem Leiter Klemens Renoldner für die Bereitstellung der Räumlichkeiten, Gerhard Langer (Wien), dem Gründer des Zentrums für Jüdische Kulturgeschichte, für seine Mitwirkung als Moderator, dem Präsidenten der Israelitischen Kultusgemeinde Salzburg

7 Zur Frage des Ortes von Judaistik und Jüdischen Studien in der Geistes- und Kulturwissenschaft ist nach wie vor aktuell: Peter Schäfer: Judaistik und ihr Ort in der *universitas litterarum* heute. Einige Überlegungen zum Fach Judaistik in Deutschland. In: Mauro Perani (Hrsg.): *"The Words of a Wise Man's Mouth Are Gracious" (Qoh 10,12). Festschrift for Günter Stemberger on the Occasion of His 65th Birthday*. Berlin / Boston: de Gruyter 2005, S. 475–491.

Hofrat Marko Feingold mit seiner Gattin Hanna Feingold für ihre Anwesenheit, ihre langjährige Begleitung und den Rückblick auf die Gründungszeit. Zu letzterem gehört auch die dankbare Erinnerung an den Mäzen und Ehrenbürger Salzburgs Donald Kahn (1925–2013), dessen großzügige Unterstützung unseres Zentrums unseren Spielraum erheblich erweiterte. Wir danken Mirko Wittwar für die Übersetzung des Beitrags von Marsha Rozenblit und die gewissenhafte Durchsicht der englischsprachigen Beiträge in diesem Band. Ein herzlicher Dank geht an Gerhard Scheit, der, da Frau Heidelberger-Leonard kurzfristig verhindert war, ihren Beitrag verlesen und in der Diskussion vertreten hat. Zu danken haben wir auch den Studierenden, die auf der Tagung Themen ihrer Qualifikationsarbeiten vorstellten, und schließlich Margarete Heinz für ihre umsichtige administrative Tätigkeit, die unsere Tagung für alle Beteiligten zu einer inspirierenden Begegnung werden ließ.

Irène Heidelberger-Leonard

Imre Kertész im Dialog mit Jean Améry

1992 war es, als ich Imre Kertész zum ersten Mal hörte: Nicht in eigener Sache, sondern in Sachen Jean Améry. Seiner Hommage gab er den, wie ich meinte, perversen Titel: „Der Holocaust als Kultur", einer Provokation der er sich im Übrigen, wie man aus seinem Roman *Ich – ein anderer*[1] erfährt, voll bewusst war. Kertész, der zu dieser Zeit noch als Geheimtipp galt, leitete seinen Vortrag mit folgenden Worten ein: „Fremd" und „irrelevant" spreche er vor einem Publikum, das seine Arbeiten wohl kaum kenne. „Aber", versicherte er, „ich bedaure diese Irrelevanz nicht im geringsten. Vielmehr sehe ich die nun mehr und mehr schwindende Möglichkeit der Äußerung von Überlebenden" – zu der „vom Holocaust gebrandmarkten Existenz" –

> gerade in der Irrelevanz, als Sinnbild der verworrenen [...] Übergangssituation, in welcher der Überlebende – wie auch Améry – gezwungen ist zu verweilen, bevor diese Existenz dann – sei es in einer tragischen Geste wie in seinem Fall oder auch anderswie – hervortreten und sich offenbaren kann. Der Holocaust hat seine Heiligen ebenso wie jede andere Subkultur [...].[2]

1 Imre Kertész: *Ich – ein anderer* [ungar. 1998], aus d. Ungar. v. Ilma Rakusa. Reinbek: Rowohlt 2002.

2 Imre Kertész: Der Holocaust als Kultur, aus d. Ungar. v. György Buda. In: Ders.: *Die exilierte Sprache. Essays und Reden*, aus d. Ungar. v. György Buda / Krisztina Koenen / Géza Dérecky / Laszlo Kornitzer et al. Frankfurt am Main: Suhrkamp 2004, S. 76–89, hier S. 77.

Ich lauschte dem Vortrag mit angehaltenem Atem, aber nicht im Einverständnis mit Kertész, sondern in wachsendem Unverständnis. Unverständnis, weil Imre Kertész den Atheisten Jean Améry zu einem Heiligen des Holocaust ernannte – schließlich eine Ausdrucksweise, die Améry nicht fremder sein könnte. Unverständnis auch, weil Imre Kertész als Exeget von Jean Amérys Texten es wagte, Auschwitz zu einem Wert zu erklären, auch diese Um-Wertung erschien mir wie eine Travestie. Erst einige Jahre danach begann ich zu begreifen: Nicht Kertész hatte Améry missverstanden – ich war es, die Kertész nicht verstanden hatte. 2002, zehn Jahre später, nimmt Kertész in *Dossier K. Eine Ermittlung* die Formulierung vom ‚Heiligen des Holocaust' wieder auf: „Sein [Amérys, d. V.] Leben hatte sich erfüllt", präzisiert K., „er hatte Zeugnis abgelegt, und er wusste genau, wann er zur Apotheose übergehen musste."[3] Amérys „tragische Geste"[4], seinen Freitod also, versteht Kertész als Amérys Apotheose.

Für Kertész ist die ‚tragische Geste', d. h. die Tragödie, der Gegenbegriff zur Schicksallosigkeit, denn „der Schicksallose", schreibt László Földényi, „sieht keinen Spalt in der Totalität, daher paßt er sich *nolens volens* an".[5] Der tragische Mensch dagegen ist fähig, diesen Spalt zu erblicken, allein er kann die Freiheit denken. Für Kertész bedeutet Freiheit Freiheit der Selbstbestimmung:[6] „Dass ich Schriftsteller bin", schreibt er in „Von der Freiheit der Selbstbestimmung",

> ist Ergebnis meiner freien Selbstbestimmung, als Jude hingegen bin ich geboren. Um aber mein Schriftstellerdasein und mein Judentum in mir zu einer einzigen Qualität zu verschmelzen, mußte ich mein Judentum genauso betrachten, wie ich die möglichst makellose Ausführung eines Kunstwerks betrachte: als Aufgabe. Als Entscheidung für ein erfülltes Dasein oder die Selbstverleugnung. Wähle ich das erfüllte Dasein, wird

3 Imre Kertész: *Dossier K.. Eine Ermittlung*, aus d. Ungar. v. Kristin Schwamm. Reinbek: Rowohlt 2006, S. 181.

4 Kertész: Der Holocaust als Kultur, S. 77.

5 László F. Földényi: *Schicksallosigkeit. Ein Imre-Kertész-Wörterbuch*, aus d. Ungar. v. Akos Doma. Reinbek: Rowohlt 2009, S. 307 (Herv. i. Orig.).

6 Imre Kertész: Von der Freiheit der Selbstbestimmung, aus d. Ungar. v. Kristin Schwamm. In: Ders.: *Die exilierte Sprache*, S. 222–232.

> mir auf einmal alles zum Vorteil. Die Tatsache, daß ich Jude bin, ist am Ende das Resultat meiner eigenen Entscheidung.[7]

Von der Freiheit zur Selbstbestimmung träumt auch Jean Améry, er verlagert sie von der Kunst auf das Leben. Selbstbestimmung in der Kunst, sagt Kertész, befähigt auch zur Freiheit in der Diktatur; Selbstbestimmung im Leben, sagt Améry, findet ihre Apotheose in der Freiheit zum freigewählten Tod. Ihn erklärt Améry zum *acte suprême*. Dabei ist „Freiheit *das*, was es *nicht gibt*", lesen wir in Kertész' *Galeerentagebuch*.[8] Und in Amérys *Hand an sich legen. Diskurs über den Freitod* steht geschrieben: „Das Freie ist kein Freies, aber der Weg ist Weg ins Freie"[9], nur der Entschluss zu diesem Weg ist Freiheit. Mit Amérys Ernennung zum Heiligen ist es nicht getan. In *Dossier K.* will K.s *Alter Ego* es genauer wissen: „Hat Dich Amérys Beispiel – aber auch seine Person – nicht zu der Gestalt des B. [...] in *Liquidation* inspiriert?" Darauf K.:

> Ich bewahre ein Foto von ihm auf. Da sitzt er auf einer öffentlichen Bank, beide Arme über die Rückenlehne ausgebreitet. Er lächelt. Ein solches Lächeln habe ich in meinem Leben sonst nie gesehen. [...] Als ich den Roman schrieb, habe ich dieses Foto oft hervorgeholt, manchmal sah ich es mir eine halbe Stunde lang an.[10]

Dieses Lächeln habe „über seine Bitterkeit hinaus" etwas „Jenseitiges".[11] Wiederum eine quasi-religiöse Vokabel, die wir mit dem ganz und gar diesseitigen Améry nur schwer in Verbindung bringen können. Eine Vokabel, die aber zum Sprachuniversum von Kertész gehört, herausgerissen aus seiner kritischen Schau eines christlichen Abendlandes, das in Auschwitz kulminiert.

7 Ebd., S. 228–229.

8 Imre Kertész: *Galeerentagebuch*, aus d. Ungar. v. Kristin Schwamm. Reinbek: Rowohlt 1999, S. 43 (Herv. i. Orig.).

9 Jean Améry: Hand an sich legen. Diskurs über den Freitod. In: Ders: *Werke*, Bd. 3, hrsg. v Monique Boussart. Stuttgart: Klett-Cotta 2005, S. 173–343, hier S. 336.

10 Kertész: *Dossier K.*, S. 181 (Herv. i. Orig.).

11 Ebd.

„Du beneidest ihn doch nicht?", drängt der Interviewer weiter. Worauf K. antwortet: „Der Bewunderung ist immer etwas Neid beigemischt. Jedenfalls hat er seinem Leben eine Form verliehen, zu der ich nicht genug Kraft hatte."[12] In seiner Sicht auf Améry kommt es Kertész auf die Form an. So fragt er sich z. B., „ob auch sein [Amérys, d. V.] Freitod noch zu seinem Werk gehörte [...]."[13] So wie Améry Stefan Zweigs Freitod als sein größtes Meisterwerk feiert,[14] versteht auch Kertész Amérys Freitod als des Autors letztes Kunstwerk.[15]

Ihrer beider Ästhetik kommt gerade in diesem Punkt weitgehend zur Deckung. Denn für beide beglaubigt erst die Literatur, vielleicht sollte man sagen die Literarisierung des Lebens, das biographische Leben. Kertész würde sagen, dass der Wirklichkeit nur durch die Fiktion beizukommen ist. Améry geht noch weiter: In seinem letzten Novellenprojekt *Rendez-vous in Oudenaarde* wird die Fiktion selbst zur Wirklichkeit erklärt. Wo das Leben nur als Kunst, nur als ästhetisches Phänomen gerechtfertigt ist, ist es einerlei, ob Freiheit der Kunst oder dem Leben abgetrotzt wird. So besehen ist Amérys Freiheitsbegriff dem von Kertész erstaunlich nahe.

‚Die Form', die Kertész zur Offenbarung *seines* Lebens wählt, ist nicht der Freitod, sondern die Schrift. „[M]eine Arbeit hat mich gerettet", schreibt der Erzähler von *Kaddisch für ein nicht geborenes Kind*,

> auch wenn sie mich eigentlich natürlich nur gerettet hat für den Untergang.[...] die wahre Natur meiner Arbeit [ist] im Grunde genommen nichts anderes [...] als ein Schaufeln, das Weiter- und Zuendeschaufeln jenes Grabes, das andere mir in den Wolken, in den Winden, im Nichts zu schaufeln begonnen haben.[16]

Oder, um mit Kertész' charakteristischer Paradoxie zu sprechen: „Der mir am meisten gemäße Selbstmord ist, wie es scheint, das

12 Kertész: *Dossier K.*, S. 181.

13 Kertész: Der Holocaust als Kultur, S. 81.

14 Jean Améry: Glanz und Elend der Schriftstellerstars. Über Jakob Wassermann und Stefan Zweig. In: Ders.: *Werke*, Bd. 5, hrsg. v. Hans Höller. Stuttgart: Klett-Cotta 2003, S. 406–421, hier S. 420–421.

15 Kertész: Der Holocaust als Kultur, S. 81.

16 Imre Kertész: *Kaddisch für ein nicht geborenes Kind*, aus d. Ungar. v. György Buda / Kristin Schwamm. Berlin: Rowohlt 1992, S. 155.

Leben."[17] Das Leben in der Schrift wird Kertész zum aufgeschobenen Selbstmord.

Beide, Kertész und Améry, stellen Überlegungen an zum Intellektuellen, sie machen sich Sorgen um den ‚verstoßenen Geist'. Wo Améry nur die Ohnmacht des Geistes beklagt, weil er die Lagerwirklichkeit nicht zu transzendieren vermochte, würdigt Kertész dessen Macht im Danach. *In* Auschwitz, rekapituliert Kertész Amérys Gedankengang, konnte der Geist ihm in der Tat nicht helfen, doch *nach* Auschwitz rief auch Améry den Geist zum Beistand, um die Anklage gegen eben diesen Geist zu verfassen. Auch Améry, so Kertész weiter, konnte Auschwitz zunächst nur überleben, indem er „es mit Sinn, oder sagen wir besser: mit Inhalt" zu füllen suchte, und dazu „konnte und mußte er als Schriftsteller die einzige Chance notgedrungen in der Selbstdokumentierung, in der Selbstanalyse, in der Objektivierung, das heißt in der Kultur, sehen."[18] So wird Kertész mit dem Titel seiner Hommage an Améry – „Holocaust als Kultur" – Améry nicht nur gerecht, er wird ihm sogar mehr gerecht als Améry sich selbst. Er verwandelt – nicht ohne Legitimation – Amérys Negativum: „Wir sind in Auschwitz [...] nicht besser, nicht menschlicher, nicht [...] sittlich reifer"[19] geworden in ein Positivum. In Wirklichkeit aber glaubt Améry, im Gegensatz zu Kertész, nicht an die kathartische Rolle der Literatur, bei ihm vermag die Vergegenwärtigung einer Zeile Friedrich Hölderlins die Realität von Auschwitz nicht zu transzendieren. Für ihn versagt der Geist vor der Wirklichkeit in Auschwitz, sowohl in Form der ästhetischen Vorstellung als auch in der Form des analytischen Denkens. Und selbst im Danach „führte" für Améry „keine Brücke vom Tod in Auschwitz zum ‚Tod in Venedig'."[20]

Was nämlich ist Kultur? Kertész definiert Kultur als privilegiertes Bewusstsein, ein privilegiertes Bewusstsein, das auch Klage führen kann gegen die *Un*kultur der Kultur. Deshalb kann der Holocaust nicht nur Werte schaffen, er ist, so Kertész, selbst ein Wert, „weil er über unermeßliches Leid zu unermeßlichem Wissen geführt hat und

17 Kertész: *Galeerentagebuch*, S. 34.

18 Kertész: Der Holocaust als Kultur, S. 80–81.

19 Jean Améry: An den Grenzen des Geistes. In: Ders.: *Werke*, Bd. 2, hrsg. v. Gerhard Scheit. Stuttgart: Klett-Cotta 2002, S. 23–54, hier S. 52.

20 Ebd., S. 47.

damit eine unermeßliche moralische Reserve birgt."[21] Selbst Améry muss in seinem Essay „An den Grenzen des Geistes" zugeben: „[W]ir [haben] Auschwitz zwar nicht weiser und nicht tiefer, wohl aber klüger verlassen [...]."[22]

Amérys Ressentiments

Zu dieser neuerworbenen ‚Klugheit' gehört für Améry das Ressentiment, zu dem er sich im Nach-Auschwitz bekennt. Er versteht sich als Linker, er wollte die Welt verändern, verändern durch das *re-sentir*, durch die Wiederholung eines Fühlens, einer Trauerarbeit, wie Freud gesagt hätte, die die Barbarei greifbar macht. Die Vorsilbe ‚re' verweist dabei nicht nur auf Wiederholung, sie verweist im gleichen Maße auf Widerspruch, auf Widerstand. Das Ressentiment ist somit nicht *De*fekt, auch nicht nur *Af*fekt, Améry macht aus dem Ressentiment eine Tugend.[23] Er sagt Nein zur seichten Versöhnung, er baut auf den Riss. Es ist ihm ein Agens, das Handlungen provoziert,[24] die, so Améry, danach trachten, den Nebenmenschen in einen Mitmenschen zu verwandeln. Das Ressentiment ist ihm politische Waffe gegen Eskapismus, ein Mittel zur Lösung von Konflikten, das nicht auf Distanz, sondern im Gegenteil auf Engagement zielt, denn die Anerkennung jeglichen Konflikts ist Vorbedingung zu seiner Lösung. Das Ressentiment wird ihm zur Emotionsquelle jeder echten Moral.

Politisches Engagement ist Kertész' Sache nicht. Kertész steigt aus, aus der Politik, seine stalinistischen Erfahrungen haben aus ihm einen Individualisten außerhalb jeglicher politischer Gruppierung gemacht. Er spricht nicht von Ressentiment, er spricht von Rache: Der Alte in *Fiasko*, Schriftsteller wie sein Schöpfer, spekuliert:

> Vielleicht habe ich zu schreiben angefangen, um an der Welt Rache zu nehmen. [...] und um ihr zu entreißen, wovon sie mich ausgeschlossen hat. [...] Vielleicht wollte ich [...] die Wirklichkeit, die mich [...] in ihrer Macht hält,

21 Kertész: Der Holocaust als Kultur, S. 88–89.

22 Améry: An den Grenzen des Geistes, S. 53.

23 Vgl. Thomas Brudholm: *Resentment's Virtue. Jean Améry and the Refusal to Forgive*. Philadelphia: Temple UP 2008.

24 Klaus R. Scherpe: Ressentiment. Eine Gefühlstatsache In: *Weimarer Beiträge* 54,2 (2008), S. 165–181, hier S. 167.

> in meine Macht kriegen; aus meinem ewigen Objekt-Sein zum Subjekt werden; selber benennen, statt benannt zu werden.[25]

Virtuosen des Subjekts sind sie beide, Améry und Kertész. Auch Améry wollte kein Schicksalloser bleiben. Amérys unerschütterlicher Glaube an das von seinen Zeitgenossen totgesagte Subjekt kommt zuletzt in seiner Rehabilitation des von Gustave Flaubert entmündigten Charles Bovary zum Ausdruck. Améry gibt Charles Bovary die Worte, zu sagen, was er leidet. Im Gegensatz zu Flauberts Charles, darf Amérys Charles der werden, der er sein will.
Améry war allem Anschein zum Trotz kein Überwältigter, denn er stirbt als Bewältiger. Die Gefängnisse des Gegebenen sind ihm von Frühauf nur Provokation zur Revolte. Kertész ist einer der wenigen, der dies erkannt hat: Ihrer beider Fähigkeit, den Determiniertheiten Freiheitsräume abzuringen, macht sie zu Wahlverwandten, es ist ihre höchsteigene Form von Vitalität. Bei Améry fängt es an mit der Änderung seines Namens, mit der Zurücknahme seines Lebens hört es auf. Bei Kertész sind es die Bollwerke der Phantasie, die er sich ohne jede Hoffnung auf Erfolg im Gefängnis der Diktatur zu erkämpfen weiß. Unerbittlich, auch ohne jegliche öffentliche Anerkennung, hielt er 40 Jahre lang an seiner dichterischen Sendung fest.

Deutschland versus Welt

Nehmen wir die Erklärung des Alten aus *Fiasko* wieder auf: „Vielleicht habe ich zu schreiben angefangen, um an der Welt Rache zu nehmen", „an der Welt", schreibt der Protagonist aus *Fiasko*.[26] Hier gibt es tatsächlich einen grundlegenden Unterschied zwischen Améry und Kertész in ihrer Sichtweise auf die Geschichte des 20. Jahrhunderts, einen Unterschied, der mit ihrem Alter, ihrer Nationalität und ihrer politischen Sozialisation zu tun hat. Dem um 17 Jahre älteren, in der deutschen Kultur verwurzelten Améry geht es bei seinem Ressentiment um ein Ressentiment gegen die Deutschen. Kertész hingegen hadert nicht mit Deutschland, nie habe er die Shoah als Folge eines

25 Imre Kertész: *Fiasko*, aus d. Ungar. v. György Buda / Agnes Relle. Reinbek: Rowohlt 2001, S. 114.
26 Ebd., S. 113.

unüberbrückbaren Gegensatzes von Juden und Deutschen betrachtet. Im Gegenteil: In Deutschland erst sei er zum Schriftsteller geworden, hier erst seien seine Bücher voll zur Entfaltung gekommen, und das Grauen, das Deutschland über die Welt gebracht habe, verarbeite er mit den Mitteln der deutschen Kultur.[27] Kertész hadert mit der ganzen Welt, denn er hat erfahren, dass er seines Schicksals nicht nur in Auschwitz beraubt wurde, sondern, wenn auch auf gänzlich andere Weise, im Totalitarismus der Nachkriegszeit.

Für Améry ist die Errichtung von Auschwitz – so wie die Vernichtung der europäischen Juden – in erster Linie ein deutsches Verbrechen. Für Kertész ist der Nationalsozialismus ein Teil der europäischen Geschichte. Auschwitz ist ein universaler Skandal, weil es sich im christlichen Kulturkreis ereignet hat: „Auschwitz und alles, was damit zu tun hat (aber was hat schon nichts damit zu tun?)", schreibt er im *Galeerentagebuch*, „ist das größte Trauma der Menschen in Europa seit dem Kreuz [...]."[28] „Die moderne Mythologie", erklärt er, „beginnt mit einem gigantischen Negativum: Gott hat die Welt erschaffen, der Mensch hat Auschwitz erschaffen."[29] Auschwitz ist für Kertész Teil der europäischen Kultur, indem es eben diese Kultur widerlegt.

Opfer und Henker

Diese Divergenz affiziert auch ihre Sicht auf die Opfer und die Täter: Wo Améry sich ganz und gar auf die Perspektive des Opfers beruft, nimmt Kertész die Perspektive des Täters ein. Améry kennzeichnet seinen ersten Essayband *Jenseits von Schuld und Sühne. Bewältigungsversuche eines Überwältigten* (1966) als eine Wesensbeschreibung des Opfers. Kertész hingegen gibt seinem ersten Roman den Titel: *Ich, der Henker* (1959). Diese Schrift blieb unvollendet, aber ein Fragment findet seinen Niederschlag in Kertész' zweitem Roman *Fiasko.* Das *Ich, der Henker*-Fragment, so heißt es in einer unveröffentlichten Tagebuch-Notiz vom 18. Januar 1959, „ist vor allem [...] Selbst-Ironie."[30]

27 Imre Kertész: Warum gerade Berlin?, aus dem Ungar. v. Kristin Schwamm. In: *DU – Zeitschrift für Kultur* 65,5 (2005), S. 22–23, hier S. 22.

28 Kertész: *Galeerentagebuch*, S. 32–33.

29 Kertész: *Ich – ein anderer*, S. 100.

30 Imre Kertész': Ich, der Henker. Akademie der Künste, Berlin, Imre Kertész Archiv, Nr. 22, S. 1.

Die *Selbst-Ironie* allein erklärt allerdings noch nicht, warum er, Kertész, als akkreditiertes Opfer, mit einem Text debütiert, in dem er in die Haut des Henkers schlüpft. Gewiss spielt dabei die Schuld, überlebt zu haben, eine Rolle. Entscheidender aber für Kertész' Erproben der Täterperspektive dürfte seine Überzeugung bzw. seine Erfahrung sein, dass Opfer und Täter im Totalitarismus austauschbar geworden sind, weil, so Kertész im *Dossier K.*, sie sich beide von der Bürde der Persönlichkeit befreiten.[31] Der unschuldige Häftling, der in seiner Überlebensnot mit dem Lagersystem paktiert, der gesetzestreue Stalinist, der aus Zugehörigkeitszwang dem Machtapparat zuarbeitet – sie stehen beide mit dem mörderischen Regime im Bunde. „Die Unschuldigen sind die, die gestorben sind. Aber einer, der das durchlebt hat, kann [...] nicht ganz ohne diese allgemeine menschliche Beschmutzung sein."[32] In Kertész' Augen sind nicht nur die Henker schuldig, auch die Opfer sind nicht frei von Schuld. Beide fügen sich in ihre ‚Schicksallosigkeit'.

Es geht Kertész um eine Grauzone, wie etwa Primo Levi sie in seinem Essayband *Die Untergegangenen und die Geretteten*[33] beschreibt, eine Zone, die der klaren Trennung zwischen Gut und Böse Hohn spricht. *Ich, der Henker* liest sich wie eine Urschrift zu Kertész' Werk. Die These schockiert, ist es doch ein gewaltiger Unterschied, ob man Böses antut oder Böses erleidet. Noch nie hat ein Überlebender sich so vehement dagegen gesträubt, auf seine Opferrolle reduziert zu werden, noch nie ist ein Überlebender so rücksichtslos mit sich ins Gericht gegangen wie Imre Kertész.

Spuren dieser Perspektive weist auch der *Roman eines Schicksallosen* auf, wo der Protagonist als virtueller Kollaborateur dargestellt wird. Die Mörder sind in seinen Augen normale Menschen, die an einer durchorganisierten, von der Gesellschaft unterstützten Handlung teilnehmen. Kertész' Henker, siehe *Fiasko*, siehe auch Kertész' *Detektivgeschichte*, sind lediglich Handlanger eines mörderischen Systems, sie werden zu Henkern gegen ihren Willen. Das macht sie allerdings um nichts weniger zu Verbrechern. Seine

31 Kertész: *Dossier K.*, S. 147.

32 Imre Kertész: „Ich will meine Leser verletzen." Der Ungar Imre Kertész über seinen „Roman eines Schicksallosen". Spiegel-Gespräch mit Volker Hage und Martin Doerry. In: *Der Spiegel* 18 (1996), S. 225–229, hier S. 225.

33 Primo Levi: *Die Untergegangenen und die Geretteten*, aus d. Ital. v. Moshe Kahn. München / Wien: Hanser 1990, bes. S. 33–68.

Schritt-für-Schritt-Komplizenschaft mit dem Regime kann der Protagonist Györgi Köves erst nach seiner Rückkehr in Budapest voll erfassen. So schreibt Kertész den Auschwitz-Diskurs zwar fort, stellt ihn aber, indem er Auschwitz einreiht in den Kontext des Totalitarismus, gewissermaßen auf den Kopf. Ob braun oder rot, wo immer das Subjekt sich zum Objekt degradieren lässt, wird es schuldig. So nimmt es auch nicht wunder, wenn Kertész in seinem letzten Tagebuch seinen Leser informiert, dass „nicht Auschwitz – das Erduldete" – ihn zum Schriftsteller gemacht habe, wie gemeinhin angenommen wird, sondern „die Situation des Henkers, des *Täters*."[34] Dieses wahrlich sensationelle Geständnis hat merkwürdigerweise bisher keine Beachtung gefunden. Hier spielt Kertész auf die Zeit an, in der er während seines Militärdienstes als Gefängniswärter hatte arbeiten müssen. In dieser Position der Macht sei ihm zum ersten Mal klar geworden, wie die Möglichkeit zur Gewalt den Menschen zur Versklavung des Geistes führen kann, wie verführbar der Mensch sei. Wie bei Améry richtet sich auch Kertész' Denken radikal gegen sich selbst.

Vom Gedächtnis des Körpers

Wie ihre widerständige Ethik ist auch ihre Ästhetik eine Ästhetik des Widerstands. Das Wechselspiel zwischen dem Ich in der Geschichte und der Geschichte im Ich, um mit Ingeborg Bachmann zu sprechen,[35] sind die Grundlagen ihrer Kreativität. Sie werden zu Begründern eines neuen Auschwitz-Diskurses. Mit *Lefeu oder Der Abbruch*, mit dem *Roman eines Schicksallosen* haben sie eine neue Sprache erfunden, die Auschwitz verhandelt, nicht indem sie *über* Auschwitz sprechen, sondern indem die Sprache und die Form selbst das Paradox Auschwitz verkörpern. Verkörpert im wörtlichen Sinne, denn das Gedächtnis, das ihre Werke artikulieren – und hier war Amérys Aufsatz über „Die Tortur"[36] ein Novum –, ist das Gedächtnis des Körpers. Der Körper ist für Améry, der selbst gefoltert wurde, nicht das

34 Imre Kertész: *Letzte Einkehr. Tagebücher 2001–2009. Mit einem Prosafragment*, aus d. Ungar. v. Kristin Schwamm. Reinbek: Rowohlt 2013, S. 69 (Herv. i. Orig.).

35 Vgl. Ingeborg Bachmann: Das schreibende Ich. In: Dies.: *Werke*, Bd. 4, hrsg. v. Christine Koschel / Inge von Weidenbaum / Clemens Münster. München / Zürich: Piper 1982, S. 230.

36 Jean Améry: Die Tortur. In: Ders.: *Werke*, Bd. 2, S. 55–85.

Triebhafte, sondern die Vernunft, das Verifizierbare, die Empirie. Der Körper ist ihm Brücke zum Ich und zur Welt, er ist ihm im Sinne von Maurice Merleau-Ponty das eigentliche Subjekt der Wahrnehmung[37]. Auch Köves aus dem *Roman eines Schicksallosen* ist, als er in den Zustand eines ‚Muselmans' verfällt, nur noch Körper – mit dem Unterschied, dass er im Gegensatz zu Améry diesen Zustand der Auslöschung des Bewusstseins als positiv begrüßt. Das Fleisch als Einheit von Körper, Geist und Geschichte wird beiden Autoren zum Speicher des Gedächtnisses von Auschwitz. So liegen die Berührungspunkte zwischen ihnen – wenn nicht *auf* der Hand – eher *unter* der Hand. Kertész und Améry umkreisen dieselben neuralgischen Punkte und kommen in ihren Formulierungen nur zu scheinbar entgegengesetzten Schlussfolgerungen. Hat Améry Jean-Paul Sartre zu seinem Meisterdenker erkoren, schreibt Kertész sich ein in Albert Camus' Existentialismus, der bei aller Absurdität sich das Glück zur Pflicht macht. Es ist fast, als präfigurierte die Konstellation zwischen Sartre und Camus (bevor sie vollends auseinanderbrach) die geistigen Befindlichkeiten zwischen Améry und Kertész: Sartre geht mehr vom Intellekt und von der Abstraktion aus, Camus' Schwerpunkt liegt im Dichterisch-Intuitiven.

Tonalität versus Atonalität

Erzählendes Denken, denkendes Erzählen, Essayistisches und Fiktionales gehen bei Améry und Kertész nahtlos ineinander über. Für beide ist der Essay keine formale literarische Gattung, der es zu genügen gilt, der Essay ist ihre Lebensform, stellt buchstäblich ihren Versuch zu leben dar. Aber wo Améry seine kristalline Sprache ansetzt wie ein Seziermesser, wobei er fordernd am Grundton einer eindeutigen Moral festhält, erschallt Kertész' nicht weniger kristalline, aber dabei durch und durch poetische Sprache atonal und am Abgrund eines verzweifelten Glücks. Kertész' Atonalität, im Gegensatz zu Amérys Tonalität, ist zu verstehen als eine Sprache jenseits einer allgemein anerkannten Moral. Kertész zufolge deklariert eine atonale Sprache die

37 Vgl. Maurice Merleau-Ponty: *Phänomenologie der Wahrnehmung*, aus d. Franz. v. Rudolf Boehm. Berlin: de Gruyter 1966.

„Ungültigkeit von Übereinkunft, von Tradition."[38] Améry hingegen ist nicht jenseits aller Moral, im Gegenteil, er bezieht sich ausdrücklich auf die humanistischen Werte des 18. Jahrhunderts.
„Der Moralist", erklärt Kertész apodiktisch im *Galeerentagebuch* und scheint sich dabei nicht bewusst zu sein, dass er damit auch den bewunderten Améry verurteilt, „kann kein Künstler sein, denn er bewegt sich im Kreis des Gegebenen, er schafft nicht die Welt, sondern er richtet über sie."[39]
Heimatlose sind sie beide in ihrer glasklaren Sprache, sowohl innerhalb als auch außerhalb von ihr. Der Ungar schreibt auf Ungarisch, findet in Ungarn aber kein Gehör. Der Österreicher lebt in Belgien, schreibt auf Deutsch und bleibt in Belgien ein Unbekannter. Die Sprache, in der sie sich bewegen, ist immer Sprache der anderen, eine Sprache in der sie Fremde bleiben, wobei gerade ihre Fremdheit ihr schriftstellerisches Kapital beinhaltet. Kertész benennt diese Fremdheit: „[D]er wahre Name meiner ‚Fremdheit'", so in *Ich – ein anderer*, „heißt Judentum […]."[40] Améry dazu:

> Ohne Weltvertrauen stehe ich als Jude fremd und allein gegen meine Umgebung, und was ich tun kann, ist nur die Einrichtung in der Fremdheit. Ich muß das Fremdsein als ein Wesenselement meiner Persönlichkeit auf mich nehmen […].[41]

Kertész definiert sich als „Keinerlei-Jude"[42], Améry definiert sich als ‚Nicht-Nichtjude'. So gründet ihre Identität in der Nicht-Identität. Seinen Austritt aus dem ungarischen Schriftstellerverband erklärt Kertész mit folgenden Worten:

> Ich habe immer als Individuum gelebt. […] Daß ich Ungar bin, ist um nichts absurder, als daß ich Jude bin […]. Man glaube nicht, daß es so leicht

38 Imre Kertész: Die exilierte Sprache, aus d. Ungar. v. Kristin Schwamm. In: Ders.: *Die exilierte Sprache*, S. 206–221, hier S. 212.

39 Vgl. Kertész: *Galeerentagebuch*, S. 13.

40 Kertész: *Ich – ein anderer*, S. 85.

41 Jean Améry: Über Zwang und Unmöglichkeit, Jude zu sein. In: Ders.: *Werke*, Bd. 2, S. 149–177, hier S. 169.

42 Kertész: *Ich – ein anderer*, S. 113.

> war, aus den Trümmern meiner mit Stiefeln getretenen Persönlichkeit wieder eine solche Individualität aufzubauen […]. Ich lasse nicht zu, daß man mich aus meiner Individualität ausgrenzt […]. Ich habe mich nie in irgendeine Rassen-, National-, oder Gruppenidentität geflüchtet […].[43]

In *Kaddisch für ein nicht geborenes Kind* betrachtet der Erzähler es als „besonderes Glück", Jude zu sein, „sogar als *Gnade*, nicht daß ich Jude sei", fährt der Erzähler fort,

> denn ich pfeife darauf, […] was ich bin, vielmehr, daß ich als gebrandmarkter Jude die Möglichkeit hatte, in Auschwitz zu sein, so daß ich auf Grund meines Judentums etwas durchlebt und etwas ins Auge geschaut habe und etwas weiß, ein für allemal und unwiderruflich weiß, von dem ich nicht lasse, nie lassen werde […].[44]

Auschwitz als Gnade – schockierender lässt sich ein Glaubensbekenntnis kaum denken. Auschwitz als Gnade eines Wissens. Um eben dieses Wissen geht es auch Améry:

> Wenn heute Unbehagen in mir aufsteigt, sobald ein Jude mich mit legitimer Selbstverständlichkeit einbezieht in seine Gemeinschaft, dann ist es nicht darum, weil ich kein Jude sein will: nur weil ich es nicht sein kann. Und es doch sein muß. Und mich diesem Müssen nicht bloß unterwerfe, sondern es ausdrücklich anfordere als einen Teil meiner Person.[45]

Améry kann nicht Jude sein, weil er weder an einen jüdischen Gott glaubt noch ihn irgendetwas mit der jüdischen Kultur verbindet. Dafür verbindet ihn aber umso mehr mit der jüdischen Geschichte, genauer mit dem Genozid an den Juden durch Hitler, und deshalb muss er Jude sein. „Jude sein [heißt,] die Tragödie von gestern in sich lasten spüren." Die Auschwitz-Nummer, mokiert er sich, „liest sich kürzer als […] der Talmud und gibt doch gründlicher Auskunft." Er

43 Zit. n. Imre Kertész: *Briefe an Eva Haldimann*, aus d. Ungar. v. Kristin Schwamm. Reinbek: Rowohlt 2009, S. 18–19.

44 Kertész: *Kaddisch für ein nicht geborenes Kind*, S. 154–155 (Herv. i. Orig.).

45 Améry: Über Zwang und Unmöglichkeit, S. 149–150.

sei schon deshalb Jude, weil die Umwelt ihn nicht ausdrücklich als Nichtjuden fixiert habe. „Etwas sein kann bedeuten, daß man etwas anderes *nicht* ist. Als Nicht-Nichtjude bin ich Jude, muß es sein und muß es sein wollen."[46]
Kertész, der Amérys Essay „Über Zwang und Unmöglichkeit, Jude zu sein" als Offenbarung für sich entdeckt, befindet in *Kaddisch für ein nicht geborenes Kind*: „[M]ir bedeutet mein Judentum nichts, genauer gesagt, als Judentum bedeute es mir nichts, als Erfahrung alles [...]."[47] Und weil es diese Erfahrung ist, die Kertész und Améry konstituiert hat, weil sie sich beide dafür entscheiden, die Fremdbestimmung in Selbstbestimmung zu verwandeln, ist ihnen „Judesein [...] heute [...] in erster Linie eine ethische Aufgabe."[48]

Analyse versus Vision

Zwei Wege sind gangbar, um zur Erkenntnis zu gelangen, so Hölderlin in Peter Weiss' gleichnamigem Stück: „Der eine Weg ist die Analyse der konkreten historischen Situation / der andre Weg ist die visionäre Formung tiefster persönlicher Erfahrung."[49] Im *Galeerentagebuch* heißt es: „Der Unterschied zwischen Intellektuellem und Künstler: nicht über die Dinge reflektieren, sondern Dinge hervorbringen."[50] Von der persönlichen Erfahrung, dem *vécu*, gehen beide aus, Kertész und Améry. Jean Améry war Analytiker mit schöpferischer Absicht. Nur – der Analytiker Améry bleibt selbst als Erzähler Analytiker. Kertész hingegen lässt das Diskursive ins Kreative umschlagen. Selbst in seinen analytischsten Essays öffnet er uns sein Archiv des Imaginären, Kertész ist Visionär. Der Gegenstand des Romans ist für ihn „ein unerklärbares, unbegreifliches, einmaliges Phänomen, ein Abenteuer und eine Daseinsform, die außerhalb der Analyse ihren Raum

46 Alle Zitate dieses Absatzes Améry: Über Zwang und Unmöglichkeit, S. 167 (Herv. i. Orig.).

47 Kertész: *Kaddisch für ein nicht geborenes Kind*, S. 116.

48 Imre Kertész: Lange, dunkle Schatten, aus d. Ungar. v. Géza Déreky. In: Ders.: *Die exilierte Sprache*, S. 53–60, hier S. 59.

49 Peter Weiss: Hölderlin. In: Ders.: *Werke in sechs Bänden*, Bd. 6, hrsg. v. Gunilla Palmstierna-Weiss. Frankfurt am Main: Suhrkamp 1991, S. 109–260, hier S. 254.

50 Kertész: *Galeerentagebuch*, S. 161.

und ihr Gelände hat."[51] Der Schriftsteller Kertész ist ein Erleuchteter, die Schrift ist ihm gesteigertes Leben: Steinig aus *Fiasko* erlebt die Erleuchtung „im Teil eines [...] L-förmigen Ganges"[52], und der Erzähler von *Kaddisch für ein nicht geborenes Kind* erlebt sie, als er den Weg zu seinem Wolkengrab betreten hat. Das Licht kommt wie ein Blitz, von innen: „Zu dieser Zeit", lesen wir in *Kaddisch für ein nicht geborenes Kind*,

> beschäftigte mich [...] der Plan zu einem [...] Roman, der Gegenstand sollte [...] der Weg einer Seele sein, die aus der Dunkelheit zum Licht strebt, ihr Erkämpfen der Freude, der Austrag dieses Kampfes als Aufgabe, *das Glück als Pflicht betrachtet.*[53]

Zur Erfahrung des Glücks gehört die Erfahrung der Freiheit, zur Erfahrung der Freiheit gehört zum Beispiel auch die Fähigkeit zur Güte: „[D]as wirklich Irrationale und tatsächlich Unerklärbare ist nicht das Böse [...], es ist das Gute."[54] Diese revolutionäre Einsicht tut der Erzähler von *Kaddisch für ein nicht geborenes Kind* kund. Statt des Lebens von Diktatoren interessiere ihn einzig noch das Leben der Heiligen, für ihre Verweigerung der mörderischen Wirklichkeit gebe es keine rationale Erklärung. Ein solcher Heiliger – man erinnert sich an die gleiche Formulierung für Améry – sei der ‚Lehrer' in Buchenwald gewesen. Gegen jede Vernunft habe der Lehrer sein eigenes Leben riskiert, indem er dem auf der Bahre liegenden, todkranken Jungen dessen Ration Brot zurückbringt, die ihm fälschlicherweise zugefallen war. Mit dieser Tat ergreift der Lehrer die Chance, ‚ein Mensch zu sein'. Erleuchtet ist auch er. Die Erleuchtung zelebriert die Rückeroberung des Ich als einen neuen, als den eigentlichen Schöpfungsakt. Dazu im *Galeerentagebuch*: „Im Leben des Menschen kommt der Moment, in dem er sich plötzlich seiner selbst bewußt wird und seine

51 Ebd., S. 83.

52 Kertész: *Fiasko*, S. 152.

53 Kertész: *Kaddisch für ein nicht geborenes Kind*, S. 108 (Herv. i. Orig.).

54 Ebd., S. 56.

Kräfte frei werden; von diesem Moment an können wir uns als uns selbst betrachten, in diesem Moment werden wir geboren."[55] *Mutatis mutandis* handelt auch Kertész' Nobelpreisrede von diesem Schöpfungsakt: Im stalinistischen Ungarn

> hieß das philosophische Axiom, die Welt ist unabhängig von uns existierende, objektive Realität. Ich dagegen kam an einem schönen Frühlingstag 1955 unvorhergesehen auf den Gedanken, daß nur eine einzige Realität existiert, diese Realität aber bin ich selbst, mein Leben, dieses [...] mir für unbestimmte Zeit zugesprochene Geschenk, das unbekannte, fremde Mächte beschlagnahmt, verstaatlicht, determiniert und besiegelt hatten und das ich aus der so genannten Geschichte, diesem fürchterlichen Moloch, zurückholen mußte, weil es allein mir gehört und ich entsprechend mit ihm umzugehen hatte.[56]

Man mache sich nichts vor, die Unterschiede zwischen diesen beiden Schriftstellern bleiben immens: Eine Formulierung wie der „Holocaust als Kultur" ist bei Améry undenkbar. Er, der einst Gefolterte, verzehrt sich selbst im Danach in dem Schmerz, wie wenig der Geist angesichts der Folter vermochte. Im Vergleich zu Améry, der seine Ressentiments gegenüber den Deutschen zu einem kategorischen Imperativ adelt, scheint Kertész das Tätervolk zu schonen, weil seine Rache dem Totalitarismus als System gilt – ob braun oder rot. Améry hingegen will von einer Austauschbarkeit zwischen Opfer und Täter nichts wissen. Und doch sind sie Brüder im Geiste, denn es gelingt Kertész Amérys Ethik des Opfers in eine Ethik der Zeugenschaft zu überführen. Von einem Einfluss Amérys auf Kertész kann freilich nicht die Rede sein, denn Kertész liest Améry erst Anfang der 1990er Jahre. In Wahrheit war Kertész schon Améryaner, lange bevor er auch nur eine Zeile von Améry gelesen hatte. Und als er ihm in *Jenseits von Schuld und Sühne. Bewältigungsversuche eines Überwältigten* begegnet, erkennt er sich in ihm und schreibt ihn auf seine visionäre Weise fort. „Ich sah einen Menschen", berichtet Keserű über den Selbstmörder B. in *Liquidation*, „der nach seinen eigenen Gesetzen

55 Kertész: *Galeerentagebuch*, S. 14.

56 Imre Kertész: „Heureka!", aus d. Ungar. v. Kristin Schwamm. In: Ders.: *Die exilierte Sprache*, S. 243–255, hier S 244.

lebt"[57]. Nach seinen eigenen Gesetzen lebt nicht nur Jean Améry, das Vorbild von B., nach seinen eigenen Gesetzen lebt der Schöpfer B.s, Imre Kertész, auch er inzwischen ‚ein Heiliger des Holocaust'. „Niemand / zeugt für den / Zeugen", klagt Paul Celan in seinem Gedicht *Aschenglorie.*[58] Hier zeugt der Zeuge Kertész für den Zeugen Améry. Nicht zwei Wege sind gangbar, tatsächlich gibt es so viele Wege wie Zeugen. Aber als säkulare Juden verkörpern die Nicht-Nichtjuden Imre Kertész und Jean Améry zwei verschiedene Paradigmen, die Peter Weiss' fiktionaler Begegnung zwischen Karl Marx und Hölderlin nicht unähnlich ist: Der Analytiker Jean Améry setzt mit Gotthold Ephraim Lessing ganz auf moralische Erziehung; der Visionär Imre Kertész hingegen setzt ganz auf die Macht der Kunst.

57 Imre Kertész: *Liquidation*, aus d. Ungar. v. Laszlo Kornitzer / Ingrid Krüger. Reinbek: Rowohlt 2005, S. 49.
58 Paul Celan: Aschenglorie. In: Ders.: *Gesammelte Werke*, Bd. 2, hrsg. v. Beda Allemann / Stefan Reichert. Frankfurt am Main: Suhrkamp 1983, S. 72.

Wechselwirkungen: Judentum, Christentum und Islam in der Spätantike

Daniel Boyarin

Apologetik und die Entstehung von Religion

Timothy Fitzgerald legte eine differenzierte Interpretation vom Entstehen gewisser Aspekte der modernen Auffassung von Religion innerhalb eines bestimmten sozialen Kontextes vor, die als eine Theologie des Ökumenischen (der ‚Weltreligionen') im späten 19. und frühen 20. Jahrhundert bezeichnet werden kann.[1] Ich würde sein überzeugendes Werk gerne mit der Beobachtung ergänzen, dass gewisse Aspekte des ‚ökumenischen Projektes' einer frühen Moderne angehören – und zwar schon einige Jahrhunderte vor dem Entstehen von ‚Weltreligionen', nämlich in der Periode nach dem Westfälischen Frieden von 1648, als protestantische und katholische Fürsten versuchten, einen Weg zu finden, um die endlosen Religionskriege beizulegen. Ich möchte an dieser Stelle darauf hinweisen, dass solche Entstehungsprozesse keine einmaligen und linear verlaufenden Entwicklungen sind; vielmehr taucht der Impuls, etwas Religionsartiges von anderen Aspekten eines Gemeinwesens zu separieren, unter ähnlichen sozialen Bedingungen genauso in der Vergangenheit auf, etwa bei der Herausbildung einer christlichen Gemeinde innerhalb des heidnischen Römischen Reiches.

Ein typisches Beispiel dafür ist der Gebrauch des Begriffes *thrēskeia* (‚religiöser Brauch', ‚religiöses Gebot', ‚Religion', ‚Gottesdienst') durch den jüdisch-griechischen Philosophen und Kommentatoren

1 Timothy Fitzgerald: *The Ideology of Religious Studies*. New York: Oxford UP 2003.

Philo von Alexandrien (ca. 13 v. u. Z. bis ca. 54 u. Z.). Philo benutzt *thrēskeia* generell in pejorativen Kontexten, um sich auf die Praktiken von Anderen oder auch auf eine nur äußerliche Befolgung von Bräuchen ohne die ‚Seele' zu beziehen. Hier möchte ich jedoch auf eine bemerkenswerte Ausnahme hinweisen: In einem ausdrücklich apologetischen Kontext finden wir *thrēskeia* bei Philo in einem ganz anderen Sinn verwendet, der seine Schatten auf eine Verwendung vorauswirft, die – aus gutem Grund – erst ein paar Jahrhunderte später allgemein gebräuchlich werden sollte:

> πρῶτον τὸ ἡμέτερον ἱερὸν ἐδέξατο τὰς ὑπὲρ τῆς ἀρχῆς Γαΐου θυσίας, ἵνα πρῶτον ἢ καὶ μόνον ἀφαιρεθῇ τῆς θρησκείας τὸ πάτριον; (*Legat.* 232)[2]
> Hat unser Tempel darum als erster die Opfer für die Regierung des Gaius eingeführt, damit er als erster, oder sogar als einziger der seit langem überlieferten Form seines Gottesdienstes (*thrēskeia*) beraubt werde?[3]

Wir sehen in diesem apologetischen Kontext etwas, das wir zuvor noch nicht gesehen haben, nämlich die Verbindung des Hauptwortes *thrēskeia* sowohl mit dem jüdischen als auch dem nichtjüdischen Kult, mit der Implikation, der jüdische solle nicht weniger gut behandelt werden als die Kulte der Anderen im Reich. Eine weitere Belegstelle dieser Art findet sich bei Philo in *Legatio ad Gaium*:

> ἐν γοῦν τρισὶ καὶ εἴκοσιν ἔτεσιν οἷς αὐτοκράτωρ ἐγένετο τὴν κατὰ τὸἱερὸν ἐκ μηκίστων χρόνων παραδεδομένην θρησκείαν ἐτήρησεν, οὐδὲν αὐτῆς παραλύσας ἢ παρακινήσας μέρος (*Legat.* 298)[4]

2 Philo Alexandrinus: Legatio ad Gaium. In Ders.: *Opera quae supersunt*, Bd. 6, hrsg. v. Leopold Cohn / Paul Wendland. Berlin: Georg Reimer 1915, S. 155–223, S. 198.

3 Philo von Alexandria: Gesandtschaft an Caligula. In: Ders.: *Die Werke in deutscher Übersetzung*, Bd. 7, aus d. Griech v. Friedrich Wilhelm Kohnke, hrsg. v. Leopold Cohn / Isaak Heinemann / Maximilian Adler / Willy Theiler. Berlin: de Gruyter 1964, S. 166–266, S. 234. (Anm. d. Übers.: Aus Gründen der besseren Lesbarkeit im Deutschen wurden bei den vom Autor zitierten Quellentexten soweit vorhanden deutsche Übersetzungen herangezogen. Die im Original verwendeten griechisch-englischen Ausgaben sind in den Anmerkungen erwähnt bzw. werden zitiert, wenn es um die Diskussion von Übersetzungsfragen geht.)

4 Philo Alexandrinus: Legatio ad Gaium, S. 210.

> Jedenfalls achtete er in den dreiundzwanzig Jahren seiner kaiserlichen Regierung den seit uralten Zeiten überlieferten Tempeldienst (*thrēskeia*), ohne auch nur ein Stück von ihm aufzulösen oder beiseite zu schieben.[5]

Es gibt keine andere mögliche Bedeutung, die hier für *thrēskeia* angeführt werden kann, als die des Tempelkults. Allgemein könnte man sagen, dass der Gebrauch von *thrēskeia* sich bei Philo vor allem auf die kultische Aktivität bezieht, auf den organisierten Tempelkult, und in semantischer Opposition zu inneren Emotionen oder Frömmigkeitsgefühlen steht. Zusammen würden diese beiden, kultische Handlungen und Frömmigkeit, die *therapeia* bilden. *Thrēskeia* wird speziell auch für den jüdischen Kult in solchen apologetischen Kontexten verwendet, in denen es nicht darum geht, diesen Kult als den anderen überlegen zu rühmen, sondern seinen Platz in der Welt der von Seiten des Kaisers und des Reiches ignorierten oder bloß tolerierten Kulte zu beanspruchen. Wie Elaine Pagels mit Hinblick auf eben diesen Text scharfsichtig bemerkt:

> Even in an empire in which *politics* and *religion* seemed inextricably intertwined, then, some Jews found ways to untwist these strands and open the way for what later generations would call separation of church and state.[6]

Während ich dazu neige, die letzte Behauptung für eine Übertreibung zu halten, erscheint die Einsicht, dass die Benennung einer *thrēskeia* unter anderen dem Bereich der Apologetik angehört, vernünftig und überzeugend. Es geht dabei weniger um die Forderung nach einer *Trennung* von Kirche und Staat, sondern eher um ein Plädoyer dafür, dem jüdischen Kult *dieselbe Würde und dieselben Rechte* zuzugestehen wie allen anderen Kulten im Reich. Der Begriff *thrēskeia* entwickelt demnach etwas, das in der Folge in apologetischen Kontexten als ‚Religion' definiert werden soll, worunter ich spezifische rhetorische Kontexte verstehe, in denen ‚Duldung' für kultische Differenz gewährt oder erbeten wird. Der Begriff *thrēskeia* wird genau dafür eingesetzt, um zu zeigen, dass diese Unterschiede die politischen Machthaber nicht gefährden. Dasselbe Vorgehen findet man

5 Philo von Alexandria. Gesandtschaft an Caligula, S. 249.

6 Elaine Pagels: *Revelations. Visions, Prophecy, and Politics in the Book of Revelation.* New York: Viking 2012, S. 110.

unter den griechischen christlichen Apologeten des 2. Jahrhunderts. Im 2. Jahrhundert unternahm es eine Gruppe christlicher Autoren, das Christentum vor den Angriffen seiner Feinde zu verteidigen.[7] Der sozio-politische Kontext ihrer Schriften ist damit *grosso modo* mit dem von Philos *Legatio* vergleichbar, und tatsächlich sind diese ‚Apologien' auch häufig genug, zumindest nominell, an den Kaiser adressiert. Faszinierenderweise kann in diesem Kontext klar gesehen werden, dass der Begriff *thrēskeia* im Sinne einer Gruppenbildung zu kultischen Zwecken erscheint, das heißt als ein konkretes Beispiel aus der Kategorie der möglichen kultischen Gruppenbildungen. Das geschieht nicht bei allen apologetischen Autoren, aber das Studium auch der anderen hilft genauso gut die *Katachresis* zu klären, den terminologischen Bedarf, der am besten die Bedeutungsentwicklung des Begriffs *thrēskeia* erklärt. Beginnen wir damit, zu beobachten, dass der erste Impuls, ein Wort hervorzubringen, das ‚Religion' als eine von der ‚Politik' unabhängige Sphäre bedeutet, genau dieser apologetischen Situation entstammt.[8] So hat Pagels jüngst über Justin den Märtyrer (2. Jahrhundert), einen der ersten Verfasser solcher Apologien, folgendes geschrieben:

> Yet because Justin still hoped to find a way for people like himself to live peaceably under imperial rule, he sometimes changed his tone and addressed the emperors with cautious respect. What he wanted to do, after all, was revolutionary. In a world in which patriotism, family piety, and religious devotion were inseparable, Justin boldly tried to drive a wedge between what I call *politics* and *religion*—and so, to create the possibility of a *secular* relationship to government.[9]

Mit anderen Worten: Diese Notwendigkeit eines Ausdrucks, der ‚Religion' als etwas von ‚Politik' Getrenntes bezeichnet, ist genau das

7 Zu den jüngsten wissenschaftlichen Ausführungen über diese Kategorie und die damit verbundenen Probleme siehe Sara Parvis / Paul Forster (Hrsg.): *Justin Martyr and his Worlds*. Minneapolis: Fortress 2007. Die dort erlangten Schlussfolgerungen bestätigen nur das hier gebrachte Argument.

8 Es ist unerheblich, dass die Vorstellung Ciceros einer Regierung mit Gott an der Spitze, dann dem König, dann die ganze Hierarchie abwärts, die er von Plato ableitet und *religio* nennt, scheinbar nie im Griechischen auftaucht und gewiss auch nie *thrēskeia* genannt worden wäre.

9 Pagels: *Revelations*, S. 108–109. Vgl. Justin Martyr: *The First and Second Apologies*, aus d. Griech. v. L. W. Barnard. New York / Mahwah: Paulist 1997.

Resultat einer bestimmten historischen Voraussetzung und bezieht sich auf eine bestimmte Art der Reaktion auf diese Situation. Im Gegensatz zu jenen Christen, welche ‚Christentum' als eine vollkommen andere Art der politischen Machtausübung ansahen, eine, die in Totalopposition zum römischen System stand (wie z. B. Tertullian), erzeugten die Apologeten eine *Separation* zwischen dem, was sie – für den Moment mit welchem Wort auch immer bezeichnet – ihre ‚Religion' nannten, und der politischen Ordnung, so dass auch Christen in der letzteren eine entscheidende Rolle spielen könnten, ohne die erstere zu beeinträchtigen. ‚Religion' und somit die Notwendigkeit für ein Wort, das sie bezeichnet, wurden unter diesen Bedingungen *erfunden* und zwar unter ihnen allein, wie ich nun zu zeigen versuchen werde.

Theophilus von Antiochien, ein Apologet des 2. Jahrhunderts, stellt einige Begriffe innerhalb dieses semantischen Feldes bereit. Wenig überraschend verwendet er Wörter, die die Bedeutungsnuance der *Furcht* aufweisen, etwa: „Καὶ τὰ μὲν ὀνόματα ὧν φῂς σέβεσθαι θεῶν ὀνόματά ἐστιν νεκρῶν ἀνθρώπων."[10] / „Und die Namen der Götter, die du verehrst[11], wie du sagst, sind Namen verstorbener Menschen." (Ad Aut., 1,9)[12]

Dieser Gebrauch findet sich einige Male. Theophilus verwendet auch den Begriff *theosebeia* (wörtlich: ‚Gottesfurcht'):

> Ἐπειδὴ πρὸ τούτων τῶν ἡμερῶν ἐγένετο λόγος ἡμῖν, ὦ ἀγαθώτατε Αὐτόλυκε, πυθομένου σου τίς μου ὁ θεὸς καὶ δι' ὀλίγου παρασχόντος σου τὰ ὦτα τῇ ὁμιλίᾳ ἡμῶν, περὶ τῆς θεοσεβείας μου ἐξεθέμην σοι·[13]
> Als wir neulich miteinander zu sprechen kamen, bester Autolykus, und du mich fragtest, wer mein Gott sei, habe ich dir, da du mir für einige Augenblicke Gehör schenktest, meine Religion (*theosebeia*) auseinandergesetzt. (Ad Aut. 2,1)[14]

10 Theophilus of Antioch: *Ad Autolycum*, hrsg. u. aus d. Griech. v. Robert M. Grant. Oxford: Clarendon 1970, S. 12.

11 Bzw. „fürchtest" (Anm. d. Übers.)

12 Theophilus von Antiochien: An Autolykus, aus d. Griech. v. J. Leitl. In: *Frühchristliche Apologeten und Märtyrerakten. Aus dem Griechischen und Lateinischen übersetzt*, Bd. 2. Kempten / München: Kösel 1913, S. 12–77, hier S. 19 (= Bibliothek der Kirchenväter, 1. Reihe, Bd. 14).

13 Theophilus of Antioch: *Ad Autolycum*, S. 22.

14 Theophilus von Antiochien: An Autolykus, S. 26.

Robert M. Grant übersetzt hier ‚Religion',[15] aber das eher wörtliche ‚Gottesfurcht' scheint präziser und weniger anachronistisch.[16] Im selben Kontext begegnet auch zum ersten Mal bei diesem Autor der Begriff der *thrēskeia*:

> πλὴν βούλομαί σοι καὶ νῦν διὰ τοῦδε τοῦ συγγράμματος ἀκριβέστερον ἐπιδεῖξαι τὴν ματαιοπονίαν καὶ ματαίαν θρησκείαν ἐν ᾗ κατέχῃ [...].[17]
> [S]o will ich dir [...] doch auch jetzt durch diese Schrift deine unnütze gelehrte Beschäftigung und den eitlen Götzendienst (*thrēskeia*), in dem du befangen bist [...], offenkundig machen. (Ad Aut. 2,1)[18]

Einerseits ist hier die Bedeutung von *thrēskeia* parallel zur *theosebeia*, die der Autor sich selbst zuschreibt, zu sehen, so dass man versucht sein könnte, wie es Grant eindeutig war, hier wieder mit dem Begriff der ‚Religion' zu arbeiten. Andererseits verdunkelt diese Übersetzungsoption die einfache Tatsache, dass Theophilus hier verschiedene Wörter gewählt hat, und ich glaube nicht, dass wir es hier bloß mit stilistischen Variationen zu tun haben.[19]

Da hier zwei ‚sinnlose' oder ‚nichtige' Dinge zusammengebracht sind, die Mühe und die *thrēskeia*, könnte es hilfreich sein, diese zusammen zu denken, um mehr Präzision zu erreichen. Das erste scheint sich auf tatsächlich vollbrachte Arbeit zu beziehen. Strabon verwendet diese seltene Zusammenstellung, um die *Anstrengung* anzuzeigen,

15 Theophilus of Antioch: *Ad Autolycum*, S. 23: „Some time ago we had a discussion, O excellent Autolycus, and when you asked me who my God is and briefly lent your ears to my discourse, I set forth the nature of my religion (*theosebeia)* for you".

16 Zu θεοσεβεῖς (*theosebeis*) für Anhänger des christlichen (jüdischen) Gottes, siehe auch Ad. Aut. 2,30 (Theophilus of Antioch: *Ad Autolycum*, S. 74/75. Für nicht-christlichen ‚nichtigen' Gottesdienst verwendet Theophilus λατρεύω (‚Götzendienst üben'). Grant übersetzt beides mit „worship" (‚Anbetung', ‚Verehrung', ‚Huldigung', ‚Kultus'). In diesem Sinne wird auch εἰδωλολατρεία (‚Götzendienst') verwendet. Siehe z. B. Ad Aut. 2,34 (Theophilus of Antioch: *Ad Autolycum*, S. 84/85).

17 Theophilus of Antioch: *Ad Autolycum*, S. 22.

18 Theophilus von Antiochien: An Autolykus, S. 26.

19 Das entspricht der Verwendung in Makkabäer 4, wo sich die heidnischen Akteure auf die jüdische Praxis als *thrēskeia* beziehen, wohingegen die jüdischen Akteure sie *eusebeia* nennen.

die die Errichtung eines besonders unansehnlichen *Tempels* in Ägypten erforderte:

> ἔστι δέ τις καὶ πολύστυλος οἶκος, καθάπερ ἐν Μέμφει, βαρβαρικὴν ἔχων τὴν κατασκευήν· πλὴν γὰρ τοῦ μεγάλων εἶναι καὶ πολλῶν καὶ πολυστίχων τῶν στύλων οὐδὲν ἔχει χαρίεν οὐδὲ γραφικόν, ἀλλὰ ματαιοπονίαν ἐμφαίνει μᾶλλον.
> Es gibt da auch einen Raum mit vielen Säulen, wie in Memphis, dessen Anlage barbarisch ist: denn abgesehen davon, dass seine Säulen groß, zahlreich und zu vielen Reihen angeordnet sind, hat er nichts Anmutiges oder Malerisches, sondern ist vielmehr ein Zeugnis sinnlosen Fleißes. (Geographica XVII 1,28)[20]

Es hat also den Anschein, dass sich die *mataioponia* (‚vergebliche Mühe') auf unnütze physische Anstrengung bezieht, so wie in unserm Fall die Bemühung, die die Herstellung von Götzenbildern erfordert; und die nichtige *thrēskeia* wäre dann der diesen erklärten Götzen gewidmete Kult, dem Theophilus seine eigene *theosebeia* gegenüberstellt.[21] Diese Interpretation wird in der weiteren Folge bestätigt, wenn Theophilus ausdrücklich die Vergeudung erwähnt, die der Arbeit all jener Kunsthandwerker innewohne, die ‚Götter herstellen'.
Theophilus benutzt auch *proskyneō* (‚sich niederwerfen vor'); interessanterweise unterscheidet er klar und deutlich zwischen diesem Verb, das etwas bezeichnet, dessen einzig Gott würdig ist, und *timaō* (‚ehren'), das häufig hinsichtlich des Göttlichen von anderen griechischen Schriftstellern verwendet wird, hier jedoch hinsichtlich des seiner Ansicht nach nicht-göttlichen Kaisers.[22] Theophilus verwen-

20 Strabon: *Geographika*, hrsg. v. Stefan Radt, Bd. 4: Buch XIV–XVII: Text und Übersetzung. Göttingen: Vandenhoeck & Ruprecht 2005, S. 458/459.

21 An einer anderen Stelle verwendet Theophilus eben diesen Begriff ματαιοπονία, wenn er sich auf die unsinnigen Mühen der Götter in den Mythen bezieht: „Was soll ich über die Mythologie der Griechen und die eitle gelehrte Grübelei (ματαιοπονία) in derselben sagen, wie nämlich Pluto über die dunkle Unterwelt herrscht, Poseidon unter dem Meere wohnt, dann durch Umarmung der Menalippe [*sic!*] einen Menschen fressenden Sohn erzeugte, oder was alles die Schriftsteller über die Kinder des Zeus zusammengeschrieben haben?" (Ad Aut. 2,7, Theophilus von Antiochien: *An Autolykus*, S. 33; Theophilus of Antioch: *Ad Autolycum*, S. 30/31–32/33.).

22 Ad Aut. 2,11 (Theophilus of Antioch: *Ad Autolycum*, S. 14/15). Dieses Verb wird genauso hinsichtlich der ‚Götzenbilder' von Theophilus verwendet (Ad Aut. 11,35, ebd., S. 84). Einmal mehr gibt uns das die Übersetzung nur als ‚worship' wieder.

det dieses Verb sogar auch als die von *thrēskeia* abgeleitete verbale Form, um sich auf die Aktivität des Autolycus und seiner Verbündeten hinsichtlich ihrer Gottheiten zu beziehen; er scheint jedoch den letzteren Begriff nur für den nichtchristlichen Kult zu verwenden, während sein eigener mit ‚Furcht'-Begriffen wie *eusebeia* oder *theosebeia* bezeichnet wird. Dass er *thrēskeia* gebraucht, um sich auf nichtchristliche Kulte zu beziehen, lässt sich durch das zweite Vorkommen des Begriffs bei diesem Autor stützen. Nachdem er erwähnt, Hesiod würde Unsinniges erzählen und sich in verschiedener Hinsicht widersprechen, schreibt Theophilus:

> [...] καὶ Γιγάντων πληθύν, τῶν τε κατὰ Αἴγυπτον δαιμόνων, ἢ ματαίων ἀνθρώπων, ὡς μέμνηται Ἀπολλωνίδης, ὁ καὶ Ὡράπιος ἐπικληθείς, ἐν βίβλῳ τῇ ἐπιγραφομένῃ Σεμενουθὶ καὶ ταῖς λοιπαῖς κατ' αὐτὸν ἱστορίαις περί τε τῆς θρησκείας τῆς Αἰγυπτιακῆς καὶ τῶν βασιλέων αὐτῶν.[23]
> [U]nd die Schar der Giganten und ägyptischen Gottheiten, oder (vielmehr) nichtiger Menschen *(mataiōn anthrōpōn)*, wie Apollonides mit dem Beinamen Horapius in seinem ‚Semenuthi' betitelten Buche erwähnt, und wie sie in dessen übrigen Geschichtsbüchern über den Götterdienst (*thrēskeia*) und über die Könige der Ägyptier aufgeführt sind. (Ad Aut. 2,6)[24]

Obwohl das ein in seinem Kontext sonderbarer Satz ist – es ist beispielsweise nicht unbedingt klar, was Apollonides in einer Rede gegen Hesiod zu suchen hat oder warum *thrēskeia* in einen Zusammenhang mit Königen gebracht wird –, scheint es, dass der Autor auf den ‚törichten' und ‚sinnlosen' Kult der Ägypter zielt. Diese Auffassung wird noch durch diejenigen Textzeugen verstärkt, die die oben erörterte *mataioponia* hierher setzen, wodurch wir dieselbe Zusammenstellung von *thrēskeia* und *mataioponia* hätten wie im vorher genannten Text.[25] Ein weiteres Beispiel dieser Unterscheidung findet sich im selben Werk, wenn Theophilus schreibt:

23 Theophilus of Antioch: *Ad Autolycum*, S. 30.

24 Theophilus von Antiochien: An Autolykus, S. 32.

25 Zur textkritischen Diskussion siehe Theophilus of Antioch: *Ad Autolycum*, S. 30, Anm. 4.

Ὁ μὲν οὖν θεῖος νόμος οὐ μόνον κωλεύει τὸ εἰδώλοις προσκυνεῖν, ἀλλὰ καὶ τοῖς στοιχείοις, ἡλίῳ σελήνῃ ἢ τοῖς λοιποῖς ἄστροις, ἀλλ' οὔτε τῷ οὐρανῷ οὔτε γῇ οὔτε θαλάσσῃ ἢ πηγαῖς ἢ ποταμοῖς θρησκεύειν ἀλλ' ἢ μόνῳ τῷ ὄντως θεῷ καὶ ποιητῇ τῶν ὅλων χρὴ λατρεύειν [...].[26]
Das göttliche Gesetz also verbietet nicht bloß, die Götzenbilder, sondern auch die Himmelskörper, Sonne, Mond und die übrigen Gestirne, anzubeten (*proskynein*), ebenso dem Himmel, der Erde, dem Meere oder den Quellen oder Flüssen göttliche Ehre zu erweisen *(thrēskeuein)*, sondern nur dem wahren Gott und Schöpfer des Alls darf man göttliche Ehre erweisen (*latreuein*). (Ad Aut. 2,35)[27]

Den falschen Göttern bringt man verbotene *thrēskeia* entgegen, dem wahren Gott jedoch *latreia* (‚Gottesdienst'). Einmal mehr sehe ich eine deutliche Unterscheidung zwischen den Verben, die für Formen des Gottesdienstes gebraucht werden, der von Theophilus entweder verurteilt oder akzeptiert wird.
Ein anderes apologetisches Sendschreiben aus etwa derselben Zeit macht die terminologischen Schwierigkeiten, in denen diese frühen christlichen Autoren sich befanden, wenn sie versuchten zu artikulieren, was sie waren, noch klarer. In einem Text, der als *Brief an Diognet* bekannt ist, nehmen Diskussionen darüber, was genau diese neue Gemeinschaft ausmache, breiten Raum ein. Einige unserer Zielwörter erscheinen schon ganz am Anfang des Briefes, in dem der Verfasser (ein anonymer Christ aus dem 2. Jahrhundert) die Absichten seiner Schrift erläutert:

Ἐπειδὴ ὁρῶ, κράτιστε Διόγνητε, ὑπερεσπουδακότα σε τὴν θεοσέβειαν τῶν Χριστιανῶν μαθεῖν καὶ πάνυ σαφῶς καὶ ἐπιμελῶς πυνθανόμενον περὶ αὐτῶν, τίνι τε θεῷ πεποιθότες καὶ πῶς θρησκεύοντες αὐτὸν τόν τε κόσμον ὑπερορῶσι πάντες καὶ θανάτου καταφρονοῦσι καὶ οὔτε τοὺς νομιζομένους ὑπὸ τῶν Ἑλλήνων θεοὺς λογίζονται οὔτε τὴν Ἰουδαίων δεισιδαιμονίαν φυλάσσουσι, καὶ τίνα τὴν φιλοστοργίαν ἔχουσι πρὸς ἀλλήλους, καὶ τί δή ποτε καινὸν τοῦτο γένος ἢ ἐπιτήδευμα εἰσῆλθεν εἰς τὸν βίον νῦν καὶ οὐ πρότερον.[28]

26 Ebd., S. 84.
27 Theophilus von Antiochien: An Autolykus, S. 66.
28 *The Epistle to Diognetus*, aus d. Griech. v. Henry G. Meecham. Manchester: Manchester UP 1949, S. 74.

> Ich sehe, hochverehrter Diognet, dass du mit großem Eifer die Religion (*theosebeia*) der Christen lernen willst, und zwar ganz genau, und sorgfältig nach ihrem Inhalt fragst: an welchen Gott sie glauben, und wie sie alle, die ihn verehren (*thrēskeuontes*), die Welt geringschätzen und den Tod verachten, und weder die von den Griechen als Götter Angesehenen als solche erachten noch den Aberglauben (*deisidaimonia*) der Juden befolgen; ferner, was für eine Liebe sie zueinander haben, und warum denn dieses neue Geschlecht *(genos)* oder diese neue Lebensweise jetzt ins Leben trat und nicht früher. (Diog. 1)[29]

Das allererste, worauf ich in diesem Abschnitt hinweisen möchte, ist, dass der Autor selbst nicht weiß, was Christen sind. Er weiß nicht, ob er ein Mitglied eines neuen *genos*, einer ‚Menschenart' ist oder ob seine eigene Gruppe einfach über eine Lebensweise identifiziert werden sollte. Diese Unsicherheit darüber, was ‚wir' sind, war, nehme ich an, einer der vornehmlichen Beschleuniger der semantischen Bewegung von *thrēskeia* in die Richtung von ‚Kirche' im Sinne Émile Durkheims[30]. Zweitens ist allerdings klar festzustellen, dass diese Entwicklung der Bedeutung von *thrēskeia* noch nicht stattgefunden hat, wofür zwei Argumente angeführt werden können: (1) Wenn sie schon stattgefunden hätte, hätte der Autor die mehrfache Erklärung am Ende des Zitats, die ich eben erwähnt habe, nicht geben müssen. (2) In dem Maße, in dem *thrēskeia* semantisch nicht gleichwertig, sondern der *theosebeia* zugeordnet ist, was nicht bedeutet, dass jene von dieser vollständig erfasst wäre, ist die Bedeutung ‚Religion' oder ‚Kirche' noch nicht vorhanden. Aufgrund dieser Zusammenhänge würde ich vorschlagen, dass *theosebeia* mehr oder minder wörtlich das meint, was es heißt: ‚Ehrfurcht vor der Gottheit'. *Pōs thrēskeuontes auton* bedeutet ‚wie sie ihm dienen'[31], während *deisidaimonia* sich hier auf die übermäßige Gewissenhaftigkeit der Juden in ihrer Torapraxis bezieht,

29 *An Diognet*, aus d. Griech. v. Horacio E. Lona. Freiburg i. Br.: Herder 2001, S. 71. (Um die Übereinstimmung mit der Ausgabe Meecham zu wahren, wurde die von Lona vorgenommene Unterteilung der Einzelsätze hier und im Folgenden nicht übernommen.)

30 Vgl. Emile Durkheim: *Die elementaren Formen religiösen Lebens*, aus d. Franz. v. Ludwig Schmidts. Frankfurt am Main: Suhrkamp 1994, S. 70–71.

31 Der Autor bezieht sich auf die Übersetzung Meechams (*The Epistle to Diognetus*, S. 75): „[...] both who is the God in whom they trust and how they worship Him, so that all disdain the world [...]."

und offensichtlich besonders auf den Sabbat, was auch aus dem *Brief an Diognet* 4,1 hervorgeht. Meecham merkt an, dass dies eine der ersten Verwendungen dieser Wurzel durch Christen in Bezug auf Christen ist.[32]

Nur ein paar Sätze weiter finde ich überdies, wie der Autor über jene schreibt, die Diognet und seine Genossen Götter nennen: „τούτοις δουλεύετε τούτοις προσκυνεῖτε, [...]."[33] / „[D]iesen dient ihr, diese betet ihr an."[34] (Diog. 2,5) Ich bestehe nicht unbedingt darauf, dass *proskyneō* immer in seinem ganz wörtlichen und konkreten Sinn zu verstehen ist, aber die Übersetzung ‚worship' erscheint doch als weitaus zu blass.[35] Im nächsten Abschnitt des Briefes wendet sich der Verfasser dem Thema der Juden und ihrer Praxis zu und gibt uns weiteres reiches terminologisches Material:

> 1. Ἑξῆς δὲ περὶ τοῦ μὴ κατὰ τὰ αὐτὰ Ἰουδαίοις θεοσεβεῖν αὐτοὺς οἶμαι σε μάλιστα ποθεῖν ἀκοῦσαι. 2. Ἰουδαῖοι τοίνυν, εἰ μὲν ἀπέχονται ταύτης τῆς προειρημένης λατρείας, καλῶς θεὸν ἕνα τῶν πάντων σέβειν καὶ δεσπότην ἀξιοῦσι φρονεῖν· εἰ δὲ τοῖς προειρημένοις ὁμοιοτρόπως τὴν θρησκείαν προσάγουσιν αὐτῷ ταύτην, διαμαρτάνουσιν. 3. ἃ γὰρ τοῖς ἀναισθήτοις καὶ κωφοῖς προσφέροντες οἱ Ἕλληνες ἀφροσύνης δεῖγμα παρέχουσι, ταῦθ' οὗτοι καθάπερ προσδεομένῳ τῷ θεῷ λογιζόμενοι παρέχειν μωρίαν εἰκὸς μᾶλλον ἡγοῖντ' ἄν, οὐ θεοσέβειαν. (Diog. 3,1–3)[36]
>
> 1. Ferner, denke ich, wünschst du ganz besonders darüber zu hören, warum die Christen nicht in der gleichen Form wie die Juden Gott verehren (*theosebein*). 2. Die Juden also, wenn sie sich von diesem vorher genannten Kult enthalten, bestehen richtig darauf, den einen Gott des Alls zu verehren (*sebein*) und ihn als Herrscher zu denken. Wenn sie aber in ähnlicher Weise zu dem, was vorher gesagt wurde, ihm diese Verehrung (*thrēskeia*) entgegenbringen, gehen sie in die Irre. 3. Dadurch nämlich, dass die Griechen, wenn sie den unempfindsamen und tauben Göttern opfern, ein Beispiel des Unverstandes geben, das sollten diese – wenn sie meinen, etwas

32 Ebd., S. 93.
33 Ebd., S. 76.
34 Lona: *An Diognet*, S. 84.
35 Vgl. Anm. 15.
36 *Epistle to Diognetus*, S. 76.

> Gott darzubringen, als ob er es nötig hätte – folgerichtig eher für Torheit halten, nicht für Gottesverehrung (*theosebeia*).[37]

Die Juden verehren zwar den richtigen Gott, aber sie verehren diesen Gott auf die falsche Weise; sie verehren ihn so, wie es die Götzendiener tun. Sie führen Handlungen aus, die töricht und unnötig sind. Was sie tun, ist *thrēskeia* und nicht *theosebeia*. Es ist nicht sachgemäß, alle diese Worte weiterhin mit ‚worship' zu übersetzen, wie es sogar ein respekteinflößender Forscher wie Joseph B. Lightfoot tut. Ich sehe hier klar und deutlich, dass, wie ich bereits andeutete, *thrēskeia* und *theosebeia* wirklich nicht dasselbe sind. Die Juden betreiben irrtümlicherweise etwas, von dem sie glauben, dass es *theosebeia* sei, während sie doch *thrēskeia* verrichten. Letzteres muss also Kult sein, Gottesdienst. Insofern als dass Gott etwas ‚dargebracht' oder ‚geboten' wird, das als etwas verstanden wird, das er nicht braucht, ist es klar, dass der Verfasser des Briefes auf den Opferkult im Tempel anspielt. Da sie tun, was töricht und unnötig ist, erscheinen ihre Handlungen leicht theatralisch. Dies wird in der anschließenden Sequenz bestätigt, in der deutlich wird, dass der Autor tatsächlich von den Opfern spricht, die er mit den Attributen ‚Dummheit', ‚Betrug' und ‚Hochmut' bezeichnet. Wir wollen nochmals festhalten, dass der Verfasser, indem er diese als *thrēskeia* bezeichnet, zurückweist, dass es sich dabei um *theosebeia* handeln könnte.
Weitere Unterstützung für die Feststellung, dass *theosebeia* etwas mehr als ‚Frömmigkeit' oder ‚Kult' meint, erhalten wir von einer weiteren Passage desselben Autors, in der er seine Tiraden gegen die Juden fortsetzt und schreibt:

> τῆς μὲν οὖν κοινῆς εἰκαιότητος καὶἀπάτης καὶ τῆς Ἰουδαίων πολυπραγμοσύνης καὶἀλαζονείας ὡς ὀρθῶς ἀπέχονται Χριστιανοί, ἀρκούντως σε νομίζω μεμαθηκέναι· τὸ δὲ τῆς ἰδίας αὐτῶν θεοσεβείας μυστήριον μὴ προσδοκήσῃς δύνασθαι παρὰ ἀνθρώπου μαθεῖν. (Diog. 4,6)[38]
> Darüber, dass sich die Christen also von der allgemeinen Nichtigkeit und dem Betrug und von der Vielgeschäftigkeit und Prahlerei der Juden zu recht fernhalten, bist du, meine ich, ausreichend unterrichtet. Das

37 *An Diognet*, S. 115.
38 *Epistle to Diognetus*, S. 78.

Geheimnis aber ihrer eigenen Religion (*theosebeia*) von einem Menschen erfahren zu können, sollst du nicht erwarten.[39]

Theosebeia schließt kultischen Dienst mit ein, wie ich gezeigt habe, gleichzeitig aber auch ein *mystērion*. Der Begriff wird doppelt kontrastiert durch Worte, die ,Torheit' oder ,Unsinn' bedeuten. Die Fortsetzung dieser Feststellung über das *mystērion* ihrer *theosebeia* – vielleicht die berühmteste Passage in dem *Brief des Diognet* – ist jene, in der mit äußerster Klarheit die Bedingungen dargelegt werden, unter denen dann (nicht zu lange danach) schließlich das Wort *thrēskeia* seine Bedeutung erweitern und ändern sollte:

> 1. Χριστιανοὶ γὰρ οὔτε γῇ οὔτε φωνῇ οὔτε ἔθεσι διακεκριμένοι τῶν λοιπῶν εἰσιν ἀνθρώπων. 2. οὔτε γάρ που πόλεις ἰδίας κατοικοῦσι οὔτε διαλέκτῳ τινὶ παρηλλαγμένῃ χρῶνται οὔτε βίον παράσημον ἀσκοῦσιν. 3. οὐ μὴν ἐπινοίᾳ τινὶ καὶ φροντίδι πολυπραγμόνων ἀνθρώπων μάθημα τοῦτ' αὐτοῖς ἐστὶν εὑρημένον, οὐδὲ δόγματος ἀνθρωπίνου προεστᾶσιν, ὥσπερ ἔνιοι. 4. κατοικοῦντες δὲ πόλεις Ἑλληνίδας τε καὶ βαρβάρους, ὡς ἕκαστος ἐκληρώθη, καὶ τοῖς ἐγχωρίοις ἔθεσιν ἀκολουθοῦντες ἔν τε ἐσθῆτι καὶ διαίτῃ καὶ τῷ λοιπῷ βίῳ θαυμαστὴν καὶόμολογουμένως παράδοξον ἐνδείκνυνται τὴν κατάστασιν τῆς ἑαυτῶν πολιτείας. 5. πατρίδας οἰκοῦσιν ἰδίας, ἀλλ' ὡς οἰκοῦσιν ἰδίας, ἀλλ' ὡς πάροικοι· μετέχουσι πάντων ὡς πολῖται, καὶ πάνθ' ὑπομένουσιν ὡς ξένοι· πᾶσα ξένη πατρίς ἐστιν αὐτῶν, καὶ πᾶσα πατρὶς ξένη. (Diog. 5,1–5)[40]
> 1. Denn die Christen unterscheiden sich weder durch das Land noch durch die Sprache noch durch die Sitten von den übrigen Menschen. 2. Denn sie wohnen nicht irgendwo in ihren eigenen Städten und sie gebrauchen nicht irgendeine abweichende Sprache und sie führen kein auffallendes Leben.[41] 3. Wahrlich, ihre Lehre ist nicht durch irgendwelchen Einfall und durch die Bemühung vielgeschäftiger Menschen von ihnen erfunden, noch vertreten sie eine menschliche Lehre, wie manche es tun. 4. Obwohl sie griechische und barbarische Städte bewohnen, wie es einen jeden traf, und den landesüblichen Sitten in Kleidung und Speise und im sonstigen Leben folgen, zeigen sie die erstaunliche und anerkanntermaßen eigenartige

39 *An Diognet*, S. 125.

40 *Epistle to Diognetus*, S. 80.

41 Es ist vielleicht angebracht, zu bemerken, dass ungefähr zur selben Zeit Justin in seinem *Dialog mit dem Juden Tryphon* (10,2) diesen genau dasselbe feststellen lässt, allerdings im Sinne eines *Vorwurfs gegen die Christen*.

> Beschaffenheit ihrer Lebensweise. 5. Sie bewohnen ihre eigenen Heimatländer, aber als Beisassen; sie nehmen an allem Teil als Bürger, und alles ertragen sie wie Fremde. Jede Fremde ist ihr Heimatland, und jedes Heimatland ihnen eine Fremde.[42]

Das ist in der Tat eine schöne Darstellung der Lebensbedingungen der Christen. Im Unterschied zu den Diasporajudäern, die zumindest zu jener Zeit zwei Heimatländer hatten, hatten die Christen keines; auch werden sie nicht durch Genealogie definiert. Die Frage, die allerdings auftaucht, ist, wie eine solche Gruppierung von Menschen, ein solches Kollektiv genannt werden soll. Es scheint, dass keine der existierenden Kategorien hier passen würde. Eine Katachresis ist entstanden. Der Autor versucht, das Problem dadurch zu lösen, dass er die Welt einem Körper gleichsetzt und die Christen der Seele dieses Körpers, wodurch sich Folgendes ergeben würde:

> ἀόρατος ἡ ψυχὴ ἐν ὁρατῷ φρουρεῖται τῷ σώματι· καὶ Χριστιανοὶ γινώκονται μὲν ὄντες ἐν τῷ κόσμῳ, ἀόρατος δὲ αὐτῶν ἡ θεοσέβεια μένει. (Diog. 6,4)[43]
> Die unsichtbare Seele wird im sichtbaren Leib aufbewahrt; so werden auch die Christen erkannt, da sie in der Welt bleiben, ihre Religion (*theosebeia*) aber bleibt unsichtbar.[44]

Wenn ich ihn hier richtig verstehe, sagt er, dass die Christen äußerlich der Welt angehören, das heißt, sie sind Griechen, Römer, Perser, Judäer, innerlich jedoch, in ihrer *theosebeia*, bilden sie eine Gemeinschaft, jedoch eine solche, die für die Welt unsichtbar ist. In weiterer Zukunft soll dann das Wort *thrēskeia* dafür herangezogen werden, um diese unsichtbare, auf eine andere Welt bezogene Verbindung zu bezeichnen. Ungeachtet der offensichtlichen Tatsache, dass für den Verfasser des *Briefes an Diognet* das Wort *thrēskeia* seine Bedeutung im Hinblick auf seinen früheren Gebrauch noch nicht entscheidend geändert hat, so nehmen wir *grosso modo* doch die Voraussetzung wahr, die später eine solche Änderung begünstigen würde.

42 *An Diognet*, S. 151.
43 *Epistle to Diognetus*, S. 80.
44 *An Diognet*, S. 177.

Das früheste Beispiel, von dem ich weiß, das *thrēskeia* im Sinne einer Institution oder des Namens einer Gemeinschaft und nicht einer bestimmten Praxis zeigt, stammt vom Bischof von Sardis, Melito, verfasst ungefähr zu selben Zeit wie das Sendschreiben an Diognet, an niemand geringeren als Marc Aurel:

> Ἡ γὰρ καθ' ἡμᾶς φιλοσοφία πρότερον μὲν ἐν βαρβάροις ἤκμασεν, ἐπανθήσασα δὲ τοῖς σοῖς ἔθνεσιν κατὰ τὴν Αὐγούστου τοῦ σοῦ προγόνου μεγάλην ἀρχήν, ἐγενήθη μάλιστα τῇ σῇ βασιλείᾳ αἴσιον ἀγαθόν. Ἔκτοτε γὰρ εἰς μέγα καὶ λαμπρὸν τὸ Ῥωμαίων ηὐξήθη κράτος· οὗ σὺ διάδοχος εὐκταῖος γέγονάς τε καὶἔσῃ μετὰ τοῦ παιδός, φυλάσσων τῆς βασιλείας τὴν σύντροφον καὶ συναρξαμένην Αὐγούστῳ φιλοσοφίαν, ἣν καὶ οἱ πρόγονοί σου πρὸς ταῖς ἄλλαις θρησκείαις ἐτίμησαν. (Melito Fragmenta 1,7)
> Our philosophy first flourished among barbarians, but it blossomed out among your peoples during the great reign of your ancestor Augustus, and became especially for your empire an auspicious benefit. For from that time the power of Rome grew to become great and splendid. To that power you have become a successor desired in prayer, and will continue to be so, together with your son, if you guard [*phylassōn*] the philosophy of the empire which was nursed with and began with Augustus, and which your ancestors respected alongside the other cults (*thrēskeiai*).[45]

Melito scheint noch einigermaßen um einen Namen zu ringen, mit dem das Christentum als Kategorie benannt werden könnte. Wie ich es sehe, bezeichnet er es innerhalb dieses Zitates zweimal als eine Philosophie, aber schließlich gelangt er zu *thrēskeia* als eine Bezeichnung für etwas, das das Christentum mit anderen dieser Art verbindet, und das vom Kaiser beschützt wird. Seine Verwendung hier ist ähnlich dem, was wir zuvor in Philos Verteidigungsschrift an Gaius beobachtet haben. Für den christlichen Autor ist der semantische Bedeutungswandel freilich stärker, da es keinen christlichen Opferkult gibt. Wir werden sehen, dass das der verbreitetste spätere Gebrauch dieses Ausdrucks ist: die Verwendung von *thrēskeia* im apologetischen Kontext des Wunsches einer bestimmten nicht-dominanten Gruppe, als Teil des imperialen Gemeinwesens angesehen zu werden. Es ist

45 Melito of Sardis: *On Pascha and Fragments*, hrsg. u. aus d. Griech. v. Stuart George Hall. Oxford: Clarendon 1979, S. 62/63.

dieser Zusammenhang, in dem die Wahrnehmung einer ‚Religion', getrennt von der kaiserlichen Regierung, von der Großfamilie und von der Ökonomie, nötig wird.

Diejenigen christlichen Schriftsteller, die wir Apologeten nennen, sind keineswegs alle gleich. Die Kategorie per se ist tatsächlich eine schwierige. Streng genommen werden die Apologeten so genannt, weil sie versuchen, die einflussreichen Stellen zu überzeugen, sie mögen die Christen wie ihre anderen Untertanen wohlwollend behandeln; bei ihnen beginnen wir, *thrēskeia* mehr oder minder (oder wenigstens allmählich dazu übergehend) in Bezug auf eine Gruppe zu finden, die bestimmte Ideen auf eine bestimmte Art vertritt und in diesem Sinn praktiziert. Andere aber aus dieser Gruppe der Apologeten tun etwas vollkommen anderes: Anstatt eine Heimat für Christen innerhalb der griechisch-römischen Welt und des Römischen Reiches zu suchen, attackieren sie diese Welt und alle ihre Werke.

Robert Grant hat diese Unterscheidung bereits gemacht, indem er schreibt:

> There is a great gulf fixed between the conciliatory petitions to Marcus Aurelius from Christians in 176 and the bitterly antagonistic essay of Tatian addressed to 'the Greeks' within the next year or so. Apollinarus, Melito, and Athenagoras offered adulation, while Tatian denounced almost every aspect of Greco-Roman culture and religion in his *Oration Against the Greeks*.[46]

Unabhängig davon, ob ich Grants etwas apologetischer Erklärung dieser Unterschiede zustimme, bleibt es eine Tatsache, dass dies ganz unterschiedliche Arten von Rhetorik sind. Und es überrascht nicht, dass wir bei Tatian den Begriff der *thrēskeia nicht* in dem oben erwähnten gebräuchlichen Wortsinn einer kultischen Gruppe unter anderen solchen Gruppen finden, sondern nur als Name für den Kult an Dämonen (*daimones*):

> Βλέπονται δὲ καὶ ὑπὸ τῶν ψυχικῶν οἱ δαίμονες, ἔσθ' ὅτε τοῖς ἀνθρώποις ἑαυτοὺς ἐκείνων δεικνύντων, ἵνα τε νομισθῶσιν εἶναί τινες ἢ καί τι βλάψωσι καθάπερ

46 Robert M. Grant: *Greek Apologists of the Second Century*. Philadelphia: Westminster 1988, S. 112.

πολεμίους, φίλοι κακοὶ τὴν γνώμην ὑπάρχοντες, ἢ τῆς εἰς αὐτοὺς θρησκείας τοῖς ὁμοίοις αὐτοῖς τὰς ἀφορμὰς παράσχωσιν. (Oratio ad Graecos 16,5)[47]
Aber auch von den Psychikern werden die Dämonen erblickt, manchmal nämlich zeigen sie selbst sich den Menschen, entweder aus Geltungsbedürfnis oder um ihnen wie Feinden einigen Schaden zuzufügen, wie es übel gesinnte Freunde tun, oder um ihresgleichen Anlass zu geben, sie zu verehren (*thrēskeia).*[48]

Es ist hier völlig klar, dass *thrēskeia* eine gänzliche negative Bedeutung hat, so wie wir es im früheren griechischen Gebrauch und bei nahen Zeitgenossen wie Plutarch haben sehen können. Es ist so gut wie sicher, dass es Tatian niemals benutzt haben würde, um sich damit auf sein eigenes Glaubenssystem oder auf rituelle Praxis überhaupt zu beziehen. Dies tritt noch deutlicher hervor, wenn wir den zweiten Fall des Gebrauchs von *thrēskeia* bei diesem Schriftsteller untersuchen:

Ταῦτ᾽ οὖν ἰδών, ἔτι δὲ καὶ μυστηρίων μεταλαβὼν καὶ τὰς παρὰ πᾶσι θρησκείας δοκιμάσας διὰ θηλυδριῶν καὶ ἀνδρογύνων συνισταμένας, [...]. (Oratio ad Graecos 29,1)
Nachdem ich dieses gesehen hatte, überdies auch die Einweihung in die Mysterien erlangt und sämtliche religiösen Bräuche, die von verweichlichten Eunuchen vollzogen werden, genau kennengelernt [...] hatte, [...].[49]

Ungeachtet der Tatsache, dass ich nicht zwischen ‚Weiblich-Männlichen' und ‚Männlich-Weiblichen'[50] unterscheiden kann (es sei denn, dass sich der erste Begriff direkt auf die sexuelle Praxis bezieht und der letztere auf genitale Morphologie)[51], ist es doch klar, dass sie für

47 Tatianos: *Oratio ad Graecos. Rede an die Griechen*, hrsg. u. aus d. Griech. v. Jörg Trelenberg. Tübingen: Mohr Siebeck 2012, S. 128. (Entsprechend der vom Autor zitierten Edition Tatian: *Oratio Ad Graecos and Fragments*, hrsg. u. aus d. Griech. v. Molly Whittaker. Oxford: Clarendon 1982, S. 32.)

48 Tatianos: *Oratio ad Graecos*, S. 129.

49 Ebd., S. 160/161. Whittaker übersetzt: „Therefore when I had seen those things and had taken part in the mysteries and had scrutinized all of the *thrēskeiai* which through the female-males and the male-females are organized [...]." (Tatian: *Oratio Ad Graecos and Fragments*, S. 32.)

50 Vgl. ebd.

51 Vgl. Aristoteles' *Historia animalium* 631b, 16–18: „γίνονται δὲ καὶ θηλυδρίαι ἐκ γενετῆς τῶν ὀρνίθων τινὲς οὕτως ὥστε καὶὑπομένειν τοὺς ἐπιχειροῦντας ὀχεύειν." („Es gibt aber auch Vogelmännchen, die von Geburt an so weiblich veranlagt sind,

Tatian zutiefst negative Bezeichnungen darstellen. *Thrēskeia* scheint also, einmal mehr und sogar noch ausdrücklicher, für diesen Autor, den wir eher als Antagonisten denn als Apologeten bezeichnen sollten, völlig negativ konnotiert zu sein.

Es ist genau der apologetische Kontext solcher im Übrigen unterschiedlicher Autoren wie Philo oder Melito, der – meiner Hypothese gemäß – zum *disembedding* von *thrēskeia* als einer separaten Lebenssphäre und Praxis führt, als eine unter einer Anzahl von solchen, die verfügbar sind (was natürlich nicht bedeutet, dass sie wählbar sind). Es ist den Apologeten und nicht den Antagonisten zugute zu halten, dass *thrēskeia* in einem positiven Sinn herausgestellt wird und jeweils auf einen Vertreter dieser Kategorie anwendbar ist. Damit stellt dieser Begriff einen wichtigen Schlüssel für das Entstehen einer Vorstellung von *Religionen* in der Moderne zur Verfügung. Aber das ist eine Geschichte für ein andermal.

Aus dem Englischen von Armin Eidherr und Susanne Plietzsch

daß sie es sogar dulden, wenn andere sie decken wollen." Aristoteles: Tierkunde. In: Ders.: *Die Lehrschriften*, Bd. 13, aus d. Griech. u. hrsg. v. Paul Gohlke. Paderborn: Schöningh 1957, S. 444) – Tatian könnte hier auch einfach Synonyme für allgemeine sexuelle Verirrungen anhäufen. Ich danke Michael Zellman-Rohrer für diese Beobachtungen und für weitere Hilfe philologischer Natur.

Susanne Plietzsch

Rhetoriken der Differenz und der Gleichheit im Galaterbrief

In meinem Beitrag möchte ich, bewusst in essayistischer Form, Aspekte eines Close Reading des Galaterbriefs zur Diskussion stellen. Im Fokus der Lektüre soll die Frage stehen, wie Paulus das Konzept einer Besonderheit Israels mit demjenigen von der Gleichheit aller Menschen in ein Verhältnis bringt. Ich möchte ausprobieren, ob sich dieses Thema als Leitthema des Galaterbriefs eignet, abgesehen davon, dass die Frage nach Differenz und Gleichheit ein zentrales Thema der Jüdischen Studien darstellt. Ein persönlicher Grund für die Wahl eines Paulustexts kommt dazu: In meiner Dissertation habe ich mich mit intertextuellen Verweisen zwischen der paulinischen und der rabbinischen Literatur auseinandergesetzt und damit meine Reise in die Jüdischen Studien begonnen.[1] Umso spannender ist es, nach einigen Jahren der Auseinandersetzung mit rabbinischen Texten und der Beschäftigung mit den religiösen Dynamiken (nicht nur) in der jüdisch-christlichen Spätantike wieder einmal zum Galaterbrief zurückzukehren.

1 Susanne Plietzsch: *Kontexte der Freiheit. Konzepte der Befreiung bei Paulus und im rabbinischen Judentum*. Stuttgart: Kohlhammer 2005.

Methodische Voraussetzung: Projektionen vermeiden

Der um die Mitte des ersten Jahrhunderts u. Z. verfasste Galaterbrief des Paulus ist der Text eines jüdischen Autors aus der Zeit des Zweiten Tempels, der in der Folge zu einem Schlüsseltext der christlich-theologischen Wahrnehmung des Judentums wurde. Als solcher hat er eine kritische Lektüre aus kulturwissenschaftlicher Perspektive und aus der Perspektive der Jüdischen Studien verdient. Eine wichtige methodische Voraussetzung dafür ist es, aufmerksam für Projektionen aus späteren Zeiten auf Paulus wie auch von Paulus in spätere Zeiten zu sein und diese nach Möglichkeit zu vermeiden. Dass es nicht sachgemäß ist, das rabbinische oder gar das mittelalterliche Judentum mit seiner Textorientiertheit und halachischen Differenziertheit in die Zeit des Zweiten Tempels zu projizieren, kann inzwischen fast als Allgemeinplatz gelten. *Judentum* sollte in dieser Periode weniger als eine institutionalisierte und theoretisch reflektierte Religion denn als eine Lebensweise betrachtet werden, die, auch wenn bestimmte Praktiken und Narrative in hohem Maß identitätsstiftend waren, als regional und kulturell äußerst vielfältig gedacht werden muss. Dieses Judentum war im hellenistischen Raum angesiedelt, bediente sich dessen Sprache und kultureller Codes, konnte aber auch alte israelitische Überzeugungen geltend machen, die dem, was als ‚griechisch' empfunden wurde, entgegenstanden – wie z. B. die kultische Exklusivität und das Erwählungsbewusstsein, das nicht nur mit Abgrenzung im rituellen Bereich, sondern auch mit bestimmten ethischen Idealen einherging. Das Wechselverhältnis dieser verschiedenen Aspekte musste jeweils ausgehandelt werden. Rückprojektionen sind ebenso zu vermeiden, wenn es um spätere christlich-theologische Diskurse und Topoi geht, die sich auf Paulus berufen, wie z. B. die Frage der ‚Werkgerechtigkeit', in der in viel späteren Zeiten gerade der Galaterbrief zum Instrument der Polemik gegen traditionelles jüdisches Leben wurde. Es wäre verfehlt, Paulus aus der Perspektive dieser späteren Diskurse, die unter ganz anderen religionspolitischen Bedingungen entstanden, zu lesen. Er war vielmehr ein eigenständiger Autor seiner Zeit.

Gleichheit in Abgrenzung von der „gegenwärtigen, bösen Welt" (Gal 1,4)

Vielfalt und Attraktivität des jüdischen Lebens in der Zeit des Zweiten Tempels

Paulus konnte eine Gruppe im kleinasiatischen Galatien für den von ihm verkündeten Messiasglauben gewinnen. Das bedeutet, dass die Angehörigen dieser Gruppe nun mit Paulus die Ansicht vertraten, Jesus von Nazareth sei – in einem nicht materialen Sinn – der ‚Sohn' des Gottes Israels und er sei nach seiner Kreuzigung auferstanden als ein machtvolles Zeichen gegen die tiefe Verdorbenheit und schmerzliche Ungerechtigkeit dieser Welt. Paulus war es damit gelungen, jene Galater in den vielfältigen jüdischen Diskurs seiner Zeit hineinzubringen, der unter anderem die folgenden Komponenten umfasste oder umfassen konnte: den Kult des Jerusalemer Tempels, familienbezogene und individuelle Rituale, ein ausgeprägtes Gemeinschaftsbewusstsein wie auch ein Bewusstsein der Nichtzugehörigkeit zum kultischen Leben der Umwelt, juridische und narrative Inhalte der Hebräischen Bibel (teilweise in allegorischen und philosophisch-esoterischen Deutungen), ethische Grundsätze und Normen wie die Zehntabgabe und andere Praktiken des gesellschaftlichen Ausgleichs, apokalyptische Vorstellungen vom Ende der Zeiten, von letzten Kämpfen zwischen Gut und Böse und dem Auftreten eines göttlichen Abgesandten, der das Recht des Gottes Israels, dessen Anspruch immer auch ein politischer war, durchsetzen sollte. Jüdische Bevölkerungsgruppen waren im gesamten Mittelmeerraum und darüber hinaus präsent. Sie sprachen überwiegend griechisch und in den Regionen des römischen Palästinas (auch) aramäisch. Bei aller Vielfalt der rituellen Praxis und der Vorstellungswelten ging und geht es im jüdischen Diskurs jedoch immer –mehr oder weniger explizit oder reflektiert – um die Faszination eines relationalen Konzepts. Es geht darum, als Kollektiv und als Person von einer göttlichen Instanz wahrgenommen und akzeptiert, gerecht bewertet und sogar geschätzt und geliebt zu werden. Das hat zu allen Zeiten die Attraktivität der jüdischen Weltsicht und Praxis ausgemacht. Paulus legt im Galaterbrief in teilweise sehr polemischer Weise seine Position dazu dar, wie diese Beziehung zwischen Gott und Israel ‚richtig' zu verstehen sei, nämlich in einer universalen Perspektive und Dynamik. Er spricht von Gegnern, die diametral entgegengesetzte Ansichten dazu vertraten, welcher Stellenwert alten israelitischen kultischen Normen wie Beschneidung, Sabbat und Festzyklus, Speise- und Sexualitätstabus innerhalb dieses Konzepts beigemessen werden sollte.

Der Rahmen des Galaterbriefes: Im Geist jenseits der Welt

> […,] der sich selbst für unsere Sünden hingegeben hat, damit er uns herausreiße aus der gegenwärtigen bösen Welt nach dem Willen unseres Gottes und Vaters. (Gal 1,4)[2]

> Mir aber sei es fern, mich zu rühmen als nur des Kreuzes unseres Herrn Jesus Christus, durch das mir die Welt gekreuzigt ist und ich der Welt. (Gal 6,14)

Wo wäre Paulus im Rahmen dieses gerade skizzierten Themenspektrums zu verorten? Welchen Ansichten hingen die Galater nun an oder sollten sie anhängen? Die Vorstellung von einem „Empfang des Geistes" (Gal 3,2) scheint eine wichtige Rolle gespielt zu haben, ebenfalls der Begriff des ‚Glaubens' an den gekreuzigten Jesus als Retter, wobei die Auferstehung nur ganz am Beginn des Briefes erwähnt wird. Glauben ist dabei auch ein Für-wahr-Halten, aber mehr noch eine starke Zugehörigkeit bis hin zur Identifikation. Diese hat allerdings mit einer Trennung bzw. Unterscheidung von der ‚Welt', dem Alltagsleben und politischen Leben, zu tun, mit einer ganz konkreten *Differenz*: Die Galater sollen als sicher annehmen, dass sie selbst „aus der gegenwärtigen bösen Welt [herausgerissen]" sind (Gal 1,4), sie sollen sich als ‚Kinder Gottes' verstehen, indem sie sich mit dem Messias Jesus identifizieren. Paulus selbst nimmt sogar für sich in Anspruch, „der Welt [gekreuzigt]" zu sein (Gal 6,14); eine widerständige und verstörende Form der Abgrenzung. Gal 1,4 und 6,14 können somit als Rahmen um den gesamten Brief angesehen werden.

2 Übersetzungen aus der Hebräischen Bibel und dem Neuen Testament, wenn nicht anders angegeben: *Elberfelder Bibel* (2013).

Mit dieser Rhetorik der Trennung wird Paulus im Verlauf des Briefes allerdings – scheinbar paradoxerweise – die Aufforderung zum ethischen Miteinander unter seinen Anhängerinnen und Anhängern verknüpfen, eine Botschaft, die sich explizit und im positiven Sinn auf die Tora bezieht.
Im Vergleich mit dem zuvor verfassten ersten Thessalonicherbrief argumentiert Paulus im Galaterbrief jedoch sehr viel stärker mit den *historischen* Narrativen des Pentateuch. Im ersten Thessalonicherbrief standen demgegenüber eher metahistorische Aspekte im Vordergrund, deren Verankerung in der biblischen Tradition nicht einmal unbedingt ausgewiesen wurde: Es ging dort um die Abwendung vom Götzendienst und exklusiver Hinwendung zum Gott Israels (1 Thess 1,9) – das zentrale frühjüdische Signal für den Eintritt in den jüdischen Diskurs – und um eine prophetisch-apokalyptische Zukunftsschau, in der das prophetische Motiv des plötzlichen Hereinbrechens des ‚Tages des Herrn' der Darstellung der Wiederkunft des Messias zugrunde liegt, die mit der Auferstehung der Toten und der Entrückung der noch Lebenden verbunden wird. Diese Weltsicht wird bei Paulus zur Grundlage einer – inhaltlich aus der Hebräischen Bibel respektive der gesamten literarischen und nichtliterarischen israelitisch-jüdischen Überlieferung gespeisten – gemeinschaftsbezogenen Alltagsethik. (1 Thess 4) Hatte Paulus seine apokalyptisch-alltagsbezogene Botschaft bis dahin möglicherweise mit nur wenig Bezug zum biblischen Geschichtsnarrativ vorgetragen, änderte sich das, als er in seiner galatischen Anhängerschaft Konkurrenz bekam, und dort – seinen Worten zufolge – judäische Abgesandte aktiv wurden, die den Galatern eine ganz bestimmte Lebenspraxis nahelegten: die traditionellen israelitischen rituellen Normen.

‚Beschneidung' als Basisbegriff der Differenz

Als Schlüsselbegriff dafür wird im Galaterbrief der Terminus ‚Beschneidung' fungieren, d. h. die Setzung einer körperlichen *Differenz*. ‚Beschneidung' ist in Gal 5,1–12 von Begriffen der Trennung, Beunruhigung und Verletzung begleitet. Zusammen mit der Beschneidung nennt Paulus Speisetabus und bestimmte kalendarische Vorschriften (wie z. B. die Beobachtung des Neumonds), die unter den Galatern schon populär geworden wären. Es wäre viel zu einfach zu sagen, dass es sich bei dem, was die Kontrahenten des Paulus propagieren, um ‚die' jüdische Lebenspraxis handeln würde; möglicherweise vertraten sie weniger eine ‚palästinische' als vielmehr kult- und ritualfokussierte Form jüdischer Alltagsreligiosität, die sich durchaus von dem unterschied, was in anderen jüdischen Milieus gelebt wurde, sei es in Kleinasien oder im römischen Palästina selbst.[3]

Damals jedoch, als ihr Gott nicht kanntet, dientet ihr denen, die von Natur nicht Götter sind;
jetzt aber habt ihr Gott erkannt – vielmehr ihr seid von Gott erkannt worden.
Wie wendet ihr euch wieder zu den schwachen und armseligen Elementen zurück, denen ihr wieder von neuem dienen wollt?
Ihr beobachtet Tage und Monate und bestimmte Zeiten und Jahre. (Gal 4,8–10)[4]

Meinetwegen können sie, die euch beunruhigen, sich auch verschneiden lassen. (Gal 5,12)

Eventuell geben uns die Makkabäerbücher oder die ritualbezogenen Traktate und Passagen der Mischna Aufschluss über die Ansichten der Gegner des Paulus. Diesem geht es jedoch darum, ritualistische Diskurse unter den Galatern zu unterbinden. Darüber hinaus wird auf einer tieferen Ebene seine Verletzung und Empörung darüber deutlich, dass es möglich sein sollte, sein inklusives und geistiges Verständnis *Israels* mit so einfachen, materialen Lösungen außer

3 In der Diskussion dieses Beitrags wies Daniel Boyarin darauf hin, dass die Annahme, die jüdische Lebensweise im römischen Palästina sei ‚authentischer' gewesen als z. B. im kleinasiatischen Raum, als antijüdisches Argument verwendet werden könne.

4 Der Beginn eines neuen Verses ist hier und im Folgenden jeweils durch einen Absatzumbruch gekennzeichnet.

Kraft zu setzen. An dieser Stelle beginnt Paulus seine sehr eigenständige Diskussion biblischer Narrative und geht zum einen auf Abraham (Gal 3,1–14) und zum anderen auf die Mose- und Sinaigeschichte ein. (Gal 3,15–29) Er akzentuiert diese beiden Erzählzusammenhänge zunächst in entgegengesetzter Weise (Gal 3,1–14 und 3,15–20), um sie schließlich einander ergänzen zu lassen (Gal 3,21–29): den Abrahamnarrativ als Verweis auf eine *universale Gleichheit* und die Erzählung von der Offenbarung der Tora als Verweis auf eine lediglich temporäre hierarchische *Differenz* (die zwischen Erzieher und unmündigem Sohn), die mit der Zeit von selbst obsolet wird. Paulus kann dann argumentieren, dass die *Differenz* beibehalten zu wollen gleichbedeutend damit sei, die Unmündigkeit und Abhängigkeit – sprich: Sklaverei beibehalten zu wollen. Die biblisch recht prekäre Verknüpfung von Sinaioffenbarung und Sklaverei, ein Leitmotiv im Galaterbrief, erscheint dabei in frappierender Weise wie ein umgekehrtes Spiegelbild zur rabbinischen Konnotation von Tora und Freiheit.

Vermutlich gibt Paulus dem Abrahamnarrativ auch deshalb Priorität vor der Sinaithematik, weil seine Gegner (jedenfalls so, wie Paulus sie darstellt) gerade umgekehrt argumentieren: Sie wollen die Galater zu der Ansicht bewegen, dass sie, indem sie die Tora des Mose (entsprechend der Auffassungen der Gegner) befolgen, zu Kindern Abrahams werden könnten. Paulus verstärkt seine Argumentation dadurch, dass er behauptet, sich in einer weit besseren Ausgangsposition, auf einer höheren Ebene als seine Kontrahenten zu befinden: im Geist und nicht im Fleisch, in der Freiheit und nicht in der Sklaverei, bei dem auf die letztendliche Bestätigung aller vertrauenden Abraham und nicht bei dem auf Übertretung und Fehlleistung fokussierten ‚Erzieher' *(paidagogos)*, dem normgebenden „Gesetz" (Gal 3,24). All das kulminiert im Gedanken der Gleichheit aller Menschen, die, auch wenn sie erst jetzt in der Erkenntnis des Geschehens mit dem Messias erreichbar sei, doch schon immer bestanden habe; der paulinischen Argumentation zufolge können die Gegner diese Gleichheit nicht wahrnehmen, weil ihnen der entsprechende ‚Geist' fehle. In Gal 3,28 wird sie explizit ausgesprochen; dieser Satz ist eine der stärksten paulinischen Botschaften:

> Da ist nicht Jude noch Grieche, da ist nicht Sklave noch Freier, da ist nicht männlich und weiblich; denn ihr alle seid einer in Christus Jesus.[5]

Das Thema der Gleichheit schwingt im Galaterbrief auf den verschiedensten Ebenen mit; seine Verhandlung findet darin ihre Grenzen, dass Paulus das friedliche Miteinander in seiner galatischen Anhängerschaft im Blick behält. Grundsätzlich lese ich den Galaterbrief so (und dies scheint sich in den Korintherbriefen und im Römerbrief zu bestätigen), dass er von einer Haltung der individuellen Größe spricht, die bereit ist, über Unterschiede hinwegzusehen und innerhalb der Gemeinschaft keine Ansprüche mehr daraus abzuleiten. Er sieht vor allem diejenigen in der Pflicht, eine solche Größe und Großzügigkeit an den Tag zu legen, die mehr Determinationen bzw. *Differenzen* für sich in Anspruch nehmen und für unabdingbar halten, sprich: die mehr jüdische Gepflogenheiten praktizieren – hier also seine Konkurrenten, die Paulus zufolge genau das Falsche tun, wenn sie die übrigen Mitglieder der Gemeinschaft dazu bewegen wollen, sich ihnen anzugleichen.

‚Schöpfung' als Basisbegriff der Gleichheit

Für die paulinische Entfaltung von Gleichheit und Differenz im Galaterbrief spielt der biblische Topos der Schöpfung bzw. der „neuen Schöpfung" (*kaine ktisis*) eine wichtige Rolle. Zwar erscheint der Begriff der Schöpfung erst und einzig am Schluss des Briefes (Gal 6,15), zeigt sich aber dort als schlussendlich ausgesprochener Basisbegriff für die gesamte Thematik der Gleichheit. ‚Schöpfung' und ‚neue Schöpfung' bilden somit einen metahistorischen Rahmen um die darin verhandelten Geschichtsnarrative des Pentateuchs. Damit gäbe es einen weiteren, eher thematischen Rahmen,

5 Die oft diskutierte Frage, ob *ioudaios* mit ‚Jude' oder ‚Judäer' übersetzt werden sollte, kann hier nicht entschieden werden, abgesehen davon würde eine theologisch-metaethnische oder eben ethnische Übersetzung noch kein sachgemäßes Verständnis des Begriffs vermitteln. Idealerweise müsste für jede Epoche die ethnische bzw. metaethnische ‚Imprägnierung' des Begriffs neu diskutiert werden. Jedenfalls sollte kein mittelalterliches oder neuzeitliches Verständnis eines Juden/einer Jüdin als Vertreter/in einer Religionsgemeinschaft in die Zeit des Zweiten Tempels rückprojiziert werden.

der mit dem zuerst genannten der radikalen Distanzierung von der Welt gegen dessen Weltverneinung in ein Gespräch treten würde: Die Distanz von der ‚Welt' wäre für Paulus gerade die Hinwendung zur schöpfungsgemäßen Gleichheit.

Als ein rabbinisches Beispiel dafür, dass das Thema Schöpfung im biblisch-jüdischen Diskurs grundsätzlich eine Affinität zum Thema Gleichheit hat, könnte z. B. der berühmte Satz aus Mischna Sanhedrin 4,5 angeführt werden, dass Adam als Einzelner geschaffen wurde, „dass nicht einer zu seinem Nächsten sage: Mein Vater ist bedeutender als dein Vater."

Deshalb wurde ein einzelner Mensch in der Welt geschaffen, um zu lehren, dass jedem, der eine Seele verdirbt, es angerechnet wird, als ob er eine ganze Welt verdorben hätte. Und jedem, der eine Seele erhält, wird es angerechnet, als ob er eine ganze Welt erhalten hätte. – Und wegen des Friedens unter den Geschöpfen – dass nicht einer zu seinem Nächsten sage: Mein Vater ist bedeutender als dein Vater. (Mischna Sanhedrin 4,5)[6]

In den Sätzen vor der Abschlussformel des Galaterbriefs erweist sich die Thematik von Gleichheit und Differenz im Rückblick als dessen Leitthema, wenn Paulus nun mit atemberaubender Souveränität formuliert:

> Denn weder Beschneidung noch Unbeschnittensein gilt etwas, sondern eine neue Schöpfung.
> Und so viele dieser Richtschnur folgen werden – Friede und Barmherzigkeit über sie und über das Israel Gottes!
> In Zukunft mache mir keiner Mühe, denn ich trage die Malzeichen Jesu an meinem Leib. (Gal 6,15–17)

6 Text: Handschrift Kaufmann, vgl. die Ausgabe *Die Mischna. Teil 4: Nezikin: Schädigungen / Sanhedrin: oberstes Gericht*, bearb. v. Michael Krupp. Ein Karem / Jerusalem: Lee Achim 2006. (Übers., auch der anderen angeführten rabbinischen Texte, S. P.).

Das ist eine unmissverständliche Abgrenzung von all jenen, die Grenzziehungsdiskurse führen; die Verse Gal 6,15 sowie Gal 5,6 verweisen innerhalb des letzten Drittels des Galaterbriefs, des Abschnitts nach der Entfaltung der Argumentation in den Kapiteln 3 und 4, aufeinander. Paulus sagt deutlich, dass ihn Grenzziehungsdiskurse nicht mehr interessieren und nicht mehr betreffen. Er versteht sich als auf ganz andere Weise *nicht körperlich-körperlich* gekennzeichnet. Es ist mehr als paradox: Paulus, der dafür plädiert, Kennzeichnungen und insbesondere körperliche Kennzeichnungen zu ignorieren, sieht sich selbst als gekennzeichnet, er sieht sich als „der Welt gekreuzigt" (Gal 6,14), wie Jesus.

Denn in Christus Jesus hat weder Beschneidung noch Unbeschnittensein irgendeine Kraft, sondern [der] durch Liebe wirksame Glaube. (Gal 5,6)

Diese radikale Abgrenzung lässt alle anderen Unterscheidungskriterien bedeutungslos werden, insbesondere, so Paulus, der Versuch einer – aktiven – physischen Unterscheidung zwischen Israel und Nicht-Israel. Von dieser Unterscheidung sagt er in Gal 6,15, dass sie nichts wert ist, dass sie nichts gilt – und er sagt implizit im gesamten Galaterbrief, dass sie noch nie viel wert war. In Vers 16 fügt er hinzu, dass die, die das verstehen, Friede und Barmherzigkeit erlangen mögen. Sind sie das „Israel Gottes"? Oder sind sie dieser (aus der Sicht des Paulus) durch klare Abgrenzungen nicht erfassbaren Gruppe nur besonders nahe – wie es die Galater gern sein wollen?
Es wäre zu fragen, ob Paulus die beiden biblischen Zusammenhänge, die Abraham- und die Sinaithematik, auch ohne die gegebene polemische Situation und ohne die Herausforderung durch seine judäischen Konkurrenten überhaupt aufgegriffen hätte. Ich habe den Verdacht, dass dem nicht so ist. Ich habe sogar den Verdacht, dass Paulus ohne diese Herausforderung gar nicht so viel über die geschichtstheologische und hermeneutische Bedeutung der Tora nachgedacht hätte – auch wenn er dies in der Folge (vor allem im zweiten Korintherbrief und im Römerbrief) weiter ausbaut. Sein Kernkonzept des Glaubens an Christus hätte auch ohne diese Bezugnahmen, ganz auf der metahistorischen Ebene, funktioniert. Als Beispiel dafür können die ersten

Verse des Galaterbriefs angeführt werden, die kaum erklärt werden können, ohne in theologische Allgemeinplätze zu verfallen:

> Gnade euch und Friede von Gott, unserem Vater, und dem Herrn Jesus Christus,
> der sich selbst für unsere Sünden hingegeben hat, damit er uns herausreiße aus der gegenwärtigen bösen Welt nach dem Willen unseres Gottes und Vaters. (Gal 1,3–1,4)

Paulus formuliert hier ein Stück Utopie, die beinhaltet, nicht mehr in die *gegenwärtige böse Welt* und ihre Bedrängnisse und Verstrickungen verwickelt zu sein. Und was den Aspekt der Sünde und der Sühne betrifft: In der neueren Paulusforschung gibt es nahezu einen Konsens, dass „Sünde" hier nicht in einem individuellen Sinn gemeint ist, sondern gleichsam als mythische Macht verstanden werden soll. Ich würde gern eine weitere Deutung vorschlagen: Wäre es denkbar, dass „Sünde" für Paulus ein Signalbegriff ist, der das Thema eines geschichtstheologischen Epochenwechsels signalisiert? So ähnlich wie das deuteronomistische Motiv, dass Israel wegen seiner Sünden ins Babylonische Exil gegangen ist. Oder eben der Wechsel vom Garten Eden in die „gegenwärtige böse Welt".
Aus dieser herausgerissen sein – das nennt Paulus „neue Schöpfung". Und in dieser neuen, idealen, utopischen Epoche sollen keine kategorialen Unterschiede mehr geltend gemacht werden, so wie es bei der ersten Schöpfung keine Unterschiede und vor allem keine Hierarchien unter den Menschen gab. Diese neue Schöpfung sieht Paulus als die Essenz und das Ziel der Geschichte der Menschheit an – und es ist wirklich die Frage, inwieweit er dafür die großen Erzählungen des Pentateuch überhaupt gebraucht hätte oder ob er nicht auch ohne diese vom Glauben an den gekreuzigten und auferstandenen Christus als dem zugleich historischen und quasi-göttlichen Repräsentanten einer neuen Ära hätte sprechen können. Wie gesagt, im ersten Thessalonicherbrief hat er die Erzelternerzählung und die Erzählung von Exodus und Sinai nicht gebraucht. Nun braucht er sie aber, denn seine Gegner argumentieren mit Abraham und Mose und Paulus muss sich etwas einfallen lassen.

Abraham und der *nomos* als Exponenten der Gleichheit bzw. der Differenz (Kapitel 3 und 4)

Paulus stellt sich der Herausforderung und führt den Beweis, dass die Galater Teil des israelitischen Diskurses werden können, ohne sich dem Regelwerk *nomos* zu unterstellen. *Nomos*, im Deutschen meistens ‚Gesetz', ist der Begriff, mit dem die Septuaginta (LXX) in der Regel das hebräische *Tora* wiedergibt. Die Gegner selbst kommen im Galaterbrief nicht zu Wort, aber Paulus scheint gegen eine Auffassung vorzugehen, die er für traditionalistisch und sogar für allzu naturbezogen hält und die er im Widerspruch zu seiner Welterfahrenheit und seinem weiten kulturellen Horizont sieht. Er polemisiert gegen seine Gegner, dass sie von Grenzziehungen und Ausschlüssen besessen wären und in diesem Sinn das Leben nach vermeintlichen Traditionen einfordern würden – Traditionen, die Paulus als Kult der „schwachen und armseligen Elemente" (Gal 4,9) deutlich abwertet. Insgesamt liegt Paulus die Gestalt des Abraham sehr viel näher als das Phänomen Tora. Die paulinische Argumentation zu Abraham ist sehr viel klarer und leichter nachzuvollziehen als die auf die Tora bezogene, an der die neutestamentliche Exegese immer wieder an ihre Grenzen stößt.

Paulus versucht, zwei Diskurse, die einander auf den ersten Blick ausschließen, in einen Zusammenhang zu bringen: den im frühen Judentum mit Abraham verbundenen Gedanken der zukünftigen Verbundenheit der gesamten Menschheit mit dem Gedanken der speziellen Bedeutung der Tora Israels, die ein besonderes Bundesverhältnis und damit Differenz generiert. Anders gesagt: Paulus versucht, im Rahmen seiner universalen Weltsicht dem Konzept der Exklusivität Israels einen Platz zuzuweisen. Dabei steht für ihn vermutlich auch zur Debatte, dass er seinen Ort im israelitisch-jüdischen Diskurs behalten und es sich deshalb mit den judäischen Abgesandten nicht vollends verderben will. Es ist faszinierend, wie souverän Paulus mit dem Traditionsmaterial umgeht, es zum Teil genau in seinem ursprünglichen Sinn einsetzen, aber dann doch im letzten Moment abwandeln kann.

Abraham als personifizierte Vorwegnahme des Glaubens an den endzeitlichen göttlichen Retter

Abraham ist für Paulus wie für dessen Zeitgenossen der große Glaubende und Vertrauende, dessen Faszination darin besteht, dass er (anders als gewöhnliche Gläubige) in einer unmittelbar persönlichen Beziehung zum Gott Israels steht. Als literarisch-mythologische Gestalt ist Abraham in der jüdischen Tradition darauf angelegt, dass alle Völker dereinst diese Beziehung teilen werden. Was Paulus nun tut, ist, dass er seinen eigenen Glauben an den endzeitlichen Gottessohn, indem er ihn stillschweigend als den Glauben schlechthin versteht, unter der Hand mit dem *Glauben*, der das Attribut Abrahams ist, gleichsetzt. Gegen Abraham kommt niemand an und Abraham ist untrennbar mit ‚Glauben' verbunden:

> Der euch nun den Geist darreicht und Wunderwerke unter euch wirkt, [tut er es] aus Gesetzeswerken oder aus der Kunde des Glaubens?
> Ebenso wie „Abraham Gott glaubte und es ihm zur Gerechtigkeit gerechnet wurde." (Gen 15,6)
> Erkennt daraus: die aus Glauben sind, diese sind Abrahams Kinder.[7]
> Die Schrift aber, voraussehend, dass Gott die Völker aus Glauben rechtfertigen werde, verkündigte dem Abraham die gute Botschaft voraus: „In dir werden gesegnet werden alle Völker[8]." (Gen 12,3, Gen 18,18)
> Folglich werden die, die aus Glauben sind, mit dem gläubigen Abraham gesegnet. (Gal 3,5–9)

7 Die Elberfelder Bibel übersetzt: „οὗτοι υἱοί εἰσιν Ἀβραάμ" / „diese sind Abrahams Söhne."

8 Die Elberfelder Bibel übersetzt ἔθνη mit „Nationen", einem Begriff, der eher in die neuzeitliche politische Geschichte gehört.

> Und warum geht [der Abschnitt] „höre“ [dem Abschnitt] „und es wird geschehen“ voran? Damit man zuerst das Joch des Himmelreichs auf sich nehme und danach das Joch der Gebote. (Mischna Berachot 2,2)

Sehr suggestiv werden in diesem Abschnitt die Adressaten des Briefes gefragt, woher denn ihre umfassenden und außergewöhnlichen Erkenntnisse und Erlebnisse rühren würden. Vielleicht hätten sie darauf gar keine Antwort gewusst und Paulus stellt die Frage nur, um seine eigene Antwort geben zu können. Das Argument erinnert jedenfalls an den in der rabbinischen Literatur oftmals vorgetragenen Gedanken, dass Gott, bevor er den Israeliten die Tora mit ihren Geboten gab, eine von Liebe und Vertrauen getragene Beziehung zu ihnen aufnahm – sprich: dass der Anspruch der Gebote nur auf der Grundlage einer solchen Beziehung zu denken sei.

Mit Hilfe der in der jüdischen Bibelauslegung verbreiteten aktualisierenden Schriftdeutung setzt Paulus jedenfalls in Gal 3,5–9 den Glauben Abrahams mit dem von ihm vertretenen Christusglauben gleich, so dass er nun in Gal 3,8 die segensreiche Wirkung, die in Gen 12,3 und Gen 18,18 von *Abrahams Glauben* ausgesagt wird, in einem christologischen Sinn unmittelbar auf die Galater beziehen kann.

9 Gemeint sind die Abschnitte des Sch'ma Jisrael. „Höre“ steht für Dtn 6,4–9 mit der Eingangsformulierung „und du sollst lieben“, „und es wird geschehen“ steht für Dtn 11,13–21 mit dem Tun-Ergehens-Zusammenhang.

Das in Gal 3,8 enthaltene auf Gen 12,3 basierende Mischzitat wird wie ein midraschischer Schriftbeweis für die paulinische Botschaft eingesetzt. Lautet Gal 3,8 „in dir sollen alle Völker gesegnet sein", so scheint dies auf den ersten Blick ein Zitat aus Gen 12,3 zu sein. Die LXX spricht in Gen 12,3 jedoch nicht von „allen Völkern", sondern von „allen Stämmen der Erde". Es ist deshalb anzunehmen, dass Paulus den für ihn so zentralen Ausdruck der „Völker" im Sinne von Nicht-Israel aus Gen 18,18 („alle Völker der Erde") bezieht und in Gen 12,3 einträgt. Mit Gal 3,16 ist es allerdings auch vorstellbar, dass Paulus hier bereits Gen 22,18 als Subtext vorschwebt, dass er die intertextuellen Verweise zwischen Christus und dem leidenden Isaak hervorhebt und beide einander deuten lässt.

προϊδοῦσα δὲ ἡ γραφὴ ὅτι ἐκ πίστεως δικαιοῖ τὰ ἔθνη ὁ θεός, προευηγγελίσατο τῷ Ἀβραὰμ ὅτι ἐνευλογηθήσονται ἐν σοὶ πάντα τὰ ἔθνη / Die Schrift aber, voraussehend, dass Gott die Völker aus Glauben rechtfertigen werde, verkündigte dem Abraham die gute Botschaft voraus: „In dir werden gesegnet werden alle Völker." (Gal 3,8)

[…] καὶ ἐνευλογηθήσονται ἐν σοὶ πᾶσαι αἱ φυλαὶ τῆς γῆς / und gesegnet werden in dir alle Stämme der Erde werden. (Gen 12,3 LXX)

[…] καὶ ἐνευλογηθήσονται ἐν αὐτῷ πάντα τὰ ἔθνη τῆς γῆς / und in ihm werden alle Völker der Erde gesegnet werden. (Gen 18,18 LXX)

[…] καὶ ἐνευλογηθήσονται ἐν τῷ σπέρματί σου πάντα τὰ ἔθνη τῆς γῆς / und in deiner Nachkommenschaft werden alle Volksstämme der Erde gesegnet werden. (Gen 22,18 LXX)

Während die frühjüdische und rabbinische Bibeldiskussion – bzw. sogar der Pentateuch selbst – eine Brücke von Abraham zu Mose und der Offenbarung der Tora schlagen, schlägt Paulus eine Brücke von Abraham zu Christus. Das ist ebenfalls eine Brücke von den geschichtstheologischen Vorfahren in die Gegenwart seines Publikums und zu der von ihm erstrebten Identität. Während im frühjüdischen und rabbinischen Schriftverständnis die ‚Tora des Mose' präexistent gedacht wird und ‚Tora' somit die textuelle und damit konkrete Realisierung des bereits implizit Vorhandenen ist, ist für Paulus Christus diese konkrete Realisierung. In beiden Fällen handelt es sich um eine Brücke, die in beide Richtungen beschritten werden kann, und nicht nur um die Rede von einer ‚Entwicklung vom Niederen zum Höheren‘, gelten doch in der traditionellen jüdischen Auslegung die Erzväter als solche, die bereits die ‚gesamte Tora‘ hielten. Auch für Paulus ist in Abraham schon alles vorhanden – Paulus spricht von ‚Verheißungen‘ – und muss nur noch realisiert werden.

Mit souverän angewendeter rabbinischer Auslegungstechnik führt Paulus dann in Gal 3,16 den Nachweis, dass der Messias Jesus der eine und paradigmatische Sohn Abrahams sei. Er spielt in einer nur für Torakundige erkennbaren Weise auf Gen 22, die Erzählung von der Bindung Isaaks, an. Dort ist von der Nachkommenschaft Abrahams die Rede, von Abrahams „Samen“, der in den Genuss des auf Isaaks Leiden folgenden Guten kommen soll. „Samen“ steht im hebräischen Text im Singular, es ist sogar ein *singulare tantum*, aber auf diesem Singular gründet Paulus seine Argumentation, dass mit Abrahams „Samen“ nur Christus gemeint sein kann. Die Beobachtung des sprachlichen Phänomens dient dabei als Verstärkung und zusätzliche Legitimation dessen, was er sowieso denkt; dazu kommt die auch sonst bekannte Zusammenschau des fast oder wirklich getöteten Isaak mit dem gekreuzigten Christus:

> Dem Abraham wurden die Verheißungen zugesagt und seiner Nachkommenschaft. Er sagt nicht: „Und den Nachkommenschaften“, wie über viele, sondern wie über einen (Gen 22,17): *„Und deinem Nachkommen“* – und der ist Christus. (Gal 3,16)

Christus wird damit zum Träger des Segens für alle Völker im Sinne Abrahams, und wie es dem Midrasch eigen ist, lassen seine punktgenauen Beobachtungen kaum Chancen für Gegenargumentationen offen. Und: Obwohl sich Paulus ausschließlich auf die Tora beruft und bezieht, argumentiert er so, als hätte seine in beide Richtungen begehbare Brücke von Abraham zum Messias mit dem *nomos* nichts zu tun.

Eine Differenz, die keine ist: Die Funktion des *nomos* im paulinischen Geschichtsnarrativ

Einer trage des anderen Lasten, und so werdet ihr das Gesetz des Christus (τὸν νόμον τοῦ Χριστοῦ) erfüllen. (Gal 6,2)

Denn das ganze Gesetz ist in einem Wort erfüllt, in dem: Du sollst deinen Nächsten lieben wie dich selbst. (Gal 5,14)

Liebe deinen Nächsten wie dich selbst (Lev 19,18). Rabbi Akiba sagt: Das ist eine große Regel in der Tora. (Sifra Qedoschim 4)

Welchen Platz weist Paulus in diesem Zusammenhang der dem Mose am Sinai offenbarten Tora zu? Sie ist ja ein Teil des biblischen Narrativs und kann insofern nicht unterschlagen oder abgewertet werden; auf der anderen Seite ist *Tora* – beziehungsweise sogar auf Griechisch: *nomos* – möglicherweise das Schlagwort der Gegner, mit dem sie die von ihnen propagierte Lebenshaltung zusammenfassen. Paulus gebraucht im Galaterbrief den *nomos*-Begriff mit einem relativ weiten Bedeutungsspektrum: *nomos* kann der Pentateuch sein (Gal 4,21), der Begriff kann die juridischen Anteile des Pentateuchs meinen oder die Sinaioffenbarung im Unterschied zum Abrahambund, *nomos* und besonders in der Zusammensetzung ‚Gesetzeswerke' (*erga nomou*) erscheint aber auch als Codewort für die Ansichten der Gegner. Das lässt den chronologisch und bestandsmäßig offenen Torabegriff im rabbinischen Denken assoziieren. In einem bewusst verfremdenden Sinn – d. h. demonstrativ ignorierend, dass er nun vom rituellen in den ethischen (und geschichtstheologischen) Bereich wechselt – spricht Paulus in Gal 6,2 sogar vom „*nomos* Christi". Die Art und Weise, in der er dort die Mitmenschlichkeit als Erfüllung des *nomos* bezeichnet, erinnert – wie schon Gal 5,14 – an rabbinische Positionen, die die in Lev 19,18 signalisierte Nächstenliebe als das Leitprinzip der Tora verstehen.

Wie gesagt: Während Paulus mit Abraham keine Probleme hat, fällt es ihm alles andere als leicht, die vorgegebenen Phänomene Tora und Mosebund in seine Geschichtserzählung einzubauen. Die Frage „τί οὖν ὁ νόμος / Was ist nun der *nomos* [bzw. die Tora]?“ (Gal 3,19) macht den Eindruck, als ob es sich, mehr als vom Autor gewollt, um eine echte Frage handele. Paulus will Israel und Nicht-Israel nicht prinzipiell kultisch-rituell unterscheiden, kann aber diesen Teil des biblischen Narrativs kaum anders beschreiben denn als die Ursache eben jener Unterscheidungskriterien. Auf der anderen Seite will er Teil des zeitgenössischen jüdischen Diskurses bleiben, was mit einer Abwertung der Sinaioffenbarung kaum möglich wäre. Es scheint, als sei das Vorgehen des Paulus weniger von der Logik der Argumente geleitet als vielmehr von seinem doppelten Interesse, sowohl die Galater als auch seinen Anteil an der Diskurshoheit zu behalten:

> Dies aber sage ich: Einen vorher von Gott bestätigten Bund macht das vierhundertdreißig Jahre später entstandene Gesetz nicht ungültig, so dass die Verheißung unwirksam geworden wäre.
> Denn wenn das Erbe aus [dem] Gesetz [kommt], so [kommt es] nicht mehr aus [der] Verheißung; dem Abraham aber hat Gott [es] durch Verheißung geschenkt.
> Was [soll] nun das Gesetz? Es wurde der Übertretungen wegen hinzugefügt – bis der Nachkomme käme, dem die Verheißung galt –, angeordnet durch Engel in der Hand eines Mittlers.
> Ein Mittler aber ist nicht [Mittler] von einem; Gott aber ist [nur] einer. (Gal 3,17–20)

In 3,17–18 wird die geringere Bedeutung des *nomos* gegenüber dem Abrahambund bekräftigt; obwohl beide, so Paulus, in Konkurrenz stünden, sei es ganz undenkbar, dass der *nomos* von größerer Bedeutung als der Abrahambund wäre. Dass der *nomos* eine nur sekundäre Bedeutung habe, begründet er damit, dass er dem Abrahambund hinzugefügt sei und nicht einmal direkt von Gott selbst käme. Paulus greift damit ein Motiv aus der jüdischen Überlieferung auf: Mose musste die Tora den Engeln abringen. Aus dieser sekundären Bedeutung und lediglich in „Übertretungen“ begründeten Einführung des *nomos* entwickelt Paulus das für ihn zentrale Argument, dass der *nomos* – der Leitbegriff für die Auffassungen seiner Gegner – nur

zeitweilige Bedeutung haben könne, solange, bis der „Nachkomme", also der Messias, erschienen wäre.
Was das Thema der Gleichheit und der Universalität betrifft, so fällt auf, dass Paulus die Tora nicht explizit als etwas an Israel Gegebenes darstellt, sondern sie als eine universale Größe betrachtet:

> Aber die Schrift hat alles unter [die] Sünde eingeschlossen, damit die Verheißung aus Glauben an Jesus Christus den Glaubenden gegeben werde.
> Bevor aber der Glaube kam, wurden wir unter Gesetz verwahrt, eingeschlossen auf den Glauben hin, der geoffenbart werden sollte.
> Also ist das Gesetz unser Erzieher auf Christus hin geworden, damit wir aus Glauben gerechtfertigt würden.
> Nachdem aber der Glaube gekommen ist, sind wir nicht mehr unter einem Erzieher;
> denn ihr alle seid Kinder Gottes durch den Glauben an Christus Jesus.
> (Gal 3,22–26)

Paulus entwickelt eine Argumentation, in der der *nomos* in seiner universalen Dimension von vornherein auf den beziehungshaften Glauben verweist. Er entwirft eine Konstellation, in der beide Kategorien in einem letztendlich fruchtbaren Spannungsverhältnis zueinander stehen: Was bedeutet es, dass „die Schrift", also Gott, ‚dem *nomos*' die Funktion zugewiesen hat, in uneingeschränkter Weise „Sünde" zu benennen? Indem damit „alles" unter dieser Kategorie erfasst werden muss, ist es definiert und kann mit einem Perspektivwechsel, d. h. mit dem Erscheinen des Messias, durch den sich mit diesem identifizierenden Glauben sofort und zielgerichtet in eine ganz bestimmte neue Kategorie überführt werden. In diesem Entwurf ist der *nomos* nicht primär auf Israel bezogen, sondern Paulus präsentiert ihn als universale Größe. (Die späteren rabbinischen Autoren werden beide Aspekte geltend machen: die Tora als ausschließlicher Bezugspunkt Israels, aber auch als Botschaft mit universaler Ausrichtung.)
Die klare Zeitspanne, die Paulus dem *nomos* in der Geschichte zuweist, beschreibt er gleich darauf metaphorisch mit der Zeit des Erzogenwerdens, wodurch auch die in Gal 3,19 genannten „Übertretungen" nachträglich als kindliche Normverletzungen gedeutet werden. In dieser nunmehr auf die Lebensalter bezogenen Konstellation bekommt der *nomos* die Funktion des ‚Erziehers' bzw. Aufpassers *(paidagogos)*.

So erscheint in Kapitel 4 das Bild eines unmündigen Sohnes, welcher der Haupterbe eines äußerst vermögenden *pater familias* ist:

> Ich sage aber: solange der Erbe unmündig ist, unterscheidet er sich in nichts von einem Sklaven, obwohl er Herr über alles ist;
> sondern er ist unter Vormündern und Verwaltern bis zu der vom Vater festgesetzten Frist. (Gal 4,1–2)

Das Faszinierende an diesem Bild ist, dass die Identität des Erben während der Zeit seiner Unmündigkeit zwar gegeben, aber nicht wahrnehmbar ist. Es gibt zwar die Unterscheidung zwischen ihm und einem Sklaven, aber sie hat keinerlei praktische Auswirkung, denn beide können nicht über sich selbst und ihre Möglichkeiten verfügen. Paulus überführt auf diese Weise die Unterscheidung zwischen Israel und Nicht-Israel in eine ganz andere Unterscheidung: Die Unterscheidung zwischen denen, die über sich selbst verfügen, und denen, die das nicht können. Mit diesem Kriterium wird die Kategorisierung in Israel und Nicht-Israel uninteressant (oder doch ganz anders gestaltet – möglicherweise sind diejenigen, die über sich selbst verfügen können, für Paulus das „Israel Gottes" aus Gal 6,16). Bis der Messias gekommen war, sagt Paulus, mag es eine Unterscheidung zwischen „Sklave" und „Erbe" gegeben haben, aber sie war insofern irrelevant, als dass beide nicht über sich selbst verfügen konnten. Jetzt, nachdem der Sklave befreit ist (Gal 4,4–6), können sie es beide und insofern ist die Unterscheidung nun positiv gesehen nicht mehr bedeutsam. Ein beeindruckendes Plädoyer für die grundsätzliche (schöpfungsgemäße) Gleichheit aller Menschen!
Wen Paulus wirklich als ‚versklavt' ansieht, sagt er gleich darauf in einer sehr polemischen Wendung: Es ist das „jetzige Jerusalem" (Gal 4,25)! Damit stellt Paulus die Legitimation seiner Konkurrenten in Frage und stellt sie als solche dar, die sich externen Regeln unterwerfen würden; neben der Beschneidung nennt er auch die Beobachtung von „Tagen, Monaten (Neumonden), bestimmten Zeiten und Jahren" (Gal 4,10), die an die Stelle der wechselseitigen exklusiven Gottesbeziehung getreten seien. (Gal 4,9) Paulus vergleicht seine Gegner auf diese Weise mit Sklaven, die sogar mit Gewalt die Abhängigkeit anderer und ihre eigene verteidigen würden (Gal 4,29; vgl. Gal 2,4). In diesem Sinn warnt Paulus seine Adressatinnen und

Adressaten schlussendlich explizit vor der Unlauterkeit seiner Gegner, denen es nicht um das Wohlergehen der Galater zu tun sei, sondern ausschließlich um ihre eigene Machtposition. Die Galater sollen sich bewusst sein, dass die propagierten Unterscheidungskriterien schlussendlich gegen sie selbst verwendet würden. (Gal 4,17)
Paulus spricht die Galaterinnen und Galater als solche an, die bereits einen ungleich weiteren Horizont als die Gegner haben. Er fordert sie eindringlich auf, sich diesen nicht nehmen zu lassen:

> Für die Freiheit hat Christus uns freigemacht. Steht nun fest und lasst euch nicht wieder durch ein Joch der Sklaverei belasten! (Gal 5,1)

Das Bild des abgelegten Jochs ist dabei durchaus doppeldeutig. Im rabbinischen Denken wird die Tora mit einem Joch verglichen – aber mit einem Joch, das paradoxerweise ein Ausdruck der Freiheit ist. Zum einen kehrt Paulus dieses Bild um, daran gibt es keinen Zweifel. Sein *nomos* ist ein Ausdruck der Unterdrückung. Andererseits aber verweist die Verweigerung jeglicher Fremdbestimmung so stark auf das Exodusgeschehen, dass das, was Paulus hier tut, als rückhaltlose und selbstverantwortete Aktualisierung dessen, was Israel ausmacht, gesehen werden muss. Das Herausgerissensein „aus der gegenwärtigen bösen Welt“ bekommt auf diese Weise die Konnotation eines bewussten und unausweichlichen Weges in die Mündigkeit.

Und die Tafeln waren Gottes Werk, und die Schrift war Gottes Schrift, eingeritzt (charut/חָרוּת) auf den Tafeln (Ex 32,16). – Lies nicht „eingeritzt“, sondern „Freiheit“ (חֵרוּת/cherut), denn niemand ist frei, außer demjenigen, der sich mit dem Torastudium beschäftigt. (Pirqe Avot 6,2)

Zusammenfassung und Ausblick

In diesem Beitrag ging es mir darum, Paulus als frühjüdischen Autor darzustellen, dessen Profil zum einen durch seine kritisch-apokalyptische Ausrichtung und zum anderen durch seine jüdischen ethischen und relationalen Normen bestimmt ist, wobei diese beiden Komponenten einander bedingen. Seine identifikatorische messianische Überzeugung hat ihn zu keiner Zeit auch nur ansatzweise dazu bewogen, den jüdischen Diskurs, an dessen Beginn für ihn ‚Abraham' steht, zu verlassen. Paulus ist in einem Judentum zu verorten, das einerseits weit weniger an rituellen Normen orientiert, ist als es die Hebräische Bibel vorzuzeichnen scheint, und in dem andererseits die theologisch-halachischen Konzepte des späteren rabbinischen Judentums noch nicht festgeschrieben sind. Als einzelner Autor kann er deshalb die Beschneidung geringschätzen, das „gegenwärtige Jerusalem" als versklavt bezeichnen und seinen Gegnern vorwerfen, mit dem *nomos* gerade den unwichtigsten Teil der israelitischen Überlieferung ins Zentrum zu stellen.

Wenn Paulus im Sinne seiner Gegner vom *nomos* spricht, meint er damit kultische und rituelle Grenzziehungsdebatten, Unterscheidungen, die angeblich Identitäten generieren würden. Demgegenüber hatte er eine ganz andere Vorstellung davon, was *Israel* ausmache. Gegen seine Konkurrenten führte Paulus den Gedanken einer schöpfungsgemäßen Gleichheit aller Menschen ins Feld. Die Spezifik Israels, seine exklusive Gottesbeziehung als Metapher der Unabhängigkeit und Verantwortung, sah Paulus als paradigmatisch für die gesamte Menschheit an. Für ihn war zentral, was an vielen Stellen der israelitisch-jüdischen Überlieferungen als zentral aufscheint, nämlich die faszinierende und ‚unerhörte' Vorstellung einer liebevollen Haltung des Gottes Israels nicht nur zu dessen Bundesvolk, sondern immer darüber hinaus auf die gesamte Menschheit verweisend. Sein Messias Jesus von Nazareth war für Paulus zum Exponenten dieses universalen und radikalen Beziehungsgeschehens geworden – und allein das sollte als Verweis auf die Vielfalt und Komplexität des frühjüdischen bzw. vorrabbinischen jüdischen Diskurses gesehen werden. Im Unterschied zu dem, was seine Gegner (die wir nur aus der Perspektive des Paulus kennen) an Differenzierungskategorien einschärften, war das Konzept des Paulus vor allem ein geistiges und emotionales – mit konkreten ethischen Folgen. Es beruhte auf Glauben im

Sinne von Vertrauen, auf Leiden und Sehnsucht, auf Empathie und Kompromisslosigkeit. So gesehen befand sich Paulus im Zentrum des israelitisch-jüdischen Diskurses, auch wenn das nicht alle daran Beteiligten so gesehen haben mögen.

Während der Lektüre entstand für mich der Eindruck, dass Paulus im Galaterbrief den Terminus *nomos* vor allem als eine Chiffre für kultische Grenzziehung verwendet und insofern im Sinne einer Zuschreibung an seine Gegner. Lediglich in Ableitung von dieser Verwendung zeigt Paulus in Gal 5,14 und Gal 6,2, dass er den Begriff auch positiv einsetzen kann (bzw. in Gal 4,21 leicht ironisch). Ansonsten ist *nomos* nicht das, was Paulus primär interessiert. Es ist ein Thema, zu dem er herausgefordert und gedrängt wurde, das er zwar meisterhaft rhetorisch entfaltete, aber letztendlich zu kontrollieren Mühe hatte. Ich stelle mir vor, dass Paulus als weltoffener und -erfahrener Mensch nicht einsehen wollte, weshalb eine kultische Praxis, die er selbst vermutlich nur rudimentär übte, anderen aufoktroyiert werden sollte.[10]

Die Bedingungen, unter denen Paulus seine Auseinandersetzung führte, änderten sich in nicht vorhersehbarer Weise, als der Tempel zerstört wurde und ein Christentum entstand, das mehr und mehr politisch dominierte. Dass Paulus bereit war, um derer willen, die er erreichen wollte, rituelle Erkennungszeichen jüdischen Lebens zurückzustellen, konnte ihm nun kaum noch als *Größe*, als radikale und empathische Umsetzung der jüdischen Überlieferung, ausgelegt werden. Vielmehr geriet er wirkungsgeschichtlich an den Beginn ganz anderer Diskurse, die seinen jüdischen Referenzrahmen ignorierten oder nicht mehr positiv bewerteten. Vor allem wurden seine konkreten Argumentationen und Entscheidungen für einen vermeintlich zeitlosen christlichen Antijudaismus in Anspruch genommen, wobei ihm gleichzeitig unterstellt wurde, die einfache und authentische Lehre Jesu mit spitzfindiger Theologie zu verfälschen. Eine kulturwissenschaftliche Lektüre der Paulusbriefe sollte solche Zuschreibungen mit kritischer Aufmerksamkeit zur Kenntnis nehmen und Paulus als eigenständigen Autoren des in seiner Vorstellungswelt vielschichtigen Judentums seiner Zeit lesen.

10 Im Zusammenhang damit müsste Gal 1,13–14 diskutiert werden, eine Passage, die die literarische Funktion haben könnte, auf Gal 4,29 zu verweisen.

Angelika Neuwirth

Via causalitatis as a shared hermeneutical perspective in Biblical Wisdom Texts and in the Qur'an?

Divine Speech in the Book of Job and in the Qur'anic Creation Records

1. Introduction

The Muslim tradition has established the Qur'an as an inimitable, indeed miraculous text. This valorization has found its sustained expression in the theological conviction of *I'djāz al-Qur'ān*[1], "the inimitability of the Qur'an", or more precisely: the "Qur'an's dis-empowerment (of rivaling speakers)", which is discussed in several 9th-century treatises. The genealogy of this claim, however, is still controversial: Had the uniqueness of the language of the Qur'an already been perceived during the dissemination of the message of the Qur'an? Or does it have its roots in the text itself?[2] Several Qur'anic verses are often adduced that seem to attest to such a pedigree. These verses, expressed in a triumphant voice, address anonymous opponents and challenge them to produce "the like of this *qur'ān*", or something that is as equally persuasive and virtuously expressed:

1 See Richard C. Martin: Inimitability. In: *Encyclopaedia of the Qur'an*, ed. by Jane Dammen McAuliffe, vol. 2: E–I. Leiden: Brill 2002, pp. 526–536.

2 This possibility is met with scepticism by Matthias Radscheit: *Die koranische Herausforderung: die taḥaddī-Verse im Rahmen der Polemikpassagen des Korans.* Berlin: Schwarz 1996.

Truly, if humankind and the djinn assembled to produce the like of this *qur'ān*, they could not produce the like of it, even if some of them helped others. (Q 17:88)[3]

and:

Or do they say, 'he has forged it'? Say: Then produce a sura like it, and call upon whomever you can apart from God if you speak truly. (Q 10.38)

This invitation to compete with the Qur'an seems to have gone unnoticed, or, at least, we are unaware of any attempts on the part of its opponents to face up to the challenge. But the messenger's triumphal awareness of the Qur'an as a linguistically unequalled message still calls for an explanation.

In view of the historical context of the Qur'an, the challenge can be read as an affirmation of the special status enjoyed by rhetoric in Late Antiquity.[4] With reference to its Greek language, pagan and Christian literature as well as its Hebrew Jewish writings, Late Antiquity has been labeled the "age of rhetoric". What is astonishing, however, is that the Qur'an, a text originating from the Arab periphery of the Late Antique cultural sphere obviously shares the paramount esteem in which rhetoric is held in biblical wisdom literature. It is a well-known fact that, in chapter 38 of the Book of Job in particular, rhetoric has become more than just a persuasive tool used by humans, having gained the status of a divine mode of expression. In both texts, Job 38 and the Qur'an, rhetoric serves to manifest God as a deity who wields not only creational but also rhetorical power. It is no surprise then that the Qur'an's engagement with rhetoric as a means of divine self-expression has not gone unnoticed.

Disputes about the nature of the Qur'an as a sign of the authenticity of Muhammad's mission had already taken place within the first

3 See Q 52:33–34, 17:88, 11:13, 10:38, 2:23–24, what are referred to as the "challenge verses", *āyāt* al-*tahaddī*. - English renderings of Qur'anic verses follow Arthur J. Arberry: *The Koran Interpreted*, transl. with an introduction by Arthur J. Arberry. London / Oxford: Oxford UP 1964, though occasionally with slight modifications.

4 Peter Brown: *Power and Persuasion in Late Antiquity: Towards a Christian Empire*. Madison: University of Wisconsin Press 1992, p. 42, passim.

two centuries of Islam's existence; they even antecede the composition of the *I'djāz* treatises. The polymath Abū'Amr al-Djāḥiẓ (776–868) went so far as to compare the Qur'anic language with various miracles worked by earlier prophets. To paraphrase his well-known argument: 'Every prophet was sent to his community with a sign to attest to the truth of his mission. Moses, who was sent to the people of Pharaoh, who were keen of magic, worked a miracle of magic that was acknowledged as being superior to that presented by his contemporaries: He changed his rod into a snake. Jesus, when appearing among scientifically educated people, had to outdo the achievements of the medical doctors of his time. He prevailed by resurrecting the dead. Muhammad would not have impressed his community with such materially conditioned signs; he was sent to people who had attained a high standard of rhetoric, so he approached them with a linguistic sign: the rhetorically inimitable Qur'an.'[5]

The artistic quality of the Qur'an, according to al-Djāḥiẓ, compares favorably with the material miracles of the earlier prophets – indeed even outdoes them. With this proof, al-Djāḥiẓ also affirms a more general truth: the predominance of rhetoric among the intellectual endeavors during the period of the Qur'an, which Western historians of Late Antiquity would not hesitate to concede to that epoch either. However, the elevated status of rhetoric is not only evident in the Qur'an's linguistic and stylistic make-up, but – as this paper will claim – amounts to a powerful meta-discourse in the Qur'an, where God himself figures as a 'voice' that speaks continuously. He expresses himself in a rhetorically expressive mode to convey the ultimately linguistic *raison d'être* of his creation, which, in turn – as the Qur'an suggests – is structured by language. God's unequaled mastery of language is as convincing a proof of his divinity as his mastery of creation is. Rhetoric, then, is a substantial part of the concept of the divine.

As already mentioned, there are predecessors to the Qur'anic view in biblical wisdom literature, in particular in the Book of Job. For a comparison of these texts it is helpful to use the analytical categories established by Friedrich Heiler, who distinguishes between a *via causalitatis* and a *via eminentiae* as approaches toward human attempts to recognize the divine. Pursuing the *via eminentiae* means meditating the

5 Cf. Abu Amr al-Djāḥiẓ: *Hudjadj al-Nubūwa*, vol. III. Kairo: n. d., pp. 221–281.

majestic manifestations of God, such as they are abundantly apparent in the biblical reference text of our later-to-be-discussed example, Psalm 104. However, from Late Antiquity, divine rhetoric serves to drive home an argument. This is Heiler's primary category, the *via causalitatis*, which focuses on causality as a vantage point for attaining metaphysical truth and which we will encounter most frequently in our text examples.[6]

In the following, I will first briefly describe the textual policies employed in the Qur'anic re-reading (Q 20:11–16) of biblical predecessors that set the course for a new understanding of the biblical tradition as 'prophetic speech', re-enacting the record of past historical events within a living community. A new valorization of language thus takes place. I will then discuss a short individual sura (Q 90), which should be considered the *locus classicus* of the new Qur'anic 'theology of language', deemed to underlie Qur'anic hermeneutics in general. The discussion will identify language's harmonious structure as one major subtext of the sura's argument, where the concept of justice is derived from the harmonious shape of creation. Finally, the Qur'anic re-reading of Psalm 104 in the Book of Job (ch. 38) and the re-reading of the same psalm in a Qur'anic sura (Q 78:6–16) will be juxtaposed to highlight this innovative approach to language in Late Antiquity and simultaneously to contrast the avenues of *via eminentiae* and *via causalitatis*.

2. Epistemic mutations of the biblical concept of God

The entire text of the Qur'an is characterized by speech in the divine first-person singular or first-person plural voice. The message is directed toward an addressee – the Prophet, addressed in the second-person singular. The divine speaker remains a voice, he does not identify himself as the God of an elect group nor as the God-savior who has led his people out of Egypt – although the biblical narratives in which these self-identifications are embedded occupy a prominent place in the Qur'an. Thus, the story of Moses' call from the burning bush reads like this:

6 See Friedrich Heiler: *Erscheinungsformen und Wesen der Religion*. Stuttgart: Kohlhammer [2]1979, pp. 455–456.

> (20:11) When he came to it (the fire) a voice cried; "Moses,
> (12) I am thy Lord, put off thy shoes; thou art in the holy valley Tuwa.
> (13) I myself have chosen thee; therefore give your ear to this revelation!
> (14) Verily I am God. There is no god but I! Therefore serve me and perform the prayer of my remembrance!"
> (15) The Hour is coming. I can hardly conceal it so that every soul may be recompensed for its labors. […]
> (25) Go to Pharaoh, he has waxed insolent […]

There is no mention of the 'God of your fathers', of Abraham, Isaac and Jacob, as in the biblical version, Exodus 3:6. Instead, God identifies himself as "your Lord", *rabbuka* – a translation of *ho kyrios*, the usual rendering of the tetragrammaton in the Septuagint – which is used throughout the Meccan suras. God further testifies to his own oneness with a version of the newly introduced *shahāda* formula, *lā ilāha illā anā*. He justifies dispatching Moses by referring to the imminence of the Last Judgment, which he mentions in order to inspire faith and liturgical piety. Biblical concepts have been translated into Late Antique perceptions: God is perceived not as the God of the elect people but as being one and universal; the world is approaching its eschatological end. Although the story goes on with the divine voice preparing Moses for his mission at Pharaoh's court, this mission, unlike the biblical one, does not primarily involve him persuading Pharaoh to let his people go, but rather Pharaoh's conversion. Obviously, it is the messenger's situation that is being projected onto that of Moses – achieved through a kind of typological reading. The call for *tawhīd*, an attestation of God's unity, and prayer, *ṣalāh*, are two injunctions that are merely imposed on the contemporary Meccan community; their connection with Moses serves to substantially enhance their authority. The long sura about Moses,[7] who is presented as a 'type' (*typos*) of the messenger, obviously serves to render expression to a new theological insight: the installment of prophethood as

7 See the commentary in Angelika Neuwirth (ed.): *Der Koran: Handkommentar mit Übersetzung von Angelika Neuwirth*, vol. 2: Frühmittelmekkanische Suren: Das neue Gottesvolk: „Biblisierung" des altarabischen Weltbildes. Berlin: Verlag der Weltreligionen 2017, pp. 303–376.

the decisive and authoritative medium of divine-human communication[8] that will replace the multiple paths pursued in paganism and syncretism.
The limitation of the numerous trajectories of communication between the transcendent and the mundane world to the one format of prophethood, i. e. to the verbal mediation of divine speech by a charismatic speaker, is part and parcel of the emerging Qur'anic worldview, which relies on a new, otherwise unknown or at least not equally developed model that we might call 'the epistemic'. According to this model, the world – creation – is not just firmly built upon divine knowledge, but is also laid out as a system of signs, *āyāt*, i. e. transcendent tokens that are conveyed to recipients who are considered capable of reasoning. The world is conceived as a sort of 'text' – which must be decoded by the individual human. God himself has granted man the privilege to participate in His knowledge. *Surat al-'Alaq*, Q 96:3–4 has:

> Read for thy lord is the most generous (*al-akram*) /
> who taught by the pen /
> taught man what he knew not.

God's word, *al-qur'ān*, which is understood as pre-existent, can be seen as the verbal counterpart to the material text of creation. Revelation, which entails a creational imperative, simultaneously provides the key to decoding the text of creation. This notion of the inseparability of divine action and speech becomes lucidly clear in the prologue of *Surat al-Rahmān*, Q 55:1–4, where it says:

> The Merciful /
> He taught the Divine Word (*qur'ān*) /
> He created man /
> He taught him the clear expression [or: the clear understanding].

What has been implemented in the Qur'an is a way of thinking whose roots ultimately can be traced back to biblical wisdom literature,

8 See Sidney Griffith: *The Bible in Arabic: The Scriptures of the "People of the Book" in the Language of Islam*. Princeton / Oxford: Princeton UP 2013, pp. 54–61.

where a power that has been bestowed by God – *logos* or *sophia* – mediates between God and man. We encounter such a view again in the 5th-century homilies of Ephrem of Nisibis.[9] In the Qur'an, however, it presents itself much more radically than in predecessor texts, since it not only re-establishes Wisdom or *logos* as the communicative mediator of divine will to humans but rigorously replaces the incarnate Christian *logos* with a more abstract power, the spoken Word of God, *al-qur'ān*. This particular supersession is later affirmed in *kalām* theology.[10] How does the Qur'an establish language as the decisive divine medium of self-manifestation?
To provide an example of the Qur'an's new, astoundingly episteme-informed, indeed *logos*-oriented theology, I will discuss a short sura, Q 90, which subtly implants the ideas of understanding and language into a seemingly very different discourse, that of charity.

3. The *locus classicus* of Qur'anic language theology: *Surat al-Balad*[11], "The Town"

(1) No! I swear by this town,
(2) And thou art a lodger in this town;
(3) By the begetter and that he begot,
(4) Indeed, We created man in trouble.

9 See Adam H. Becker: *Fear of God and the Beginning of Wisdom: The School of Nisibis and the Development of Scholastic Culture in Late Antique Mesopotamia*. Philadelphia: University of Pennsylvania Press 2006, pp. 107. 123.

10 Daniel A. Madigan: God's Word to the World: Jesus and the Qur'ān, Incarnation and Recitation. In: Terrence Merrigan / Frederik Glorieux (eds): *"Godhead Here in Hiding": Incarnation and the History of Human Suffering*. Leuven / Walpole: Peeters 2012, pp. 157–172.

11 This translation is by Arthur J. Arberry (see above, footnote 3), p. 645. His rendering of *balad* with "land" has been corrected to "town". For a comprehensive commentary on this sura, see Angelika Neuwirth (ed.): *Der Koran: Handkommentar mit Übersetzung von Angelika Neuwirth*, vol. 1: Frühmekkanische Suren. Berlin: Verlag der Weltreligionen 2011, pp. 236–252. Regarding an interpretation of *Surat al-Balad*, see Angelika Neuwirth: Locating the Qur'an in the Epistemic Space of Late Antiquity. In: Andrew Rippin / Roberto Tottoli (eds): *Books and Written Culture of the Islamic World. Studies Presented to Claude Gilliot on the Occasion of His 75th Birthday*. Leiden: Brill 2015, pp. 159–179.

(5) What, does he think none has power over him,
(6) Saying, 'I have consumed wealth abundant'?
(7) What, does he think none has seen him?
(8) Have We not appointed to him two eyes,
(9) And a tongue, and two lips,
(10) And guided him on the two highways?
(11) Yet he has not assaulted the steep,
(12) And what shall teach thee what is the steep?
(13) The freeing of a slave,
(14) Or giving food upon a day of hunger
(15) To an orphan near of kin
(16) Or a needy man in misery;

(17) Then that he become of those who believe and counsel each other to be steadfast
And counsel each other to be merciful.
(18) Those are the Companions of the Right Hand
(19) And those who disbelieve in Our signs, they are the Companions of the Left Hand;
(20) Over them is a Fire covered down.[12]

Q 90, *al-Balad*, "The Town", starts with a cluster of oaths. The first, *lā uqsimu bi-hādhā l-balad*, "No! I swear by this town," invokes Mecca's high rank as an urban settlement and – implicitly – as a sacred place, since Mecca, the home town of the addressee, had already before – in Q 95 – been introduced as a sanctuary. The second oath connects the town to the act of procreation – *wa-wālidin wa-mā walad*, "By the begetter and what he begot" – as the foundation of social life (v. 1–3). It thus opens at least two semantic registers: on the one hand, the sacred and the topographic – *balad,* "town" – and, on the other, the physiological and the social – *wālid walad*, "begetter, begotten". The oath cluster, which creates a link from procreation to sacredness, is followed by a statement which is surprisingly negative in tone, claiming that man – with all his achievements in establishing an organized

12 Verses 17–20 seem to constitute a later phrasing of the sura's final section, which already reflects the status of the community as a closed circle where individual members are expected to take care of others.

settlement, the *polis*, *al-balad* – is a deficient being (v. 4), *la-qad khalaqnā l-insāna fī kabad*, "Indeed, we created man in trouble". "Man", *al-insān*, is still committed to the pagan behavioral code, manifest in his attitude toward worldly possessions, which he wastes in acts of boastful overspending: *yaqūlu ahlaktu mālan lubad*, "Saying, 'I have consumed wealth abundant.'"[13] According to this pagan Arab paradigm, overspending and exuberant generosity (*jūd*) is a virtue that earns the hero fame and prestige, *ḥasab*. In the sura it is re-interpreted as a vice. The following reproach, *a-yaḥsabu an lan yaqdira ʿalayhi aḥad*, "What, does he think none has seen him?", reveals the boastful person's epistemic inferiority: He has not realized that he is subject to the law of eschatological accountability.

A new image of man is pitted against this image of the self-sufficient but ultimately ignorant pagan individual, in that man is divinely endowed with particular faculties: sight, i. e. discernment, and speech, i. e. comprehension, as in verses 8–9: *a-lam nadjʿal lahu ʿaynain wa-lisānan wa-shafatayn*? "Have we not appointed to him two eyes? / And a tongue and two lips?" This physiological equipment makes him accountable for his dealings. But his equipment not only entails a moral commitment, it also mirrors the harmony of divine creation: Man is structured in a balanced way, with one pair of eyes, *ʿaynayn*, and one pair of lips, *shafatayn*, morphologically clad in the dual form. It is important to note that this harmony of creation matches the harmony in language, which disposes of certain morphological elements, the dual forms (*ṣīghat al-muthannā*), to express the balanced character of creation. The application of these dual forms to the human face in verses 8–9, on the one hand, and to the road system of the town in verse 10 (*najdayn: wa-hadaynāhu l-najdayn)* on the other, establishes an analogy between the empirically verifiable and the morally desirable. The steep path, *al-ʿaqaba*, mentioned in verse 11, which needs to be embarked upon allegorically, expresses the performance of charitable deeds. These are related to physiology, since they are enacted upon the body of a slave; *fakku raqaba* in verse 13 literally means the 'loosening of a rope from a slave's neck'; *iṭʿām*, "feeding", in verse 14, refers to the physical needs of the poor; *maqraba* is a reference to a genetic

13 See Andras Hamori: *On the Art of Medieval Arabic Literature*. Princeton: Princeton UP 1974, p. 11.

relation – all these images reconnect with the physiological register opened in the second oath at the beginning of the sura.[14]

What is it that makes this sura the *locus classicus* of the new theology of language? The importance of language becomes fully evident only once we have noticed its dialectical relation to other etiologies of the concept of charity. Let us briefly look at the pre-Qur'anic models for the injunction of charity. Firstly, a frequently quoted text from the Hebrew Bible, Isaiah 58:6–7:

> (6) Is not this the fast that I choose: to loose the bonds of wickedness, to undo the straps of the yoke, to let the oppressed go free, and to break every yoke?
> (7) Is it not to share your bread with the hungry and bring the homeless poor into your house; [...].[15]

The three acts demanded by Isaiah were later recast into an eschatological and at the same time Christological mold in the Gospel of Matthew 25:34–41. On Judgment Day, Christ will bless the people "on his right" for having performed the three acts of charity on him, saying:

> (34) [...] 'Come, you who are blessed by my Father, [...]
> (35) For I was hungry and you gave me food, I was thirsty and you gave me drink, I was a stranger and you welcomed me,
> (36) I was naked and you clothed me, I was sick and you visited me, I was in prison and you came to me.'

14 Verses 17–20, though forming an integral part of the sura's argument, must be considered a later, perhaps Medinan, reshaping of the original early-Meccan sura. Not only are verses 17 and 20 distinctly longer than the average length of the sura's verses, verse 17 also no longer speaks of the individual listener presupposed in the nuclear corpus of the sura, verses 1–16, but obviously has a community in mind. It is the community whose members are incited to take care of each other, to encourage each other to remain patient – an attitude that was required from the community in the case of war in Medina. Acts of charity at that later stage are no longer simply individually meritorious but equal contributions to the cohesion of the community.

15 If not otherwise stated, translation of Hebrew Bible and New Testament follows English Standard Version (2001).

> (37) Then the righteous will answer him, saying, 'Lord, when did we see you hungry and feed you, or thirsty and give you drink?
> (38) And when did we see you a stranger and welcome you, or naked and clothe you?
> (39) And when did we see you sick or in prison and visit you?'
> (40) And the King will answer them, 'Truly, I say to you, as you did it to one of the least of these my brothers, you did it to me.'
> (41)Then he will say to those on his left, 'Depart from me, you cursed, into the eternal fire prepared for the devil and his angels.

The Qur'anic reference to "people of the right", *aṣḥāb al-maymana*, and "people of the left", *aṣḥāb al-mash'ama*, seems to resound in Matthew's scenario. But the importance of the reference to the Gospel text is not to be found in its similarity to the Qur'an but in the Qur'an's refusal to adopt its crucial idea: that acts of charity are performed for Christ's sake. Which justification of the injunction of charity does the sura offer instead? Upon a closer look, the Christological meta-text imposed on Isaiah in the Gospel in the Qur'an is replaced by another meta-text. It is tied to an episteme: It is not devotion to Christ but the insight into the harmony of creation that should drive man to perform charitable deeds. It is important to note that this harmony that governs creation reflects the harmony in language, as mentioned above: Just as the microcosm of the human body is symmetrical – an empirical truism – so the macrocosm of the city, of the body politic, needs to be balanced out as well. It needs to be laid out as a harmonious, ethically informed topography where the anthropocentric ideals of *djahiliyya,* excessive generosity and overspending, meant to win individual fame and recognition, have been superseded by the more universal principle of charity born out of an eschatological awareness. This is argued not on theological grounds, but exclusively by making reference to language and its intrinsic logic that are displayed in creation: the repeated dual forms, first referring to the body, then to the moral options, connect, indeed, glue together the physiological reality established through creation and the social and thus moral discourse that still needs to be recognized. There is a vivid vision in the Qur'an of the Ideal City – the City of God – long before al-Farabi's reworking of Plato's *Politeia*.

It is the law of harmony, of balance, intrinsic to both language and creation, that suffices to render the attitude of charity and collective responsibility compulsory. The Qur'an replaces mythic loyalties with epistemic evidence. The presence of God becomes recognizable through his argument.

4. Sura 78, Psalm 104 and Job 38 contextualized

The Qur'anic text about the injunction of charity presents God as a sublime disputant who argues logically by making use of a diverse range of rhetorical devices such as rhetorical questions, mock questions and parallelisms, thus inviting the believer to contemplate his power along the *via causalitatis*. A comparable path is taken in another Qur'anic text, Q 78, which will be contextualized with two prominent biblical texts in the following. The first one, Psalm 104, obviously served as its model. The second one, Job 38, is to be considered a cognate text; it also builds upon references to Psalm 104.

Of the numerous commentators on the Book of Job, few have paid attention to its literary genre. It was Northrup Frye, a literary scholar, who realized the text's close affinity to comedy, its hyperbolic manner of speech and the prominence of rhetoric throughout the argument.[16] In our context, we will focus on one single section, the divine speech in Job 38, which has been the subject of diverse interpretations. Northrup Frye proposes a psychological explanation: "The fact that God's speech is thrown into a series of rhetorical questions to which 'no' is the only answer seems to give it a bullying and hectoring quality, and certainly there is no 'answer' to Job's 'problem'." He continues:

> Only because Job was not a participant in creation [...] [can he] be delivered from the chaos and darkness within it. God's speech [...] makes no sense without the vision of Behemoth and Leviathan at the end which is the key to it. The fact that God can point out these monsters to Job means that Job is outside them and no longer under their power.[17]

16 Northrop Frye: *The Great Code: The Bible and Literature*. San Diego / New York / London: Hartcourt Brace Jovanovich 1983.
17 Ibid., pp. 190–197.

Other interpretations look for the turning point in the story in Job 42:5, which has also been read as a vision of God and even as a prophetical premonition of Christ.[18]

I will adduce select verses from chapter 38 of the Book of Job that display rhetorical forms close to those of the later established Qur'anic mode of divine speech and approach them from another vantage point: the Late Antique politics of rereading earlier texts and inverting them. The Book of Job displays striking deviations from conventional biblical models: The reader is surprised to find God speaking about himself in the first-person singular voice, not within a prophecy but within a narrative, to find him speaking without making any reference to his people and – on a formal level – expressing himself in a series of no less than forty rhetorical questions (in chapter 38 alone) – questions that reshape the assertions of God's creational power we are familiar with from other biblical books and from Psalm 104 in particular. Which conclusion should we draw from this unusual literary form? At this point, it appears challenging to embark upon a contextual reading and connect Job to a later and generically different text which, in terms of its rhetorical form, however, appears to be related: the Qur'an, and more specifically the Qur'anic creation narratives.

The verses Job 38,4.8–9.12.25–27.39–40, that evoke Psalm 104 provide an impression of the biblical text:

> (4) Where were you when I laid the foundation of the earth? [...]
> (8) Or who shut in the sea with doors when it burst out from the womb,
> (9) when I made clouds its garment (*lebhusho*, cf. Ps 104:2) and thick darkness its swaddling band [...]
> (12) Have you commanded the morning since your days began, and caused the dawn to know its place, [...]
> (25) Who has cleft a channel for the torrents of rain and a way for the thunderbolt,
> (26) to bring rain on a land where no man is, on the desert in which there is no man,
> (27) to satisfy the waste and desolate land, and to make the ground sprout with grass? [...]

18 According to the mainstream Christian interpretation, Job 42:5 points out the appearance of Christ, which restores Job's trust in God.

(39) Can you hunt the prey for the lion, or satisfy the appetite of the young lions,
(40) when they crouch in their dens or lie in wait in their thicket? (cf. Ps 104:21.22)

The Qur'anic text – again, a re-reading of Psalm 104 – that appears close to God's monologue in Job 38 is Q 78:6–16. It not only reproduces significant sections of the psalm – as does the Job monologue – it also fits them into an argument, once again reminiscent of the Job monologue: The sura is entitled Al-Nabaʾ al-ʿaẓīm, "The great tidings"

Controversy about eschatology
(1) What are they asking each other about?
(2) About the great tidings,
(3) Concerning which they are disputing
(4) Indeed, they will certainly know!
(5) Then, indeed, they will certainly know!

Ayāt (= sign)-cluster
(6) Have we not made the earth as a couch for you
(7) And the mountains as pegs
(8) And created you in pairs
(9) And made your sleep a period of rest
(10) And made the night as a garment
(11) And made the day a source of livelihood
(12) And built above you seven mighty (heavens)
(13) And created a shining lamp
(14) And brought down from the rain-clouds abundant water
(15) To bring forth thereby grain and vegetation
(16) And luxuriant gardens?

Eschatology
(17) The day of decision is a term appointed.

Q 78 counts among those 'eschatological suras' that are particularly frequent in the early stage of the Qur'anic communication process.

The first short introductory part (verses 1–5), which starts with a rhetorical question, evokes a topic that is contentious among the audience. Although not identified explicitly, "the great tidings" are, in view of the centrality of eschatology in the early texts, easily identified as the Day of Judgement, all the more so since the sura continues with a threat addressed at the skeptics (verses 4–5). The following part II (verses 6–16) dialectically refers back to the beginning: The catalogue of divine acts of creation ('*āyāt* = *sign*-cluster') serves to dissolve doubts about divine omnipotence that still prevent some of the listeners from believing in the Day of Judgement. The third part (verses 17–40), which starts with an evocation of the Day of Judgement, again deals with eschatology. The assertion of its reality merges into a kind of 'eschatological scenery', i.e. a depiction of the cosmic developments that will lead to the Day of Judgement, which culminates in a 'diptych', i.e. a double portrait of the blessed and the cursed in the world to come. Since the 'series of divine signs', *āyāt*', verses 6–16, is evidently a reference to Psalm 104:5–23, the psalm should be quoted at least in part to facilitate an analytical reading of the sura.

> (1) Bless the Lord, my soul! Lord, my god, you are very great! You have donned majesty and splendor;
> (2) Covering yourself with light as with a garment, stretching the heavens like a curtain
> (3) He who roofs his upper chambers with water; he who makes clouds his chariot; He who moves on winged wind.
> (4) He makes the winds his messengers; the flaming fire his attendants.
> (5) He established the earth upon its pillars, that it falter not forever and ever.
> [verses 6–12: myth of the separation of the waters]
>
> (13) He waters the mountains from his upper chambers; from the fruits of your work the world is sated. [...]
> (14) He causes vegetation to sprout for the cattle and plants through man's labour to bring forth bread from the earth [...]

(19) He has made the moon for the measuring of time, the sun knows its destination.
(20) You make darkness and it is night, in which every forest beast stirs.
(21) The young lions roar after their prey and seek their food from God.
(22) The sun rises and they are gathered in, and in their dens they crouch.
(23) Man goes forth to his work, and to his labour until evening.[19]

The text of the psalm continues as a hymn.
Despite the different frameworks – the praise enumerated in the psalm is an integral part of an extended hymn,[20] whereas, in the sura, it is framed by eschatological sections – both texts display significant common traits. The most striking of these is the image of the earth as a tent, an image that does not recur in the Qur'an again (Q 78:6–7). The earthly tent is presented as firmly resting on pillars (Ps 104:2, cf. Q 78:7) with the sky as its roof (Ps 104:2), the latter being fixed to the earth by tent-pegs (Q 78:7). However, in both texts, the metaphor of the tent is not used in an exclusive way: In the sura, the assumption of "seven firm ones" with the sun as their lamp (Q 78:12–13)[21] does not fit in with the tent metaphor without generating tension. Similarly, in the psalm, the tent-metaphor collides with the perception of the cosmos as a multi-storied house of God, from whose "upper chambers" (Ps 104:3.13) God provides for his creation.[22] This blatantly anthropomorphic image is not reflected in the Qur'an, which is perhaps due to an exegesis-like 'correction'. Both texts also present

19 Translation by Hillel Danziger: *The Artscroll Tehillim*. New York: Mesorah 2001, sometimes slightly modified; "hash-Shēm", one of the Jewish interpretations of the Tetragrammaton (which is used by Danziger), has been replaced by the more neutral "the Lord", since the Arabic sixth century reception of the Bible presupposes the translation of the Tetragrammaton as *kyrios*, "the Lord".
20 For an interpretation of the psalm, see Erich Zenger: *Psalmen: Auslegungen*, part 2: Ich will die Morgenröte wecken. Freiburg / Basel / Vienna: Herder 2003, pp. 29–43.
21 Heinrich Speyer: *Die biblischen Erzählungen im Qoran*. Hildesheim: Olms 1961, pp. 7–8; refers to Q 71, a text very similar to Q 78, and comments: "Ps 104:8–10 describes the mountains in a way similar to the Qur'an. It is worth noting that the psalms always played an important role in the Jewish liturgy and were familiar from frequent recitations to both Jews and Christians." Trans. by A. N.
22 See Hermann Gunkel: *Die Psalmen*, trans. and explained by Hermann Gunkel. Göttingen: Vandenhoeck & Ruprecht 1968, p. 448.

a number of natural phenomena such as clouds (Ps 104:13, Q 78:14), mountains (Ps 104:13, Q 78:7), the sun (Ps 104:19.22, Q 78:13) and the night (Ps 104:20, Q 78:10), as well as humans subsisting on growing plants (Ps 104:14; Q 78:15–16) as divine gifts. In both texts, the window of time reserved for human activity is the bright day during which man is to carry out his livelihood (Ps 104:13; Q 78:11), an idea that is not mentioned elsewhere in the Qur'an. However, the two texts diverge from one another regarding the function of the night. In addition to the information adduced by the psalm, the sura mentions the idea that man has been created as gendered pairs – a perception typical of Qur'anic creation theology (see e.g. Q 55) – for whom the night serves as a space of sexual fulfillment. This idea, which again may be an 'exegetical correction', is expressed by a strikingly novel metaphor: The human couple is presented as being clad in a cosmic garment (Q 78:10: *wa-jaʿalnā l-layla libāsā*, "and have we not made the night as a garment") – a metaphor that will not reappear except once, in Q 25:47, reminiscent of Q 78:10. In the psalm, on the other hand, a similarly cosmic metaphor is applied, not to man, but in order to praise divine majesty (Ps 104:1.2: *hōd we-hādār lābhāshtā, ʿōṭēh ōr kas-samlāh,* "you have donned majesty and splendor, covering yourself with light as with a garment"). This image of a cosmic garment – conferred upon the sea – is also striking in the Job text: "I made the cloud the sea's garment", *be-sumi ʾanan lebhusho*, Job 38:9. The sura also mentions the seven planetary spheres, which are not found in the psalm.

5. An attempt to compare the three texts

Perhaps the principal and most noteworthy difference between the texts is the kind of worlds they outline: The psalm sketches an extensive mythic tableau, presenting the divine *persona* in a rather anthropomorphic way as holding court. All of this is expressed in the present tense, as if it is occurring before the eyes of the Psalmist himself. The divine *persona* moves along in a heavenly chariot, personally shapes the living conditions of his creation, and provides for their sustenance. Creation is dynamically affected, set in motion by his presence; wild beasts come forward and retreat, and ask God to give them

food (Ps 104:20–22). One might perceive in this text the topos of the *locus amoenus*[23], the 'pleasant space', a prevailing motif of descriptions of nature, including that of the beyond, in Western art and literature from Greek Antiquity until the Renaissance. The term *locus amoenus* refers to an idealized place of safety or comfort. Elementary features of the *locus amoenus* are, according to Ernst Robert Curtius, who coined the term, a shady lawn or open woodland, trees, and rivers or fountains. In the psalm, the description of nature is put in the service of a theological purpose, giving praise to God, but without losing its aesthetic attractiveness: The world is – particularly because of the presence of the divine *persona* who shapes and reigns it – a 'pleasant space', marked, not unlike its classical correlates, by a plethora of idyllic components and by the vivid interaction between them. The psalm invites us to contemplate God's majesty, to pursue the *via eminentiae.*
This observation does not hold for either the Qur'anic sura or for God's speech in Job. Although both texts describe the human habitat as being most harmonious, they do not form a coherent scenario, the single elements instead remain isolated, each of them charged with a meaning in itself instead of serving as components of a larger image. As the parenetic form of the rhetorical questions demonstrates, these individual components are meant to point out a theological message. Divine creation is no longer in progress but is presented as having been concluded a long time ago. God is no longer present as the agent of creation but has become a speaker who recounts his own acts of creation in the first person, be it singular or plural. The image in motion presented in the psalm has become static in both the Qur'an and in Job. Creation is presented as being cast into timeless divine speech. It is the field of eschatological tension created by the new Qur'anic context that has re-configured the narrative account of creation. Creation becomes part of a meta-discourse, a controversy about the end of time, thus tying in with the beginning of the sura where the topic of the Last Day is raised. Creation accounts serve to dissolve doubts about divine omnipotence, thus encouraging listeners to make the right decision. The Qur'anic section is not a hymn like the psalm, it

23 Ernst Robert Curtius: *European Literature and the Latin Middle Ages*, trans. from the German by Willard R. Trask. New York: Pantheon 1953, p. 195.

is not an expression of spontaneous emotion but a reminder, an argument heading toward a definite conclusion. Though Job is not concerned with eschatology, here God's speech also serves to dissolve doubts about divine omnipotence; it is an argument towards a definite conclusion.

Nevertheless, as such, both specimens of divine speech must be regarded as textual treatments of the psalm, and perhaps even as a kind of exegesis. The perspective taken by the pious observer looking up to the heavens in amazement in the psalm has changed to that of the divine speaker himself, looking down on the earthly scenario and on the humans that he has provided for. What is particularly evident in the Qur'anic text is that monumental scales are reduced to human sizes and measures: It underscores daily needs, not transcendent glory, and abolishes anthropomorphisms. Whereas the psalm stages divine creation, in the Qur'anic text, God recalls (*dhikr*) in his own voice his acts of creation that – contrary to the Job text – are not meant for man to endure, but rather figure as the prelude to God ultimately reinforcing his pledge of knowledge towards his creation. But like in Book of Job, and unlike in the case of the psalm, creation in the Qur'an is not an ongoing event but has been converted into speech, a divine self-manifestation not inferior to creation itself.

Both Job 38 and Sura 78 appear first and foremost as demonstrations of the *via causalitatis*. Such a valorization, however, unilaterally privileges the intention of speech, the *causal* argument, over the voice itself. Viewed from a different vantage point, however – one that privileges the voice – the texts turn out to be equally relevant testimonies to God's majesty, his *eminentia*. God's majesty vividly manifests in the extraordinary form of his speech, in his strikingly rhetorical self-expression. Language has advanced to the status of a theologoumenon. What may be rare in the Bible – Job being one of the most poetic and language-oriented books of the entire corpus – has become the rule in the Qur'an, where the divine voice frequently and continuously "speaks", where the entire scripture has become speech, *kalam*.[24]

24 Madigan: God's Word to the World, pp. 157–172.

Sebastian Günther

"Woe unto this sinful people who do not know whether good or evil has befallen them!"

Isaiah, a Biblical Prophet and his Message in Islamic Tradition[1]

Isaiah, son of Amoz, the prophet God had sent to the "the children of Israel" or the *Banu Isra'il* in Arabic, is a prominent character in the Judeo-Christian history of salvation. This study, however, will explore the extent to which Isaiah is also known in Islam and, in this context, whether and how Muslims have made explicit reference to the biblical prophet Isaiah, his warnings and his visions, a topic which has only rarely been studied up to now.

1 The article at hand is an abbreviated version of my study: Jesaja, ein alttestamentlicher Prophet und seine Botschaft in der islamischen Tradition. In: Peter Gemeinhardt / Florian Wilk (eds): *Transmission and Interpretation of the Book of Isaiah in the Context of Intra- and Interreligious Debates*. Leuven: Peeters 2016, pp. 393–431. The latter contains several lengthy sections (in German translation) drawn from a range of medieval Arabic primary sources that mention Isaiah and his book in addition to a bibliographical appendix of pre-modern works in Arabic and Persian, which deal with Isaiah and his message in one way or another. In the article at hand, Arabic expressions are given in a simplified transliteration which uses different diacritic marks to distinguish between the Arabic consonants hamza (ʾ) and ʿayn (ʿ). Bibliographical references, however, are fully transliterated. Quotations from the Qur'an follow M. A. S. Abdel Haleem's translation (Oxford: Oxford UP 2005). The quotation in the title comes from Abū Isḥāq Aḥmad ibn Muḥammad ibn Ibrāhīm al-Thaʿlabī: *Qiṣaṣ al-anbiyāʾ al-musammā ʿarāʾis al-majālis*. Cairo: [al-Maṭbaʿa] Bi-Maidān al-Jāmiʿ al-Azhar bi-Miṣr 1371/1951, p. 274; Abū Isḥāq Aḥmad ibn Muḥammad ibn Ibrāhīm al-Thaʿlabī: *ʿArāʾis al-majālis fī Qiṣaṣ al-anbiyāʾ or "Lives of the Prophets" as recounted by Abū Isḥāq Aḥmad ibn Muḥammad ibn Ibrāhīm al-Thaʿlabī*, transl. from Arabic and annotated by William M. Brinner. Leiden: Brill 2002, p. 553, respectively.

The prophet Isaiah, who lived in the 8th century BCE, is not mentioned by name in Islam's Holy Scripture, the Qur'an. Nevertheless, on several occasions, classical Muslim Qur'an commentators do explicitly refer to Isaiah as well as to the prophecies associated with his name. These references to Isaiah (in Arabic: *Ashaʿya,* also: *Shaʿya* und *Ishaʿyaʾ*) refer in particular to the explanations in four verses of Sura 17. This chapter of the Qur'an was primarily known in the early days of Islam under the title "*Banu Israʾil*", "The Children of Israel." Today it is commonly referred to as "*al-Isra*ʾ", "The Night Journey [of the Prophet Muhammad from Mecca to Jerusalem]". In addition to the Qur'an commentaries, the prophet Isaiah and his message are mentioned in several important historical and didactical works of medieval Arabic literature as well as in the popular "*Qisas al-anbiya*ʾ", the Arabic "Tales of the [pre-Islamic] Prophets". Likewise, Isaiah and his prophecies are given a certain degree of prominence in ceveral apologetic works by Muslim scholars both medieval and contemporary.

In view of these preliminary remarks, it cannot be the primary goal of this paper to examine the exact extent to which direct quotations from or paraphrases of the Book of Isaiah can be found in the Qur'an or in a large range of Arabic-Islamic literary and scholarly writing, nor can it be to examine such potential quotations from a comparative literary studies or comparative religious studies standpoint. Rather, our objective is to take a closer look at – and expose – the variety and complexity of information that the history of their Islamic reception provides about Isaiah and the prophecies connected with his name. Specifically, we shall address questions such as: Which topics, in this regard, were of particular interest to Muslim scholars, how did these scholars understand and present the information they refer to, and how did they communicate their respective viewpoints?

Still, it must also be mentioned, at least briefly, that the Qur'an does indeed contain several immediate textual references to the Book of Isaiah – a finding which has occupied Western scholars of Islam since the 19th century and which has brought quite remarkable evidence to light. In addition to this, contemporary Islamic studies scholars such as Angelika Neuwirth have examined Qur'anic reiterations and reflections of passages known from the Book of Isaiah in some detail, as shown in particular in Neuwirth's 2010 publication, *Der Koran als Text der Spätantike. Ein europäischer Zugang.*[2]

1. Biblical Prophets in the Qur'an

Muslims' vital interest in biblical and other pre-Islamic prophets can be traced back to certain statements in the Qur'an, which repeatedly affirm that, for Muslims, it is a religious duty to believe in all of the God-sent prophets prior to Muhammad, regardless of whether these prophets are mentioned in the Qur'an by name or referred to only implicitly:

> We have sent other messengers before you [i. e. Muhammad] – some We have mentioned to you and some We have not – and no messenger could bring about a sign except with God's permission. (Qur'an 40:78)

The Qur'an also exposes the first impetus and general necessity for a continuous line of prophecies in pre-Islamic times, as it states that God began to reveal his instructions to humankind through prophets because the people were in discord with one another.

> Mankind was a single community, then God sent prophets to bring good news and warning, and with them He sent the Scripture with the Truth, to judge between people in their disagreements. (Qur'an 2:213)

2 See Angelika Neuwirth: *Der Koran als Text der Spätantike. Ein europäischer Zugang.* Berlin: Verlag der Weltreligionen 2010, pp. 125–130. See also Karl Ahrens: Christliches im Qoran. In: *Zeitschrift der Deutschen Morgenländischen Gesellschaft* 84 (1930), pp. 25–68 (parts 1–2), pp. 148–190 (part 3), esp. pp. 38–39, 41, 46, 169, 179–180; Ignaz Goldziher: Ueber muhammedanische Polemik gegen Ahl al-kitāb. In: *Zeitschrift der Deutschen Morgenländischen Gesellschaft* 32 (1878), pp. 341–387, esp. pp. 374, 377–378; Hartwig Hirschfeld: *Beiträge zur Erklärung des Ḳorân*. Leipzig: Otto Schulze 1886, esp. pp. 7, 9–10, 34–35, 37, 83, 87–88; Theodor Nöldeke: *Geschichte des Qorāns*. Hildesheim: Olms 2005 (repr. Leipzig 1909–1938), index 1, pp. 496–497; Wilhelm Rudolph: *Die Abhängigkeit des Qorans von Judentum und Christentum*. Stuttgart: Kohlhammer 1922, esp. pp. 10, 13; Martin Schreiner: Zur Geschichte der Polemik zwischen Juden und Mohammedanern. In: *Zeitschrift der Deutschen Morgenländischen Gesellschaft* 42 (1888), pp. 591–675, esp. pp. 601, 604–605, 615, 627, 646. See also Uri Rubin: *Between Bible and Qur'an: The Children of Israel and the Islamic Self-image*. Princeton: Darwin 1999, pp. 16, 46, 103.

The conflicts among the Israelites in general and the decay of their religious and ethical values in particular are addressed in several places in the Qur'an. One example that stands out due to its emphatic language and its expressiveness is mentioned in chapter (*sura*) 17, verses 4–8. It is a passage that, as the Qur'an affirms, God had already proclaimed to Moses. It reads:

> (4) We declared to the Children of Israel in the Scripture, "Twice you will spread corruption in the land and become highly arrogant."
> (5) When the first of these warnings was fulfilled, We sent against you servants of Ours with great force, and they ravaged your homes. That warning was fulfilled,
> (6) but then We allowed you to prevail against your enemy. We increased your wealth and offspring and made you more numerous––(7) whether you do good or evil it is to your own souls––
> and when the second warning was fulfilled [We sent them] to shame your faces and enter the place of worship as they did the first time, and utterly destroy whatever fell into their power.
> (8) Your Lord may yet have mercy on you, but if you do the same again, so shall We: We have made Hell a prison for those who defy [Our warning].

This passage is the powerful scriptural starting point for scholarly Muslim engagement with Isaiah the prophet and his Book.

2. Tabari (839–923)

While seeking references to Isaiah's life and activities in exegetical, historical and legendary Muslim texts, several early Muslim authors appear to have been interested in this biblical prophet in one way or another. A close analysis reveals the names and works of scholars such as the early exegete Muqatil ibn Sulayman al-Balkhi (d. 767); the well-known philologist and intellectual Ibn Qutayba (828–889); the historian and philosopher al-Mutahhar ibn Tahir al-Maqdisi (d. after 966); the jurist, exegete and ethics expert Abu l-Hasan al-Mawardi; and the prolific historians Ibn al-Athir (1160–1233) and Ibn Kathir (ca. 1302–1373).[3]

3 For an analysis of these sources, see Günther: Jesaja, Ein alttestamentlicher Prophet, pp. 393–431.

However, in the study at hand, we will begin our inquiry with two Arabic sources of principal importance. These are the main works of Muhammad ibn Jarir al-Tabari, probably the most well-known and influential classical Muslim historian and exegete, who spent most of his scholarly career in Bagdad. Of specific interest here are, firstly, Tabari's monumental universal chronicle, *Tarikh al-rusul wa-l-muluk* ("History of the Prophets and Kings"), and, secondly, his similarly voluminous *Jami al-bayan ʿan taʾwil ay al-Qurʾan* ("The Comprehensive Clarification of the Interpretation of the Verses of the Qur'an"), commonly referred to as his *Tafsir* ("The Commentary"), probably the most widely-used reference work on Qur'anic exegesis to this day.[4]
In his Qur'an commentary, Tabari states that Muslim knowledge of historical events relating to Isaiah can be traced back to the Prophet Muhammad himself. According to Tabari, Muhammad was asked by one of his companions with regard to the aforementioned Sura 17 about the events that occurred in Jerusalem at the time of Zedekiah (Arabic: *Sidqiyya*), the last King of the Israelite Kingdom of Judah at the end of the 6th century BCE. This was when the Babylonian king Nebuchadnezzar II took Jerusalem in 586 BCE, destroying the First Temple and forcing the Israelite leadership, including King Zedekiah, into exile in Babylon.[5]
Immediately after his report on the events that took place in Zedekiah's time, Tabari provides an account of the similarly dramatic events that preceded them in the days of Hezekiah – that is, the

4 Abū Jaʿfar Muḥammad ibn Jarīr al-Ṭabarī: *Jāmiʿ al-bayān ʿan taʾwīl [āy] al-Qurʾān* (*Tafsīr al-Ṭabarī*). Cairo: Maṭbaʿat Muṣṭafā al-Bābī al-Ḥalabī 1388/1968, esp. vol. xv, pp. 24–25; Abū Jaʿfar Muḥammad ibn Jarīr al-Ṭabarī: *Taʾrīkh al-rusul wa-l-mulūk (Annales),* 10 vols., ed. by M. Abū Faḍl Ibrāhīm. Second Ed. Cairo: Dār al-Maʿārif 1387/1968, vol. 11 (appendices), 1410/1990, vol. i, pp. 531–537; see also Abū Jaʿfar Muḥammad ibn Jarīr al-Ṭabarī: *The History of al-Ṭabarī* (*Taʾrīkh al-rusul waʾl-mulūk*) (*Bibliotheca Persica*), vol. I: General Introduction and From the Creation to the Flood, transl. from Arabic and annotated by Franz Rosenthal. New York: State University of New York Press 1989; Abū Jaʿfar Muḥammad ibn Jarīr al-Ṭabarī: *The History of al-Ṭabarī* (*Taʾrīkh al-rusul waʾl-mulūk*) (*Bibliotheca Persica*), vol. IV: The Ancient Kingdoms, transl. from Arabic and annotated by M. Pearlmann. New York: SUNY Press 1987, esp. pp. 35–37, 40–42, 48, 55, 107, 125; Wilhelm Hoenerbach: Isaia bei Ṭabarī. In: Hubert Junker / Johannes Botterweck (eds): *Alttestamentliche Studien. Friedrich Nötscher zum Sechzigsten Geburtstage gewidmet.* Bonn: Hanstein 1950, pp. 98–119.
5 Al-Ṭabarī: *Tafsīr*, vol. xv, p. 22.

Assyrian threat to Israel in the late 8th century BCE.[6] This puzzling combination (if not conflation) of the two events can be explained to some extent in light of certain statements in Sura 17, as the dramatic occurrences during the reigns of these two Israelite kings indeed display a number of striking parallels. Thus, Tabari introduces his account of Isaiah by stating that God conveyed his message using the four Qur'anic verses from Sura 17 mentioned above.[7]

Tabari then divides his subsequent account of Isaiah's ministry into three periods: The "first period" deals with Isaiah being sent to King Hezekiah (r. 715–687 BCE) when the latter was mortally ill and the king's miraculous recovery after God revealed a message for the king to Isaiah. The "second period" addresses the Assyrian king Sennacherib's campaign against Jerusalem in 701 BCE. It tells of Isaiah's prediction of the complete destruction of the attacking army, as well as the glad tidings that no Israelite blood would be shed in this catastrophic Assyrian attack. The "third period" recounts Isaiah's last sermon and his martyrdom. This episode relates that political rivalries and bloody deeds continued to afflict the country, even though the prophet Isaiah had been sent by God to live among the Israelites. The Israelites rejected the warnings and directions revealed by God and sought to kill the prophet Isaiah. Isaiah was able to escape and hide inside a tree. But the Devil had taken hold of a piece of Isaiah's clothing and this he hung upon the tree in which Isaiah was hiding. Thus, his pursuers found the tree and sawed it into two pieces – with the prophet inside.

A comparison of the accounts given by Tabari in his *Tarikh* (*History*) with those in his *Tafsir* (*Qur'an Commentary*) leads to the conclusion that, for Tabari the historian, these events in ancient Israel were important pillars in the construction of a universal history from an Islamic viewpoint. Tabari the exegete, in turn, used the information about the prophet Isaiah for a deeper interpretation of the Qur'an, emphasizing the history of salvation, as his explanations of Sura 17, verses 4–8, make very clear.

6 Al-Ṭabarī: *Tafsīr*, vol. xv, p. 24.

7 For a more detailed study of Tabari's puzzling combination of the events, names and eras of ancient Israelite salvation history – which seems to have significantly affected later Muslim presentations of these events – see Günther: Jesaja, ein alttestamentlicher Prophet, pp. 401–404.

3. Thaʿlabi (d. 1035)

Another scholar of interest in our context is Ahmad ibn Muhammad al-Thaʿlabi, an exegete from Nishapur. He was also the author of one of the most widely read *Qisas al-anbiya*ʾ ("Tales of the [pre-Islamic] Prophets"). This book in particular is a prominent example of a genre of classical Arabic-Islamic literature that has significant ties to both Islamic historiography and Qur'anic exegesis in terms of both its content and its intention.

The *Qisas al-anbiya*ʾ, as a genre, are characterized by the strikingly imaginative, narrative way that they convey knowledge about the lives and undertakings of biblical and other pre-Islamic prophets. Muslims in medieval times considered these tales powerful evidence of God's universal plan, i.e., the plan that eventually led to the coming of the Prophet Muhammad and the advent of Islam, with its promise of salvation for the Arabs and all humanity.[8] In this sense, the stories about ancient Israel in general and the prophet Isaiah in particular provided Muslims with lasting impressions of what would happen to "sinful people" who "do not know whether good or evil has befallen them", a people ruled by arrogance and injustice that ignores God's warnings and prophecies.[9] This is essentially the main point expressed by Thaʿlabi in his *Tales of the Prophets* when he introduces the events involving King Hezekiah and Isaiah the prophet. But Thaʿlabi also writes that when Hezekiah came to power

> God sent Isaiah son of Amoz. He was the one who brought good tidings to Jerusalem when it complained to him of its destruction, saying: "Rejoice! For He will bring to you one mounted on an ass and after him the master on the camel".[10]

Thaʿlabi goes on to devote no less than 18 pages (in print) to the story of Isaiah and his ministry. Aside from its more thoroughly composed and literary style, however, Thaʿlabis presentation does not differ much from Tabari's.

8 Tilman Nagel: *Die Qiṣaṣ al-Anbiyāʾ. Ein Beitrag zur arabischen Literaturgeschichte.* Bonn: Rheinisch Friedrich-Wilhelms-Universität (Diss.), 1967, p. 162; Hava Lazarus-Yafeh: *Intertwined Worlds: Medieval Islam and Bible Criticism. Princeton*: Princeton UP 1992, p. 112.

9 Al-Thaʿlabī: *Qiṣas al-anbiyāʾ*, p. 274.

10 Ibid., p. 272; Al-Thaʿlabī: *ʿArāʾis al-majālis*, p. 550. See also note 11.

4. Ibn Kathir (1301–1373)

Another important source for the reception of Isaiah materials in Islam is the authoritative compendium on 'universal' history, *al-Bidaya wa-l-nihaya* ("The Beginning and the End"). This book was written by the 14th century Syrian exegete and historian ʿImad al-Din Ibn Kathir. It begins with the creation of the world and ends with Islamic eschatology.

In his introductory remarks on Isaiah, Ibn Kathir emphasizes a notion that was generally of much concern for medieval Muslim scholars when he writes that Isaiah foretold the coming of Muhammad. Ibn Kathir writes: "[Isaiah] was [chronologically] before Zechariah and John and is among those who prophesied Jesus and Muhammad." Interestingly enough in this context, a later Arabic manuscript that contains the text of a major Arabic work on ancient peoples and religions, the *al-Athar al-baqiya ʿan al-qurun al-khaliya* ("The Remaining Signs of Past Centuries", better known as "The Chronology of Ancient Nations") by the celebrated polymath Abu Rayhan al-Biruni (973–1048) includes an artistic image of this depiction of Isaiah's prophecy of Jesus and Muhammad, which was a depiction very popular among Muslims.

Let us now turn to certain apologetic works by medieval Muslim scholars, which display a remarkable degree of creativity in their treatment of specific visions from the Book of Isaiah. While the earliest references to the Book of Isaiah can be found in the dogmatic work of the surgeon and polymath Ibn Rabban (810–ca. 865), a Syriac-Christian convert to Islam, additional interesting evidence is also provided by later, apologetic works, such as those by the conservative theologian Ibn Taymiya (1263–1328).[11] However, in the following, we will explore information provided by two other classical scholars: 9th century Jahiz and 13th century Qarafi.

5. Jahiz (778–868 or 869)

Isaiah plays a vivid role in the treatise *Al-Radd ʿala l-Nasara* ("Refutation of [the teachings of] the Christians") by ʿAmr ibn Bahr al-Jahiz,

11 For a closer study of these works, see Günther: Jesaja, ein alttestamentlicher Prophet, pp. 410–413, 422–423.

Fig. 1: Abū l-Rayḥān al-Bīrūnī (973–1048): *Kitāb al-Āthār al-bāqiya ʿan al-qurūn al-khāliya* (*The Book of the Remaining Signs of Past Centuries*, also known as *Chronology of Ancient Nations*), Arabic manuscript (14th century CE). Edinburgh University Library, Ms. 161, fol. 10v ("Isaiah's Prophecy of Muhammad"). Reproduced with kind permission of the Library of the University of Edinburgh, Scotland.

a prominent 9th-century rationalist theologian and intellectual from Basra and Bagdad.[12] This work is one of the earliest and most original polemical writings against Christianity by a Muslim scholar, in which Jahiz cites numerous passages from the Bible in support of his arguments, including several quotations from the Book of Isaiah.
In particular, Jahiz asserts that Jews and Christians arrived at their often literal – and in his opinion 'incorrect' – views of biblical terms

12 See Abū ʿUthmān ʿAmr ibn Baḥr al-Jāḥiẓ: *al-Mukhtār fī l-radd ʿalā l-naṣārā, maʿa dirāsa wa-taḥlīliyya taqwīmiyya*, ed. by Muḥammad ʿA. al-Sharqāwī. Beirut / Cairo: Dār al-Jīl / Dār al-Zahrāʾ 1411/1991. The treatise was (partly) translated by Joshua Finkel: A Risāla of al-Jāḥiẓ. In: *Journal of the American Oriental Society* 47 (1927), pp. 311–334; I. S. Allouche: Un traité de polémique christiano-musulmane au ixe siècle. In: *Hesperis* 26 (1939), pp. 123–155, esp. pp. 129–153; Charles Pellat (ed.): *Arabische Geisteswelt. Ausgewählte und übersetzte Texte von al-Ǧāḥiẓ (777–869). Unter Zugrundelegung der arabischen Originaltexte aus dem Französischen übertragen von Walther W. Müller*. Zürich / Stuttgart: Artemis 1967, pp. 141–146. See also Wilhelm Bacher: Zu der von Algâḥiẓ citirten Übersetzung aus Jesaja. In: *The Jewish Quarterly Review* 13 (1901), pp. 542–544.

and statements because of their 'insufficient' linguistic understanding of the related semantic fields. One example that he uses to explicate his view in this regard is the expression "Jesus, the Son of God", substantiating his opinion with text passages presented as quotations from the *Kitab Ashaʿya*, the Arabic title of the Book of Isaiah. These texts are taken from what is referred to as the "Deutero-Isaiah" (chapters 40–55), in particular, from Isaiah 42:10–17, a passage in which God is described, as Jahiz sees it, as having human attributes and character traits.

Jahiz was a theologian and a member of the Muʿtazila, the old rationalist theological school of Islam, which combined an uncompromising acknowledgement of the oneness of God with a strict rejection of any kind of anthropomorphism. In line with this school of thought, Jahiz rejected all literal interpretations of the scriptures and argued that if in the Book of Isaiah – or in any scripture, for that matter – God was said to "go forth as a mighty man", or to "cry" or to "roar", this was to be taken metaphorically rather than literally. However, Jaḥiz used these quotations first and foremost for his scholarly discussion of terms and terminology in the light of rationalist Islamic theology, and only in a wider sense as apologetic arguments against Jews and Christians.

6. Qarafi (1228–1285)

Another remarkable source for examining the reception of Isaiah in Islam is a book entitled *Al-Ajwiba al-fakhira ʿan al-asʾila al-fajira* ("Valuable Answers to Poor Questions"). This work was penned by a 13th-century Egyptian jurist, Shihab al-Din Ahmad ibn Idris al-Qarafi.[13] The book aims to defend the Qur'an against what his author calls Christian "misinterpretations" of Islam's holy scripture.

There, Qarafi quotes extensively from the Book of Isaiah and comments on the texts at length. He notes in this context, for example, that Isaiah's prophecies contain six divine allusions to the Prophet Muhammad, two of which are of note here: Firstly, according to Qarafi, the Book of Isaiah states that God speaks to all of humankind

13 Aḥmad ibn Idrīs al-Qarāfī: *al-Ajwiba al-fākhira ʿan al-asʾila al-fājira*, ed. by Majdī M. al-Shahāwī. Beirut: ʿĀlam al-Kutub 1426/2005.

in his revelations. This, he says, is incontestably true of the prophet of Islam, and only of him, due to the universal nature of his prophetic message. Secondly, the book prophesizes both the coming of the Prophet Muhammad and his eloquence (in Isaiah 49:2). An expression relevant to us here – "And he hath made my mouth like a sharp sword" – is thus to be understood as a clear reference to Muhammad's rhetorical skills, which, as the author stresses, were a gift from God. Another of Qarafi's examples, which may serve to illustrate how classical Muslim scholars made use of ideas from the Book of Isaiah, is that Muslim scholars understand several visions in this biblical book as allusions to Mecca, the holiest city of Islam. Muslim scholars repeatedly identify such indications in "Deutero-Isaiah", particularly in statements that are referred to in the biblical tradition as promises of a "New Jerusalem". For example, in Isaiah 54:11–14, "[...] I will lay thy stones with fair colours, and lay thy foundations with sapphires", Qarafi and other influential Muslim scholars before and after him interpret these lines in Isaiah as praise for the physical and spiritual resplendence, and the glory of Mecca.[14]

7. Conclusions

This exploration of Isaiah's reception in Islam allows for the following observations to be made in conclusion. Firstly, the main point of departure and impetus for Muslim scholars' intensive engagement with Isaiah and the prophecies associated with his name are Qur'anic statements about the religious history of the Israelites. Foremost among these is Sura 17, verses 4–8, which contains revelations that – according to the Qur'an – God had already proclaimed to Moses. The Muslim scholars relate these Qur'anic statements to two events in the history of ancient Israel: (1) the siege of Jerusalem in 701 BCE, during Hezekiah's reign over Judah, and (2) the siege and destruction of Jerusalem in 587 BCE, during the reign of Zedekiah, the last king of Judah. Central to these Muslim reports are certain events from the time of King Hezekiah and the prophet Isaiah. They include the conquest of the northern kingdom, Israel, and the threat posed to the

14 Cf. al-Qarāfī: *al-Ajwiba al-fākhira*, prophecy 31. See also Rubin: *Between Bible and Qur'an*, pp. 16, 45–46.

southern kingdom, Judah and Jerusalem, by the Assyrians in the late 8th century BCE.

Secondly, although Isaiah is not mentioned by name in the Qur'an, both his life and ministry – in addition to the book in the Hebrew Bible that bears his name – are well known to Muslims. The events relating to ancient Israel at the time of Isaiah, along with certain visions from the Book of Isaiah, have been of much interest to Muslim scholars since the early days of Islam. Furthermore, detailed references to the prophet Isaiah and his book and discussions of the statements it contains can be found in Muslim writings on history, Qur'anic exegesis and the tales of pre-Islamic prophets, as well as in a number of apologetic and polemical writings against Christians and Jews.

Remarkable evidence of this comes from detailed accounts by prominent classical scholars such as Tabari, Thaʿlabi and Ibn Kathir. However, the Muslim 'Isaiah stories' included in these works are not Arabic translations of the corresponding biblical texts, but rather relatively free and sometimes creative retellings of them. Particularly typical of these Arabic narratives is their close connection to the relevant Qur'anic statements and the Islamic narrative tradition on the one hand and their familiarity with respective sections from the Bible and the Aggadah on the other. This is evident in the relevant writings of the rationalist theologian Jahiz and the legal scholar Qarafi, but also in the writing of many other medieval Muslim scholars.[15] Interestingly, Muhammad ʿIzzat Ismaʿil al-Tahtawi, a contemporary Egyptian jurist and writer, uses this kind of argument as a scriptural basis for his monograph *Muhammad, the Prophet of Islam, [as found] in the Torah, the New Testament and the Qur'an.*[16]

Thirdly, three components of the biblical Isaiah prophecies are of principal interest for Muslims: Of primary importance are his warnings about the disaster that will result from humankind's arrogance, corruption and lack of faith in God. The motif of 'Isaiah as a warner' is evident above all in Tabari's work. Moreover, there is Isaiah's emphatic plea to put an end to fighting and corruption and to turn instead

15 For other Muslim scholars of interest here, see Günther: Jesaja, ein alttestamentlicher Prophet, pp. 395–426.

16 Muḥammad ʿIzzat Ismāʿīl al-Ṭaḥṭāwī: *Muḥammad, nabī al-Islām fī l-Tawrā wa-l-Injīl wa-l-Qurʾān*, Cairo: Maṭbaʿat al-Taqaddum [1392]/1972.

toward God and hope for eternal salvation. The need to see Isaiah as a 'bringer of hope', in turn, is particularly elaborate in Thaʿlabi's edifying *Tales of the Prophets*.

Yet there is another interesting aspect: While some Muslim historians place 'Isaiah as a victim' in the foreground, it is important to note that other Muslim scholars also present his death as a 'worldly event'. In the Bible, as in Islamic tradition, Isaiah is discovered by his pursuers due to a clue laid by the Devil. But his death itself comes about through human betrayal, for which his fellow humans are entirely responsible. This kind of religious-ethical interpretation of biblical history in general and the three-dimensional interpretation of Isaiah as a warner, a bearer of hope and a victim have for centuries stimulated Muslim debate about trust in God on the one hand and individual human responsibility on the other. Thus, Muslim exegeses of the relevant passages of the Bible and the Qur'an have come to be seen as integral components of humankind's long 'history of salvation', which, from a Muslim viewpoint, peaks and comes to fruition in the Qur'anic scripture and the religion of Islam.

Fourthly, of particular significance for Muslims are also those Isaiah prophecies that tell of a "righteous nation" that will one day enter the gates of Jerusalem. From an Arabic-Islamic perspective, the passages in Isaiah heralding a "righteous man from the east" (see esp. Isaiah 41:2), for example, contain clear references to the appearance of the Arabs on the religious-political world stage on the one hand and to Muhammad, "the righteous prophet from the East", on the other. Furthermore, the Isaiah revelations concerning the "city of salvation", the place where God "will spread a wonderful feast for all the people of the world" as stated in Isaiah, are still today held by Muslims to be biblical references to Mecca, the celebrated spiritual center of Islam.

Finally and quite interesting to note, the two dramatic events that take place at the time of Zedekiah and Hezekiah lose their national Israelite dimension in Muslim writing. In Islam, these events are viewed primarily from a general 'salvation history' perspective. Thus, integrated into the salvation history of Islam, the 'Muslim Isaiah' consequently gains almost universal validity. Indeed, from a Muslim standpoint, the principal significance of the biblical prophet Isaiah and his Book crosses the boundaries between religions. What is more, this development of perceptions and ideas seems to reveal a significant expansion of the role of Isaiah and his message in religious history: a shift in meaning and an increase in significance that not only warrant a continued Muslim interest in Isaiah's prophecies and their lasting reception in Islam but also make them virtually imperative.

Standortbestimmungen:
Moderne jüdische Geschichte

Marsha Rozenblit

Juden, deutsche Kultur und das Dilemma der nationalen Identität

Der Fall Mähren, 1848–1938[1]

Die habsburgisch-österreichische Provinz Mähren stellt aus Sicht des Wissenschaftlers einen wunderbaren Gegenstand für eine Fallstudie über die Bedeutung der deutschen Sprache und Kultur für Juden im späten 19. und frühen 20. Jahrhundert dar. Als Ergebnis des Toleranzpatents des österreichischen Kaisers Joseph II. von 1781, welches von den Juden die Einrichtung deutsch-jüdischer Schulen sowie das Erlernen der deutschen Sprache forderte, hatten die Juden Böhmens und Mährens bis Mitte des 19. Jahrhunderts das Jiddische zugunsten des Deutschen aufgegeben. Für sie stellte die deutsche Sprache ein Symbol ihrer eigenen Modernisierung dar, des Verlassens der Welt der traditionellen jüdischen Gemeinde und des Eintritts in die aufregende Welt der europäischen Kultur. Nach 1867 und der Emanzipation der Juden in Österreich-Ungarn wurde die Zuwendung zur deutschen Sprache und Kultur zusätzlich Ausdruck der tiefen Loyalität der Juden zur habsburgischen Monarchie, zum Zentralstaat, der ihnen die Emanzipation gebracht hatte und ihnen Schutz vor dem Antisemitismus bot, sowie zum zunehmend heißgeliebten Kaiser Franz

1 Dieser Beitrag ist eine gekürzte Übersetzung meines Artikels „Jews, German Culture, and the Dilemma of National Identity. The Case of Moravia", erschienen in *Jewish Social Studies: History, Culture, Society* NF 20,1 (2013), S. 77–120. Er wird hier mit Erlaubnis der Herausgeber der Zeitschrift und des Verlags Indiana University Press abgedruckt.

Joseph.[2] Doch machte das Sprechen der deutschen Sprache, das Lesen deutscher Zeitungen und deutscher Literatur, der Besuch deutscher Schulen und Theater sowie die Stimmabgabe für die Deutschliberale Partei (der man die Emanzipation verdankte) die Juden tatsächlich zu Deutschen? Wurden die Juden Teil der deutschen ‚Nationalität' in Mähren oder anderswo im habsburgischen Österreich? Wurden sie ein Teil des deutschen ‚*Volkes*'? Das Verhältnis zwischen der deutschen Sprache und der deutschen nationalen Identität im habsburgischen Österreich war unklar. Deutsche Nationalisten mochten auf der tiefgehenden Verbindung zwischen Sprache, Ethnizität und Nation bestehen, doch nicht alle deutschsprachigen Bewohner des Landes bejahten diese Verbindung oder verstanden sie überhaupt. Die simple Tatsache, dass die habsburgische Monarchie kein Nationalstaat war, sondern ein übernationaler dynastischer Staat, führte zu der Situation, dass nationale und staatliche Loyalität nicht übereinstimmten. Das habsburgische Österreich bot den Juden daher die Möglichkeit, die deutsche Sprache und Kultur anzunehmen, ohne damit notwendigerweise zur deutschen Nation zu gehören, wie auch immer diese definiert war.

Im dem hier vorliegenden Artikel, der zu einem umfangreicheren Projekt zu den Juden in Mähren während der habsburgischen Monarchie sowie in der Tschechoslowakei während der Zeit zwischen den Weltkriegen gehört, argumentiere ich, dass sich die Juden in Mähren in erster Linie als Juden verstanden, die Deutsch sprachen, und nicht als Deutsche, welche das Judentum praktizierten. Im späten 19. Jahrhundert waren die Juden in Mähren ein Bestandteil der deutschen kulturellen und politischen Gemeinschaft, in der sie sich zu Hause fühlten und die ihnen bis zum Zusammenbruch der Monarchie im Jahre 1918 offenstand. Doch in erster Linie verstanden sie sich als Juden. Dem entsprechend stellten sie so etwas wie eine dritte

2 Zu den Auswirkungen des Toleranzpatents siehe Hillel J. Kieval: *Languages of Community. The Jewish Experience in the Czech Lands.* Berkeley / London: University of California Press 2000, S. 37–64; Ruth Kestenberg-Gladstein: *Neuere Geschichte der Juden in den böhmischen Ländern*, Teil 1: Das Zeitalter der Aufklärung, 1780–1840. Tübingen: Mohr 1969, S. 41–65. Zum Deutschen als Symbol der Loyalität zu den Habsburgern siehe Hillel J. Kieval: *The Making of Czech Jewry: National Conflict and Jewish Society in Bohemia, 1870–1918.* New York / Oxford: Oxford UP 1988, S. 16.

'Volksgruppe' in Mähren dar, diejenige der deutschsprachigen Juden. In der Tschechoslowakei während der Zeit zwischen den Weltkriegen sprachen sie weiterhin Deutsch und nahmen an deutschen kulturellen Aktivitäten teil, doch aufgrund des Niedergangs der deutschen liberalen Parteien wählten sie überhaupt keine deutschen Parteien mehr, sondern bevorzugten stattdessen die neuformierte Jüdische Partei. Mehr noch, da der neu gegründete Staat die Deutschen der Illoyalität verdächtigte, zogen es viele Juden vor, sich als Angehörige der 'jüdischen Nationalität' registrieren zu lassen, eine von der tschechischen politischen Elite akzeptierte Kategorie, mit deren Hilfe sich die Zahl der Deutschen (und Magyaren) in dem neuen Staat verringern ließ. Obwohl sie durchgehend zweisprachig waren – Deutsch und Tschechisch – gaben die Juden lediglich den Gebrauch des Deutschen als einer öffentlich gesprochenen Sprache auf und kappten bis Mitte der 1930er, im Gefolge des Aufstiegs des Nazismus in Deutschland und der Unterstützung der überwältigenden Mehrheit der Deutschsprachigen in der Tschechoslowakei für die mit den Nazis verbündete Sudetendeutsche Partei bei den Wahlen von 1935, lediglich sämtliche Verbindungen zur deutschsprachigen Gemeinschaft.

Bevor der Nazismus jede Loyalität zum Deutschtum unmöglich machte, waren die mährischen Juden allerdings treue Anhänger der deutschen Sprache und Kultur. Schon die gesamte Struktur des jüdischen Lebens in dieser Provinz beförderte eine derartige Loyalität. Für viele Juden, besonders für diejenigen, die in den überwiegend tschechischsprachigen Gebieten Mährens lebten, wurde Deutsch zu einer jüdischen Sprache, einer Sprache, die man zu Hause, in der Familie und der jüdischen Gemeinde sprach. In diesen Gebieten waren Juden häufig die einzigen 'Deutschen', so dass in den Augen ihrer tschechisch sprechenden Nachbarn Juden und Deutsche zu Synonymen wurden. Juden mochten sich nicht als Angehörige irgend eines mythischen deutschen '*Volkes*' sehen, und sicherlich bestritten die radikalen deutschen Nationalisten (die in Mähren keine sonderliche Rolle spielten) den Juden die Möglichkeit einer Zugehörigkeit zum deutschen '*Volk*', doch waren die Juden ein Bestandteil der deutschen Gemeinschaft – sie waren in vielerlei Weise vollständig integriert, gingen aber andererseits in vielerlei Hinsicht getrennte Wege. Sie waren Deutsch-Juden. Ganz offensichtlich waren nationale Kategorien nicht unbedingt so rigide, wie die nationalistischen Aktivisten sich das vorstellten.[3]

Im habsburgischen Mähren

Die jüdische Gemeinschaft in Mähren war klein. Im Jahre 1880 lebten 44.175 Juden in Mähren, die etwa 2 % der insgesamt 2.153.407 Einwohner dieser Provinz ausmachten. In den Jahren vor dem Ersten Weltkrieg verzeichnete diese Gemeinschaft einen demographischen Rückgang, überwiegend aufgrund des Zuzugs nach Wien. Bis 1910 lebten nur noch 41.158 Juden in der Provinz, die 1,6 % von insgesamt 2.566.968 Einwohnern ausmachten.[4] Vor der Revolution von 1848 war Juden die Niederlassung in den ehemaligen freien Reichsstädten Mährens untersagt gewesen. Die Gesetzgebung des 18. Jahrhunderts hatte die Gesamtzahl der jüdischen Bevölkerung auf 5.400 Familien und 52 Städte beschränkt, meist Marktstädte im großenteils tschechischsprachigen Süd- und Zentralmähren. In diesen Städten wohnten die Juden in klar gekennzeichneten Stadtteilen, den so genannten ‚Judenstädten', wo sie nach jüdischem Gesetz lebten, bis die Behörden im 18. Jahrhundert der rechtlichen Autonomie der Juden ein Ende machten. Die Revolution von 1848 bescherte den Juden das Recht auf

3 Zu dem sehr komplizierten Verhältnis der nationalen Identitäten der Deutschen und Tschechen in der Habsburgischen Monarchie sowie zu den Spannungen zwischen den nationalen Aktivisten in beiden Lagern siehe Mark Cornwall: The Struggle on the Czech-German Language Border, 1880–1940. In: *The English Historical Review* 109,433 (1994), S. 914–951; Pieter M. Judson: *Guardians of the Nation. Activists on the Language Frontiers of Imperial Austria*. Cambridge / London: Harvard UP 2006; ders.: *Exclusive Revolutionaries. Liberal Politics, Social Experience, and National Identity in the Austrian Empire, 1848–1914*. Ann Arbor: University of Michigan Press 1996; Gary B. Cohen: *The Politics of Ethnic Survival. Germans in Prague, 1861–1914*. 2., überarb. Aufl. West Lafayette: Purdue UP 2006; Tara Zahra: *Kidnapped Souls. National Indifference and the Battle for Children in the Bohemian Lands, 1900–1948*. Ithaca / London: Cornell UP 2008; Jeremy King: *Budweisers into Czechs and Germans. A Local History of Bohemian Politics, 1848–1948*. Princeton / Woodstock: Princeton UP 2002.

4 *Österreichische Statistik*, Bd. 1,2 (1882), S. 74–79; *Österreichische Statistik* NF, Bd. 1,1 (1912), S. 39*, 54*, 72–78. Die hier und im Folgenden nachgewiesenen Hefte der *Österreichischen Statistik* sind über das von der Österreichischen Nationalbibliothek getragene Projekt „ANNO" zugänglich (siehe http://anno.onb.ac.at/ors.htm bzw. http://anno.onb.ac.at/ost.htm (Zugriff am 10.03.2017)).

Freizügigkeit, und Juden zogen in andere Teile derjenigen tschechischsprachigen Städte, in denen sie wohnten, in deutschsprachige Städte, die ihnen zuvor verschlossen gewesen waren, sowie nach Wien.[5] Die habsburgischen Behörden hätten die ‚Judenstädte' gerne in diejenigen Städte einbezogen, zu denen sie gehörten, doch in vielen Städten legten die örtlichen Behörden Protest ein. Als Ergebnis erhielten die Behörden 27 der ehemaligen ‚Judenstädte' aufrecht (diejenigen, die groß genug waren), die nun ‚politische Israelitengemeinden' hießen. Die Juden waren nicht länger verpflichtet, dort zu leben, und arme Nichtjuden zogen dorthin. Allerdings waren diese ‚politischen Israelitengemeinden' immer noch rechtliche Einheiten, die wie jede andere habsburgische Gemeinde funktionierten: Sie erhoben Steuern, betrieben Schulen, unterhielten Polizei und Feuerwehr, sorgten für die Müllabfuhr. Vor 1890 waren sie auch für die religiösen Belange ihrer jüdischen Bewohner zuständig, doch danach konnten nur noch die israelitischen Kultusgemeinden die religiösen Bedürfnisse von Juden befriedigen. Die politischen jüdischen Gemeinden dauerten fort, bis sie in den frühen Jahren der Republik von der tschechoslowakischen Regierung abgeschafft wurden. Solange sie Bestand hatten, vermittelten sie den Juden das Gefühl, einen abgetrennten jüdischen Raum zu kontrollieren.[6]
Bis zur Jahrhundertwende lebten die meisten Juden nicht mehr in den ‚politischen Israelitengemeinden'. 1900 lebten 7.006 Juden in den 27 politischen jüdischen Gemeinden (oder 15,8 % aller mährischen Juden) und in den Städten, in denen diese Gemeinden bestanden, wohnten weitere 5.551 Juden. 28,4 % aller Juden in Mähren lebten also in solchen Gemeinden bzw. in den Städten, zu denen diese gehörten.[7]

5 Theodor Haas: *Die Juden in Mähren. Darstellung der Rechtsgeschichte und Statistik unter besonderer Berücksichtigung des 19. Jahrhunderts.* Brünn: Jüdischer Buch- und Kunstverlag 1908, S. 7, 10, 12–16.

6 Ebd., S. 23–29, 34–42; Peter Urbanitsch: Die politischen Judengemeinden in Mähren nach 1848 / Židovské politické obce na Moravě po roce 1848. In: Emil Kordiovský (Hrsg.): *Moravští židé v rakousko-uherské monarchii (1780–1918). XXVI. Mikulovské sympozium, 24.–25. října 2000 / Mährische Juden in der österreichisch-ungarischen Monarchie (1780–1918). XXVI. Nikolsburger Symposium, 24.–25. Oktober 2000.* Mikulov: Státní Okresní Archiv Břeclav 2003, S. 39–54; Michael L. Miller: *Rabbis and Revolution: The Jews of Moravia in the Age of Emancipation.* Stanford: Stanford UP 2011, S. 274–286, 305–307, 331–332. Zur Schließung der jüdischen politischen Gemeinden durch die Tschechoslowakei siehe Anm. 10.

7 Haas: *Die Juden in Mähren*, S. 58–64.

Nichtdestotrotz spielten die jüdischen politischen Gemeinden weiterhin eine wichtige mentale Rolle für die Vorstellung der mährischen Juden von sich selbst. Sie stellten ‚jüdische Räume' dar, Orte politischer Kontrolle und politischer Bedeutung. Viele der ‚politischen Israelitengemeinden', besonders Nikolsburg/Mikulov, Boskowitz/Boskovice und Leipnik/Lipník, waren wichtige Zentren der talmudischen Lehre gewesen und berühmt dafür, dass im 18. und 19. Jahrhundert aus ihnen bedeutende Rabbiner hervorgegangen waren.[8] Praktisch alle mährischen Juden kamen aus den ‚politischen Israelitengemeinden' und hatten Verwandte, die weiterhin dort lebten. Obwohl in den jüdischen politischen Gemeinden zunehmend eine große Zahl an Nichtjuden lebte, handelte es sich dennoch um Gebiete mit dichter jüdischer Besiedlung, in denen Juden einen Bevölkerungsanteil von 30–80 % stellten. Die Konzentration von Juden in den jüdischen politischen Gemeinden trug zu der Vorstellung eines jüdischen Territoriums bei. Mehr noch, ein eingeschränktes Wahlrecht führte dazu, dass diese Gemeinden, ihre Gemeinderäte und Erziehungsbehörden von wohlhabenden Juden kontrolliert wurden, und Juden dienten als Bürgermeister, Polizeichefs und als weitere städtische Beamte.[9] Die jüdischen politischen Gemeinden betrieben auch deutschsprachige öffentliche Schulen, die zugleich als jüdische Schulen fungierten, indem sie neben der deutschen Sprache auch grundlegende Kenntnisse des Hebräischen, jüdischer Gebete sowie der Bibel für Kinder vermittelten, die aus den jüdischen politischen Gemeinden sowie allgemein aus den Städten kamen, zu denen diese gehörten. Anders als in Böhmen, wo eine Kombination aus Urbanisierung und Druck seitens tschechischer Nationalisten und der jüdisch-tschechischen Bewegung zum völligen Verschwinden deutsch-jüdischer Volksschulen führte, die als private Konfessionsschulen betrieben worden waren, bestanden in Mähren weiterhin deutsch-jüdische Schulen, bis sie 1919/20 von der

8 Miller: *Rabbis and Revolution*, S. 11–98.

9 Diese politische Kontrolle seitens der Juden geht aus den Protokollen der politischen Israelitengemeinden hervor, die während des Zweiten Weltkriegs von den Nazis beschlagnahmt wurden und sich heute in den Archiven des Jüdischen Museums Prag, Tschechische Republik (JMP) befinden. Siehe z. B. „Lipník", Akte 18313, Ausschusssitzungen der isr. Gemeinde Leipnik, 1910–1919. JMP.

tschechoslowakischen Regierung geschlossen wurden, als diese praktisch alle jüdischen politischen Gemeinden abschafften.[10]

Die ‚politischen Israelitengemeinden' spielten auch eine wichtige politische Rolle, indem sie bei Juden und Nichtjuden den Eindruck erweckten, Juden seien mit ihrer Stimmenstärke in der Lage, das Wahlergebnis zu beeinflussen. Diejenigen Einwohner, die entsprechende Steuerzahlungen leisteten, wählten als Bewohner eigenständiger Gemeinden innerhalb der städtischen Kurie (Stadtbewohner, die eine vorgegebene Anzahl an Abgeordneten der Parlamente und Provinziallandtage wählten) und verfügten daher über größeren politischen Einfluss – bzw. erweckten zumindest diesen Anschein –, als sie gehabt hätten, wenn sie einfach in denjenigen größeren Städten oder kleineren ländlichen Gemeinden zur Wahl gegangen wären, in denen sie wohnten. Letztere entsandten proportional weniger Abgeordnete in Parlamente und Landtage. Besonders tschechische Nationalisten hassten die jüdischen politischen Gemeinden, deren Wähler, wie sie behaupteten, häufig den Ausschlag zugunsten der deutschen Liberalen gaben. Hätten diese Juden einfach in den überwiegend tschechischsprachigen Städten oder ländlichen Gebieten gewählt, in denen sie wohnten, hätten ihrer Ansicht nach tschechische Politiker den Sieg davongetragen. Trotz der Tatsache, dass die Anzahl der Juden in den meisten Orten zu klein war, um deutschen Liberalen den Sieg zu sichern, herrschte die allgemeine Annahme vor, dass die jüdischen politischen Gemeinden die Wahlen weitaus mehr beeinflussten, als es der Zahl ihrer Wähler entsprach.[11]

10 Theodor Haas: Die Verteilung der jüdischen Bevölkerung in Mähren und Schlesien. In: *Jüdische Volksstimme*, 23.04.1925, S. 3–4; ders.: Statistische Betrachtungen über die jüdische Bevölkerung Mährens in Vergangenheit und Gegenwart. In: Hugo Gold (Hrsg.): *Die Juden und Judengemeinden Mährens in Vergangenheit und Gegenwart. Ein Sammelwerk*. Brünn: Jüdischer Buch- und Kunstverlag 1929, S. 591–597, hier S. 595–596. 1919–1920 löste die Tschechoslowakei 25 der 27 jüdischen politischen Gemeinden sowie 1925 die beiden übrig gebliebenen (Trebitsch/Třebíč und Misslitz/Miroslava) auf. Zur Schließung der deutsch-jüdischen Schulen in Böhmen siehe Kieval: *The Making of Czech Jewry*, S. 50–55. Zur Bedeutung der deutsch-jüdischen Schulen in Mähren siehe Marsha L. Rozenblit: Creating Jewish Space: German-Jewish Schools in Moravia. In: *Austrian History Yearbook* 44 (2013), S. 108–147.

11 Haas: *Die Juden in Mähren*, S. 32–34, 54; Michael L. Miller: Reluctant Kingmakers, Moravian Jewish Politics in Late Imperial Austria. In: *Jewish Studies at the Central European University* 3 (2004), S. 111–124; ders.: *Rabbis and Revolution*, S. 333–338.

In vielerlei Weise repräsentierten diejenigen Juden, die in den ‚politischen Israelitengemeinden' lebten, die eigentlichen mährischen Juden, zumindest in der Vorstellung anderer Juden in Mähren. In seinen in Jerusalem verfassten Memoiren aus dem Jahr 1938 brachte der zionistische Aktivist Hugo Herrmann, der in Mährisch Trübau/Moravská Třebová, einer kleinen Industriestadt im deutschsprachigen Nordmähren, in der nur wenige Juden wohnten, aufgewachsen war, seine Bewunderung für diejenigen Juden zum Ausdruck, „die in den süd- und mittelmährischen Gemeinden, ‚Khilles', aufgewachsen waren."[12] Da er das hebräische/jiddische Wort für die traditionelle jüdische Gemeinde – „Khilles" – gebrauchte, bezog Herrmann sich mit Sicherheit auf die politischen jüdischen Gemeinden. Er stellte fest, dass „diese Söhne der mährischen Landgemeinden rege beflissen [waren], ihr Judentum zu betonen, auch aggressiv."[13] Ihr Umfeld war tschechisch, und sie alle sprachen Tschechisch neben dem Deutschen, ihrer Muttersprache, doch entsprachen sie nicht den Juden in Böhmen. Sie waren nicht über ländliche Gemeinden verstreut, sondern lebten in richtigen Städten und hatten das Gefühl, etwas Besonderes darzustellen.[14] Die zionistische Presse in Mähren glorifizierte ebenfalls die politischen jüdischen Gemeinden als autonome jüdische Räume, selbst wenn dies technisch gesehen nicht zutreffend war.[15] Der mährische Zionist Egon Zweig, der 1930 in Jerusalem schrieb, erzählte von seinem Besuch einer zionistischen Versammlung in der „souveränen"[16] politischen jüdischen Gemeinde in Prossnitz/Prostějov im Jahr 1901. Diese Gemeinde vermittelte jungen Zionisten „einen Schimmer von Ehre, einen matten Abglanz einstiger jüdischer Unabhängigkeit."[17] Die ‚politischen Israelitengemeinden' wie auch die Juden in Mähren allgemein waren deutschsprachig. Die Archive der politischen jüdischen Gemeinden sowie der israelitischen Kultusgemeinden, die von den Nazis beschlagnahmt wurden und jetzt im Bestand des

12 Hugo Herrmann: *In jenen Tagen. Erste Hälfte*. Jerusalem: Selbstverlag 1938, S. 372.

13 Ebd., S. 373.

14 Ebd.

15 Siehe z. B. *Jüdische Volksstimme*, 01.12.1906, S. 2–3.

16 Egon M. Zweig: Ein Tag aus dem Leben der „Geulla". In: Hugo Gold (Hrsg.): *Hickls illustrierter jüdischer Volkskalender für das Jahr 5691–1930/31*. Brünn: Jüdischer Buch- und Kunstverlag 1930, S. 103–108, hier S. 105.

17 Ebd.

Jüdischen Museums in Prag zu finden sind, zeigen, dass sämtliche Versammlungen, Protokolle und Korrespondenzen deutschsprachig waren.[18] Auch die von diesen Gemeinden betriebenen Schulen waren deutschsprachig.

Der klarste Hinweis auf diese Bevorzugung der deutschen Sprache ist die Tatsache, dass in allen österreichischen Volkszählungen zwischen 1880 und 1910 mehr als drei Viertel aller in Mähren lebenden Juden die Umgangssprache Deutsch angaben. Bei der Volkszählung von 1900 gaben 71,4 % der gesamten Einwohnerschaft Mährens an, ihre Umgangssprache sei Tschechisch, 27,9 % gaben Deutsch an und 6,4 % Polnisch. Im Unterschied dazu gaben 77,4 % der gesamten jüdischen Einwohnerschaft Deutsch als ihre Umgangssprache an und nur 15,3 % Tschechisch. Wenn man ausländische Juden herausrechnet, ergibt die Statistik 83,2 % respektive 16,5 %.[19] 1910 ergab sich dasselbe Bild.[20] Diese Bevorzugung der deutschen Sprache unterscheidet sich stark von der Situation in Böhmen. In dieser Provinz gaben 1890 zwei Drittel der gesamten jüdischen Einwohner Deutsch als ihre Umgangssprache an, doch zehn Jahre später, bei der Volkszählung von 1900, gaben nur noch 45 % Prozent Deutsch als ihre Sprache des täglichen Gebrauchs an, und 55 % gaben Tschechisch an. Ob die böhmischen Juden sich nun dem Tschechischen aus Gründen politischer Opportunität zuwandten, angesichts der Erkenntnis der wachsenden Stärke und politischen Bedeutung der tschechischen Nationalbewegung oder aufgrund eines echten Zugehörigkeitsgefühl zur tschechischen nationalen Gemeinschaft, in jedem Fall nutzten sie die Gelegenheit der zehnjährlichen Volkszählungen, um ihre Haltung zum Ausdruck zu bringen.[21] Die mährischen Juden allerdings, die

18 Siehe z. B. die Protokolle der ‚politischen Israelitengemeinden' von Leipnik/Lipník, Prerau/Přerov und Prossnitz/Prostějov sowie die Protokolle der Israelitischen Kultusgemeinden dieser Städte sowie in Mährisch Ostrau/Moravská Ostrava und Olmütz/Olomouc im JMP.

19 *Österreichische Statistik*, Bd. 63,1 (1902), S. CIV–CV; *Österreichische Statistik*, Bd. 63,3 (1903), S. XXXVII–XXXVIII, 178.

20 *Österreichische Statistik* NF, Bd. 1,1 (1912), S. 59*, 72–78; *Österreichische Statistik* NF, Bd. 1,2 (1914), S. 54–55.

21 Kieval: *The Making of Czech Jewry*, S. 61; Gary B. Cohen: Jews in German Society. Prague, 1860–1914. In: *Central European History* 10,1 (1977), S. 28–54; Markéta Weiglová: Jews as a Barometer of the National Struggle in Bohemia and Moravia, 1890–1910. In: *Judaica Bohemiae* 43 (2007–2008), S. 93–119, hier S. 114.

sich denselben politischen Umständen ausgesetzt sahen, änderten ihre öffentlich geäußerte sprachliche Zugehörigkeit nicht, eine Zugehörigkeit, von der die nationalistischen Aktivisten behaupteten, dass sie die nationale Zugehörigkeit demonstriere. Sicherlich, Statistiken über die Umgangssprache sind hoch problematisch. Sie berücksichtigen nicht die Realität der Zweisprachigkeit oder die Tatsache, dass man unter Umständen dem Druck von Arbeitgebern, Nachbarn und Politikern nachgibt, die ‚richtige' Antwort zu geben. In jedem Fall nutzten sowohl tschechische als auch deutsche nationalistische Aktivisten in den böhmischen Landen die Sprachstatistiken für ihre jeweilige politische Agitation, als eine Waffe gegen ihre angeblichen Feinde, um die Territorien abzustecken, für sich zu fordern oder zu bewahren, die sie als die ihren ansahen.[22] Die Tatsache, dass die mährischen Juden, von denen die meisten in tschechischsprachigen Gebieten lebten, sich weiterhin als deutschsprachig registrieren ließen, ist ein Anzeichen für ihre tiefverwurzelte Anhänglichkeit an die deutsche Sprache und Kultur bzw. bringt die Realität zum Ausdruck, dass sie Deutsch sprachen und das Gefühl hatten, der deutschen kulturellen Gemeinschaft anzugehören.

Es waren die jüdischen Siedlungsmuster, die in Mähren sowohl die Loyalität zum Deutschen als auch die ‚jüdische kulturelle Eigenart' aufrechterhielten. Das mährische Judentum lässt sich in drei Gruppen einteilen: Juden in den größeren Städten mit deutschsprachiger Mehrheit oder Bevölkerungspluralität; Juden in den Marktstädten des mehrheitlich Tschechisch sprechenden Süd- und Zentralmähren einschließlich der jüdischen politischen Gemeinden dort, sowie Juden, die in den Städten des überwiegend deutschsprachigen Nordmähren lebten. Alle drei jüdischen Gruppen gaben bei den Volkszählungen Deutsch als ihre bevorzugte Umgangssprache an. Vier Städte in Mähren – Brünn/Brno, Iglau/Jihlava, Olmütz/Olomouc und Znaim/Znojmo – waren mehrheitlich deutschsprachig. Zwei Drittel der Bevölkerung von Brünn/Brno und Olmütz/Olomouc sowie mehr als 80 % der Bewohner von Iglau/Jihlava und Znaim/

22 Zum Problem der Statistiken zur Umgangssprache siehe Judson: *Exclusive Revolutionaries*, S. 203–205; King: *Budweisers into Czechs and Germans*, S. 57–60; Emil Brix: *Die Umgangssprachen in Altösterreich zwischen Agitation und Assimilation: Die Sprachenstatistik in den zisleithanischen Volkszählungen 1880–1910*. Wien / Köln / Graz: Böhlau 1982.

Znojmo gaben in sämtlichen österreichischen Volkszählungen vor dem Ersten Weltkrieg Deutsch als ihre bevorzugte Sprache an.[23] Es war nur natürlich, dass die Juden – deutschsprachig seit dem frühen 19. Jahrhundert – in den großenteils deutschsprachigen Städten, die als deutsche ‚Sprachinseln' bezeichnet wurden, da ihr jeweiliges Hinterland mehrheitlich Tschechisch sprach, das Deutsche bevorzugten. Sämtliche jüdische Gemeinden in diesen Städten waren neu, gegründet in den 1850ern und 1860ern von Juden, die vor 1848 ausgeschlossen gewesen waren.[24] Die jüdische Bevölkerung von Brünn/Brno, der Provinzhauptstadt und Zentrum der Wollindustrie, wuchs von 5.498 Einwohnern im Jahr 1880 auf 8.945 im Jahr 1910, als dort etwa 7 % der Gesamtbevölkerung von 125.737 Menschen lebten. 1910 lebten in Olmütz/Olomouc 1.679 Juden, die 7,5 % der Gesamtbevölkerung von 22.245 Menschen ausmachten, in Iglau/Jihlava lebten 1.304 Juden, 5,5 % von 25.914, und in Znaim/Znoymo lebten 771 Juden (4 % der Gesamtbevölkerung von 18.825).[25] Darüber hinaus gründeten Juden eine bedeutende jüdische Gemeinde in Mährisch Ostrau/Moravská Ostrava, einem blühenden Kohle- und Stahlzentrum an der schlesischen Grenze in Ost-Mähren. 1900 wohnten 3.272 Juden in dieser jüdischen Gemeinde, sie hatten einen Anteil von 10,9 % an der Gesamtbevölkerung von 30.116 Menschen. In dieser Stadt gab es keine deutsche Mehrheit, allerdings wurden Politik und Wirtschaft von deutschsprachigen Einwohnern dominiert, die etwa ein Drittel der Bevölkerung ausmachten. Bei der Volkszählung von 1900 gaben 33,4 % der Bevölkerung Deutsch als Umgangssprache an, 42,4 % Tschechisch und 20,8 % Polnisch.[26] Wie auch in den anderen

23 *Österreichische Statistik*, Bd. 1,2 (1882), S. 80–83; *Österreichische Statistik*, Bd. 32,1 (1892), S. LXII–LXIII, 158–161; *Österreichische Statistik*, Bd. 63,1 (1902), S. CIV, 29–33; *Österreichische Statistik* NF, Bd. 1,1 (1912), S. 72–78. Zur Vermeidung einer unangemessenen Bevorzugung einer der beiden Sprachen werden in diesem Beitrag für alle Städte in Mähren und Böhmen sowohl die deutschen als auch die tschechischen Namen verwendet.

24 Haas: *Die Juden in Mähren*, S. 58–64.

25 *Österreichische Statistik*, Bd., 1,2 (1882), S. 74–75; *Österreichische Statistik* NF, Bd. 1,1 (1912), S. 19–21, 72–78.

26 K. K. Statistische Zentralkommission (Hrsg.): *Gemeindelexikon der im Reichsrate vertretenen Königreiche und Länder, bearbeitet auf Grund der Ergebnisse der Volkszählung vom 31. December 1900*, Bd. 10: Gemeindelexikon von Mähren. Wien: K. K. Hof- und Staatsdruckerei 1906, S. 122.

Städten sprachen hier die Juden Deutsch sowohl im Alltag als auch in allen Bereichen jüdischen Lebens.

Es überrascht daher nicht, dass die wenigen Juden, die im großenteils deutschsprachigen Norden der Provinz lebten, in erster Linie Deutsch sprachen. Genauso wenig überraschend ist die Tatsache, dass diejenigen Juden, die in großenteils deutschsprachigen Distrikten unmittelbar an der Grenze zu Niederösterreich lebten, ebenso das Deutsche bevorzugten.[27]

Der interessanteste Punkt ist das Ausmaß, in dem mährische Juden, die in großenteils tschechischsprachigen Verwaltungsbezirken sowie kleineren und größeren tschechischsprachigen Städten wohnten, weiterhin Deutsch sprachen. Es mag sehr wohl sein, dass es in diesen Distrikten nur oder zumindest überwiegend die Juden waren, die Deutsch als ihre bevorzugte Sprache angaben. Leider bezogen die veröffentlichten Daten der österreichischen Volkszählungen auf der lokalen Ebene Sprache und Religion nicht aufeinander. Dennoch lassen die veröffentlichten Statistiken Schlussfolgerungen zu. Einige wenige Beispiele mögen genügen. 1900 waren 94,8 % der Bevölkerung von Prossnitz/Prostějov tschechischsprachig wie auch 49,3 % der Bevölkerung der dortigen jüdischen politischen Gemeinde. In der Stadt Prossnitz/Prostějov sowie der dortigen jüdischen politischen Gemeinde lebten insgesamt 1.553 Juden und 1.660 Deutschsprachige. Während möglicherweise nicht alle Juden die deutsche Sprache angaben, ist doch davon auszugehen, dass ein großer Prozentsatz aller Deutschsprachigen Juden waren. Dasselbe gilt für die gesamte Bezirkshauptmannschaft Prossnitz, die 1900 zu 97,3 % tschechischsprachig war. In diesem Jahr lebten im selben Distrikt 1.838 Deutschsprachige und 1.565 Juden, die praktisch alle in der Stadt bzw. der jüdischen politischen Gemeinde lebten. Es mag sehr wohl sein, dass fast alle, die Deutsch als ihre Umgangssprache angaben, Juden aus Prossnitz/Prostějov waren. Ganz ähnlich gaben im Jahr 1900 95,5 % der Einwohner von Trebitsch/Třebíč an, dass ihre Umgangssprache Tschechisch sei, was auch für 70,9 % der Bewohner der jüdischen politischen Gemeinde galt. In diesem Jahr gab es insgesamt 663 Juden in der Stadt sowie der jüdischen politischen Gemeinde sowie 856 Deutschsprachige. Selbst wenn nicht

27 *Österreichische Statistik*, Bd. 63,1 (1902), S. CIV–CV, 98–105.

alle Deutschsprachigen Juden waren, gab es mit Sicherheit eine signifikante Überlappung beider Gruppen. In der gesamten Bezirkshauptmannschaft von Trebitsch, die zu 98 % tschechischsprachig war, lebten 823 Juden und 1.042 Deutschsprachige. Zweifellos stellten die Juden einen äußerst hohen Prozentsatz der Deutschsprachigen in diesem Distrikt. Dasselbe galt für Holleschau/Holešov, das zu 98,7 % tschechischsprachig war. Dort lebten 966 Juden, von denen 695 in Holleschau/Holešov bzw. in dessen jüdischer politischer Gemeinde ansässig waren, sowie 904 Deutsche, von denen 748 in der Stadt bzw. der jüdischen politischen Gemeinde wohnten. Selbst dort, dem Schauplatz antijüdischer tschechisch-nationalistischer Krawalle im Jahr 1899, gaben bei der Volkszählung die meisten Juden unzweifelhaft Deutsch als ihre bevorzugte Sprache an.[28] Natürlich gab es selbst im großenteils tschechischsprachigen Zentral- und Südmähren einschließlich Mährisch Weisskirchen und der Region um die Stadt Brünn/Brno einige Bezirkshauptmannschaften, die sprachlich gemischt waren und in denen viele nicht-jüdische Deutschsprachige lebten.[29]

Manche Wissenschaftler haben argumentiert, dass die anhaltende Zuneigung der mährischen Juden zur deutschen Sprache das Ergebnis des fortdauernden Bestehens der jüdischen politischen Gemeinden gewesen sei.[30] Die oben angegebenen geographischen Profile lassen

28 Ebd.; K. K. Statistische Zentralkommission (Hrsg.): *Gemeindelexikon der im Reichsrate vertretenen Königreiche und Länder*, Bd. 10, S. 78, 194, 220. Zu den tschechisch-nationalistischen und antijüdischen Krawallen in Mähren im Jahr 1899 siehe Helena Krejčová / Alena Míšková: Anmerkungen zur Frage des Antisemitismus in den Böhmischen Ländern Ende des 19. Jahrhunderts. In: Jörg K. Hoensch / Stanislav Biman / Ľudbomír Lipták (Hrsg.): *Judenemanzipation – Antisemitismus – Verfolgung in Deutschland, Österreich-Ungarn, den Böhmischen Ländern und in der Slowakei*. Essen: Klartext 1999, S. 55–62; dies.: Die antijüdischen bzw. antideutschen Kundgebungen und Demonstrationen in Böhmen und Mähren (1899). In: Ebd., S. 63–84.

29 *Österreichische Statistik*, Bd. 63,1 (1902), S. CIV–CV, 98–105; K. K. Statistische Zentralkommission (Hrsg.): *Gemeindelexikon der im Reichsrate vertretenen Königreiche und Länder*, Bd. 10, S. 32, 144–145.

30 Kateřina Čapková: *Czechs, Germans, Jews? National Identity and the Jews of Bohemia*, aus d. Tschech. v. Derek Paton / Marzia Paton. New York / Oxford: Berghahn 2012, S. 22, 140; Hillel J. Kieval: Negotiating Czechoslovakia. The Challenges of Jewish Citizenship in a Multiethnic Nation-State. In: Richard I. Cohen / Jonathan Frankel / Stefani Hoffman (Hrsg.): *Insiders and Outsiders. Dilemmas of East European Jewry*. Portland / Oxford: The Littman Library of Jewish Civilization 2010, S. 103–119, hier S. 105.

erkennen, dass, wenn auch die ‚politischen Israelitengemeinden' es vielen Juden in überwiegend tschechischsprachigen Regionen ermöglichten, ihre Loyalität zur deutschen Sprache aufrechtzuerhalten, dies nicht die einzige Ursache war. Eine der Hinterlassenschaften der jüdischen politischen Gemeinden war, dass Deutsch zu einer jüdischen Sprache wurde, so dass Juden sie weiterhin sprachen, wenn sie in die Städte des tschechischsprachigen Zentral- und Südmähren zogen. Mehr noch, viele Juden zogen aus den ‚politischen Israelitengemeinden' in Städte, in denen die Mehrheit der Bevölkerung, besonders das Bürgertum, Deutsch sprach. Dementsprechend lebte, anders als in Böhmen, ein großer Prozentsatz der mährischen Juden in einer deutschsprachigen Umgebung.
Die Loyalität zur deutschen Sprache ist in den Erinnerungen der Juden aus Mähren tief verwurzelt. Als der 76-jährige Arthur Hanak 1991 aus Israel an den österreichischen Historiker Albert Lichtblau schrieb, der zu dieser Zeit Memoiren österreichischer Juden sammelte, stellte er fest:

> Ich selbst bin weder Deutscher noch Österreicher, wurde in Olomouc/Olmütz geboren. Ich bin in dem deutschen Kulturkreis erwachsen. Das Interesse meiner Familie tangiert eher nach Wien als nach Prag und 3 meiner Grossonkel sind im I. Weltkrieg gefallen.[31]

In vielerlei Weise stellt Hanaks prägnanter Kommentar eine Zusammenfassung der Haltung einer großen Anzahl mährischer Juden dar. Sie hielten Abstand von Prag, einer schönen, aber tschechischen Stadt. Stattdessen bestand eine Verbindung nach Wien, der habsburgischen Hauptstadt. Im Ersten Weltkrieg reichte ihre Loyalität zum habsburgischen Österreich bis in den Tod. Joseph Wechsberg, der 1907 in Mährisch Ostrau/Moravská Ostrava in eine Mittelschichtfamilie geboren wurde und dessen Vater 1914 im Krieg fiel, erinnert sich in seinen Memoiren daran, dass die Juden in der Stadt Deutsch sprachen und mit Selbstverständlichkeit deutsche Kultureinrichtungen besuchten, sich allerdings als deutschsprachige

31 Arthur Hanak an Albert Lichtblau, 31.12.1991. Außerdem Arthur Hanak: Die zwei Kriege des Arthur Hanak. Unveröffentlichte Memoiren, Tel Aviv 1990. Beide in: Leo Baeck Institute (LBI), New York, ME 857. MMII 10.

Juden sahen, nicht als Deutsche oder Tschechen. Dementsprechend besuchte er, obwohl seine Familie jüdische Rituale nur in geringem Umfang beachtete, eine deutsch-jüdische Volksschule, die von der jüdischen Gemeinde betrieben wurde. Alles in allem „schickten tschechische Eltern ihre Kinder auf die tschechische Schule, deutsche Eltern ihre auf die deutsche Schule, und jüdische Eltern schickten ihre Kinder auf die jüdische Schule."[32] In seinen Memoiren unterteilt er die Bevölkerung seiner Heimatstadt regelmäßig in drei Gruppen: Tschechen, die er als „Habenichtse" bezeichnet, Deutsche, die „Besitz" hatten, sowie Juden, die „beinahe Besitz" hatten.[33] Wie die meisten Juden in der Stadt fühlte sich auch seine Mutter von Wien und dessen kulturellem Glanz angezogen, sie war häufig in der Stadt, um ihre Tante Bertha in der Mariahilfer Straße zu besuchen, um die Kutsche des Kaisers auf ihrem Weg nach Schönbrunn vorbeifahren zu sehen, um das Burgtheater zu besuchen und in den eleganten Läden einzukaufen. Der Gedanke an Wien „half ihr, die Wirklichkeit des Lebens in einer Provinzstadt zu ertragen."[34] Für die Juden Mährens war Wien weniger eine deutsche Stadt als ein kosmopolitischer Ort der Kultur, der Mode, der wirtschaftlichen Möglichkeiten sowie vor allem das Zentrum des Reiches.

Aus den Memoiren von Juden aus Mähren ergibt sich, dass sie beinahe ausschließlich Deutsch als erste Sprache nutzten, auch wenn sie daneben tschechische Sprachkenntnisse besaßen. Antoinette Kahler, die Tochter eines Wollfabrikanten, die in den 1860ern und 1870ern in Brünn/Brno aufwuchs, nahm die Tatsache, dass sie Deutsch sprach, als etwas Selbstverständliches und erwähnte kaum, dass die Sprache, die sie sprach, eine ihr anerzogene Sprache war. Ganz offensichtlich war sie der Meinung, dass diese dem Tschechischen überlegen war. Als sie ihre Schwester besuchte, die den Besitzer einer Bekleidungsfabrik im tschechischsprachigen Prossnitz/Prostějov geheiratet hatte, beklagte sie diese schlammige, unschöne Stadt sowie besonders ihre „feindselige, fremdsprachige Atmosphaere."[35] Auch sie war regelmäßig

32 Joseph Wechsberg: *The Vienna I Knew. Memories of a European Childhood.* Garden City: Doubleday 1979, S. 81.

33 Ebd., S. 84.

34 Ebd., S. 67; siehe auch ebd., S. 25, 47–50, 54.

35 Antoinette Kahler: Kinderjahre. Unveröffentlichte Memoiren. LBI, New York, ME 778. MM115, S. 59.

in Wien, meist zu Einkäufen und um Kleider in Auftrag zu geben. Der Architekt Norbert Troller, 1896 in Brünn/Brno geboren und Sohn eines Hutfabrikanten, stellte in seinen Memoiren aus den 1970ern fest: „Die Juden sprachen meist beide Landessprachen, deutsch bevorzugt. Das jüdische wachsende Bürgertum sog die deutsche Kultur begierig auf. Manche zaehlten sich stolz als deutsche Kulturträger."[36] Seine Eltern, die beide Sprachen fließend beherrschten, sprachen mit den Hausangestellten Tschechisch und in der Familie Deutsch.[37] Friedrich Bill, der in den 1890ern in Prossnitz/Prostějov geboren wurde, aber in Brünn/Brno aufwuchs, gab ebenfalls an: „Die tausenden Juden gehörten, mit geringen Ausnahmen, zur deutschen Kulturgemeinschaft, die sie oft mit grossen Geldopfern und voll Eifer aufrechterhielten."[38] Arnold Hindls aus Leipnik/Lipník erinnert sich in seinen Memoiren, dass ein Jude aus der Stadt, der seine Kinder auf die tschechischsprachige Schule schickte, aus der Synagoge ausgewiesen wurde. Er besuchte selbstverständlich die deutsch-jüdische Volkschule, die deutsche Realschule sowie die deutsche Technische Hochschule in Brünn/Brno (sowie später in Wien).[39]
Für die mährischen Juden waren die deutsche Sprache und Kultur unmittelbar mit ihren eigenen Modernisierungsbestrebungen verknüpft, weswegen beide eine wichtige Quelle ihres Stolzes darstellten. Ignaz Briess, der 1833 in Prerau/Přerov geboren wurde, erinnert sich 1911 in seinen Memoiren, dass sein frommer Großvater „ein eminentes jüdisches und deutsches Wissen besaß."[40] Sein Vater studierte mehrere Jahre an der Jeschiwa des Rabbis Moses Schreiber in Pressburg/Poszony (heute Bratislava), doch hatte er sich selbst

36 Norbert Troller: Meine Erinnerungen: Fruehe Jugend bis zum Tode meines Vaters (1900–1908), 1977–1979. LBI, New York, Norbert Troller Collection, AR 7268, 1/4 (MF 500, Reel 1), S. 6.

37 Ebd., S. 7.

38 Friedrich Bill: Kuriose Biographie. Von Franz Josephs und meiner Geburt bis zum Tode Mitteleuropas. Unveröffentlichte Memoiren, 1954. LBI, New York, ME 754. MM95, S. 8.

39 Arnold Hindls: Erinnerungen aus meinem Leben. Unveröffentlichte Memoiren, 1966. LBI, New York, ME 296. MM35, S. 2–3.

40 Ignaz Briess: *Schilderungen aus dem Prerauer Ghettoleben vom Jahre 1838 bis 1848 mit Streiflichtern bis in die Gegenwart und Jugenderinnerungen eines Achtundsiebzigjährigen*. 2., völlig umgearb. u. erw. Aufl. Brünn: Jüdischer Buch- und Kunstverlag 1912, S. 21.

„profanes deutsches Wissen“[41] angeeignet, obwohl derartige Kenntnisse an der Hatam Sofer Jeschiwa ein Tabu darstellten. Nach seiner Hochzeit widmete der ältere Briess, ein Getreidehändler aus Prerau/Přerov, seine Freizeit Schiller, Goethe, Shakespeare, Mendelssohn, Maimonides, Spinoza und Kant.[42] Briess' Mutter, eine fromme und tugendhafte Hausfrau, war „eine eifrige Leserin moderner belletristischer Schriftsteller.“[43] Briess selber besuchte sowohl die deutsch-jüdische Schule in Prerau/Přerov, an der zu seiner Zeit nur weltliche Fächer unterrichtet wurden, sowie die traditionelle jüdische Schule, den Cheder. Zusätzlich hatte er noch einen Hauslehrer für den Talmud.[44] Bei seiner Bar Mitzwa im Jahr 1846 trug er eine traditionelle Droscha, einen gelehrten Diskurs, vor sowie eine „deutsche Predigt“[45]. Während der Zeremonie trugen seine Eltern moderne Kleidung, seine Großeltern allerdings „noch die altgewohnte jüdische Feiertagstracht“, die für seinen Großvater aus einem breiten, weißen Halstuch, einem langen schwarzen Mantel und einem runden Hut bestand, einem „Breitel“[46]. Später studierte Briess den Talmud an der Jeschiwa im nahegelegenen Leipnik/Lipník und erhielt Privatunterricht in den Fächern, die an der Realschule unterrichtet wurden.[47]

Briess wuchs in einer ‚jüdischen Stadt‘ auf, in der sehr viele Juden wohnten. Trotz der Tatsache, dass er aus einer Stadt im deutschsprachigen Nordmähren stammte, in der es beinahe keine Juden gab, war Hugo Herrmanns Verhältnis zur deutschen bzw. tschechischen Sprache ganz ähnlich. Herrmann, später Mitglied des zionistischen Kreises in Prag, wurde 1887 in Mährisch Trübau/Moravská Třebová geboren, einer Stadt mit 7.700 Einwohnern, einschließlich 100 Juden, wo die Familie seines Vaters vom örtlichen Aristokraten das Recht zur Herstellung und zum Verkauf von Branntwein und anderen Spirituosen gepachtet hatte. Sein Vater hatte einige Jahre das deutsche Gymnasium besucht und war ein begeistertes Mitglied des deutschen Turnvereins. Seine Mutter war in Iglau/Jihlava aufgewachsen, einer der so

41 Ebd., S. 24.
42 Ebd., S. 25.
43 Ebd., S. 36–37.
44 Ebd., S. 41–43, 45, 48.
45 Ebd., S. 80.
46 Ebd., S. 80–81.
47 Ebd., S. 82–86.

genannten deutschen ‚Sprachinseln' in Südmähren, und ihre Familie – wie auch diejenige von Herrmanns Vater – stammte ursprünglich aus Böhmen, doch sie sprach kaum Tschechisch. Deutsch war die Familiensprache, doch Herrmann wie auch sein Vater und seine Geschwister beherrschten auch Tschechisch, anders als die meisten nicht-jüdischen Deutschsprachigen in der Region. Er hatte es als Kind von den Hausangestellten gelernt und verbesserte seine Kenntnisse während seiner sommerlichen Besuche bei seinen Verwandten in Jičin in Böhmen. Er las tschechische Literatur zu seinem Vergnügen und übersetzte sogar einige Autoren ins Deutsche. Auch besuchte er regelmäßig die tschechische Oper. Allerdings gab er zu, dass er sich bei einem Besuch beim Bruder seines Vaters in Chotzen in Böhmen unwohl fühlte, da dort alle „ausschließlich čechisch"[48] sprachen. In Herrmanns Familie reichten ordentliche Deutschkenntnisse sowie das Lesen der deutschen Klassiker mehrere Generationen weit zurück. Sein Urgroßvater schrieb deutsch in hebräischen Schriftzeichen. Sein Großvater, der stolz darauf war, ein Liberaler zu sein, sprach und schrieb korrektes Deutsch, liebte die deutschen Klassiker, besonders Heine, und war Abonnent der *Neuen Freien Presse* aus Wien. Die Familie sprach auch Tschechisch als eine innerfamiliäre Geheimsprache. Herrmann schrieb die positive Haltung seiner Familie zum Tschechischen dem Glauben seines Großvaters an die Gleichwertigkeit beider Sprachen zu, seinem 1848er-Liberalismus sowie dem Ursprung seiner Familie aus Böhmen.[49]

Hugo Hermanns Verhältnis zum Deutschen war dasselbe wie bei Ignaz Briess, doch sein Verhältnis zu anderen Deutschsprachigen war weitaus problematischer. Bevor er nach Olmütz/Olomouc zog, hatte Briess vermutlich kaum einen nicht-jüdischen Deutschsprachigen gekannt, doch Herrmann fühlte sich vollkommen fremd gegenüber den deutschsprachigen Nichtjuden in seiner geliebten Heimatstadt. In gewisser Weise rührte seine Entfremdung von seiner zionistischen Sehnsucht her, die Juden als ein eigenes ‚Volk' zu sehen, doch war sie ebenso ein Ergebnis der Tatsache, dass er an einem Ort aufgewachsen war, an dem es nur wenige Juden gab, dafür aber viele, die den

48 Herrmann: *In jenen Tagen*, S. 110.

49 Für den gesamten Absatz vgl. ebd., S. 34, 41–42, 51, 110, 124–125, 189–193, 353–362.

radikalen deutschen Nationalisten Karl Hermann Wolf bewunderten. In der deutschen Volksschule, die er besuchte, wurde er, der einzige Jude der Klasse, von den Kindern verspottet. Schlimmer noch, seine Klassenkameraden am deutschen Gymnasium, an dem die einzigen anderen Juden sein Bruder und sein Cousin waren, grenzten ihn völlig aus. In den vier höheren Klassen des Gymnasiums sprach keiner seiner Klassenkameraden auch nur ein einziges Wort mit ihm, möglicherweise weil sie einer antisemitischen deutschnationalistischen Studentengruppe angehörten, in der es verboten war, mit Juden zu sprechen. Herrmann, dessen einzige Freunde die Mitglieder seines unmittelbaren und erweiterten Familienkreises waren, beneidete seine Cousins in Iglau/Jihlava, die jüdische Klassenkameraden an der Schule hatten. Er liebte es, seine dortigen Verwandten zu besuchen, wo er Tanzstunden mit anderen deutschsprachigen Juden aus der Mittelschicht nahm.[50]

Die meisten Juden in Mähren lebten nicht an Orten wie Mährisch Trübau/Moravská Třebová. Sie wohnten entweder in Städten mit beachtlichen jüdischen Gemeinden oder in Kleinstädten, in denen ebenfalls viele Juden lebten. Wenn sie deutsche Gymnasien besuchten, taten sie dies gemeinsam mit einer großen Zahl anderer Juden, was die Aneignung der deutschen Kultur zu einer jüdischen sozialen Erfahrung machte. Joseph Wechsberg, der das deutsche Gymnasium in Mährisch Ostrau/Moravská Ostrava besuchte, erinnert sich in seinen Memoiren, dass „die Mehrheit der Schüler am deutschen Gymnasium Juden waren."[51] In Mähren besuchten praktisch sämtliche Juden in der Mittelschulzeit deutschsprachige Einrichtungen, wo sie einen beachtlichen Anteil der Schülerschaft ausmachten, während es an den tschechischsprachigen Schulen kaum Juden gab. 1880 stellten Juden 24,5 % der Schüler an sämtlichen deutschen Gymnasien und 20,3 % an deutschen Realschulen, den technisch orientierten Mittelschulen, in einer Provinz, in der sie etwa 2 % der Bevölkerung stellten. In diesem Jahr besuchte kein einziger Jude ein tschechischsprachiges Gymnasium, 14 Juden besuchten ein tschechisches Realgymnasium, und nur fünf Juden besuchten tschechischsprachige Realschulen. Somit besuchten 98 % sämtlicher Juden an Mittelschulen deutsche

50 Ebd., S. 82–84, 227–230, 243–253, 363–366, 384–390.

51 Wechsberg: *The Vienna I Knew*, S. 202.

Einrichtungen.[52] Tatsächlich gab es 1880 nur eine geringe Anzahl an tschechischsprachigen Mittelschulen, doch auch als deren Zahl wuchs, vermieden die Juden es weiterhin, diese zu besuchen. In Städten mit Schulen in beiden Sprachen entschieden sich die Juden immer für deutsche Einrichtungen. 1890 stellten Juden 26 % der Schülerschaft an deutschen Gymnasien und 22,2 % an deutschen Realschulen, aber nur 1 % der Schülerschaft tschechischer Mittelschulen in Mähren. Prossnitz/Prostějov hatte sowohl eine deutsche als auch eine tschechische Realschule. An der deutschen Schule stellten Juden 36,2 % der Schüler, aber nur ein einziger Jude besuchte die tschechische Schule.[53] In den Jahren vor dem Ersten Weltkrieg besuchten 90 % der jüdischen Jungen an Mittelschulen deutsche Einrichtungen, und 2 % besuchten tschechischsprachige.[54] Manche deutsche Schulen wiesen einen sehr hohen Anteil jüdischer Schüler auf. In Mährisch Ostrau/Moravská Ostrava waren im Jahr 1890 38,8 % der Schüler Juden, und 1900 waren es 43,8 %. Im Jahr 1900 waren beinahe die Hälfte der Schüler an einem der beiden deutschen Gymnasien in Brünn/Brno Juden, und in Mährisch Ostrau/Moravská Ostrava sowie Prossnitz/Prostějov waren im selben Jahr etwa ein Drittel der Schüler der deutschen Realschule Juden.[55]

Die Juden in Mähren sprachen nicht nur Deutsch und besuchten deutsche Schulen, sondern sie engagierten sich auch in weitem Umfang in deutschen sozialen und kulturellen Einrichtungen sowie Sportorganisationen, einschließlich den örtlichen Deutschen Häusern, die überall in Böhmen als Zentren des deutschen kulturellen Lebens fungierten. In Mährisch Ostrau/Moravská Ostrava beispielsweise spielten Juden, unter ihnen Alois Hilf, der Vizepräsident der Israelitischen Kultusgemeinde, eine entscheidende Rolle bei der Einrichtung eines

52 *Österreichische Statistik*, Bd. 3,2 (1884), S. 36, 40–41, 44–45.

53 *Österreichische Statistik*, Bd. 35,4 (1893), S. 34–35, 38–39, 42–43. Zum Anwachsen der Zahl tschechischsprachiger Mittelschulen siehe Gary B. Cohen: *Education and Middle-Class Society in Imperial Austria, 1848–1918*. West Lafayette: Purdue UP 1996, S. 127–169.

54 *Österreichische Statistik*, Bd. 70,3 (1904), S. 38–39, 42–43, 48–49; *Österreichische Statistik* NF, Bd. 7,3 (1913), S. 52–59, 80–83. Auch in Böhmen besuchte ein Großteil der jüdischen Schüler an Mittelschulen (70 %) deutsche Einrichtungen, siehe Kieval: *The Making of Czech Jewry*, S. 45–46, 55–56.

55 *Österreichische Statistik*, Bd. 70,3 (1904), S. 38–39, 48–49.

örtlichen Deutschen Hauses im Jahr 1895.[56] Hilf sowie weitere Juden waren ebenfalls dabei behilflich, 1896 ein Komitee zur Finanzierung eines privaten deutschen Gymnasiums zu organisieren, als die Stadt keine ausreichenden Finanzmittel für ein solches Vorhaben zur Verfügung hatte.[57]

Die zionistische Presse in Mähren liefert umfangreiche Belege für die Teilnahme von Juden am deutschen kulturellen und organisatorischen Leben in der Provinz. Zweifellos waren die mährischen Juden wegen ihrer Orientierung an der deutschen Kultur die Zielscheibe heftiger Angriffe seitens der Zionisten. Entsprechend den zionistischen Vorstellungen stellte solches Verhalten eine ‚assimilatorische Speichelleckerei' sowie Verrat am jüdischen ‚Volk' dar. Die Zionisten drangen darauf, dass die Juden eine eigene nationale Kultur entwickelten und nicht den Interessen ‚fremder' Völker dienten. Die einzige jüdische Zeitung in Mähren, die zionistische *Jüdische Volksstimme*, die von 1900 bis 1934 in Brünn/Brno erschien, eiferte regelmäßig gegen Juden, die sich für Deutsche hielten, und verunglimpfte sie als „Wotansjuden", also als Juden, die den teutonischen Gott Wotan verehrten, und bedachte sie mit weiteren wohl bedachten Schimpfnamen.[58] Wenn wir aber die Polemiken außer Acht lassen, wird sehr deutlich, dass die mährischen Juden – einschließlich der Zionisten – sich in deutschen Organisationen engagierten und deutsche Räumlichkeiten für jüdische Veranstaltungen nutzten. Die Zeitung enthielt regelmäßig Meldungen über jüdische Veranstaltungen, die im Deutschen Haus in Brünn/Brno stattfanden.[59] Man kritisierte wohlhabende Juden in Olmütz/Olomouc dafür, dass sie die Bibliothek

56 Alois Schwarz: *Das Deutsche Haus in Mährisch-Ostrau: Gedenkblätter zur Feier der Eröffnung am 2. und 3. Juni 1895*. Mährisch-Ostrau: Kittl 1895. Zu Hilfs Rolle in der Israelitischen Kultusgemeinde siehe Hugo Gold: Geschichte der Juden in Mährisch Ostrau. In: Ders. (Hrsg.): *Die Juden und Judengemeinden Mährens*, S. 372–377, hier S. 373–374. Hilf war Präsident der Israelitischen Kultusgemeinde von 1903 bis in die späten 1920er.

57 Julius Krassnig: *Jahres-Bericht des Deutschen Privatgymnasiums in Mährisch-Ostrau über das Schuljahr 1896–97*. Mährisch-Ostrau: Hebling 1897. Dieses Gymnasium wurde im frühen 20. Jahrhundert in ein öffentliches Landesgymnasium umgewandelt.

58 Z. B. *Jüdische Volksstimme*, 01.09.1901, S. 4; 01.05.1902, S. 6; 15.09.1904, S. 1–2; 15.10.1905, S. 3–4.

59 *Jüdische Volksstimme*, 01.05.1902, S. 6; 15.11.1906, S. 4.

des Deutschen Kasinos nutzten, anstatt eine jüdische Bibliothek einzurichten.[60] Die Zeitung eiferte gegen Juden anderswo, die Veranstaltungen des Deutschen Hauses besuchten oder bei Aufmärschen deutscher Sportvereinigungen mitmarschierten, ein Verhalten, das lediglich dazu führen könne, die tschechischen Nationalisten zu verärgern, wie die zionistische Presse befürchtete.[61]

Anders als in anderen Regionen nahmen die Juden im habsburgischen Mähren in allem Bereichen am deutschen Gemeindeleben teil. Trotz der Tatsache, dass radikale deutschnationale Antisemiten Druck auf deutsche Organisationen ausübten, Juden auszuschließen, widerstanden die meisten deutschen Organisationen in Mähren diesem Druck und nahmen weiterhin Juden auf. 1898 beispielsweise verließ der deutsche Turnverein von Olmütz/Olomouc den mährisch-schlesischen Turngau österreichischer Sportvereine, als dieser Regionalverband sich als ‚judenrein' erklärte. Er bestätigte 1902 seine Absicht, weiterhin jüdische Mitglieder aufzunehmen.[62] Der Antisemitismus infizierte viele deutsche Organisationen in Nordmähren, wo nur wenige Juden lebten und der radikale deutsche Nationalismus florierte. Der Nordmährerbund übernahm einen Arierparagraphen, der Juden von der Mitgliedschaft ausschloss. In Süd- und Zentralmähren allerdings, wo Juden einen beachtlichen Anteil der deutschen Bevölkerung bildeten, nahmen deutsche Organisationen weiterhin Juden auf, wie sie dies auch, aus ähnlichen Gründen, in Prag taten.[63] Dementsprechend wies im Jahr 1903 der Südmährerbund einen Vorschlag zurück, Juden von der Mitgliedschaft auszuschließen.[64] Mehr noch, die mährischen Ortsgruppen des Deutschen Schulvereins nahmen sehr wohl jüdische Mitglieder auf.[65]

60 *Jüdische Volksstimme*, 01.08.1901, S. 6.

61 *Jüdische Volksstimme*, 01.06.1903, S. 5; 15.06.1903, S. 2–3.

62 *Jüdische Volksstimme*, 01.12.1900, S. 3; 01.02.1902, S. 6.

63 *Jüdische Volksstimme*, 15.08.1901, S. 1. Zur Einbindung von Juden in das deutsche soziale Leben in Prag, wo Juden die Hälfte aller Deutschen stellten, siehe Cohen: *The Politics of Ethnic Survival*, S. 131–135.

64 *Jüdische Volksstimme*, 15.06.1903, S. 4.

65 Die zionistische Zeitung behauptete, der Deutsche Schulverein sehe deshalb davon ab, Juden auszuschließen, weil er an jüdischem Geld und politischer Unterstützung interessiert sei (siehe *Jüdische Volksstimme*, 01.10.1901, S. 3–4; 01.05.1902, S. 6; 15.06.1903, S. 4; 15.06.1904, S. 4; 25.06.1914, S. 6). Der Deutsche Schulverein, gegründet 1880 zum Zweck der Eröffnung privater deutscher Schulen dort, wo sich

Es gibt viele Beweise dafür, dass Juden ein fester Bestandteil der deutschen Gemeinschaft waren. Die liberale Presse in Mähren veröffentlichte regelmäßig Meldungen über jüdische Aktivitäten, einschließlich der Treffen örtlicher jüdischer Gemeinden und Organisationen, Informationen über den Verkauf von Synagogenplätzen an hohen Feiertagen, Anzeigen für koschere Metzger und koscheren Wein, Verlobungs- und Hochzeitsanzeigen sowie Artikel über die Ernennung neuer Rabbiner.[66] Die schiere Zahl von Meldungen mit Bezug zu Juden und Judentum ist ein Anzeichen dafür, dass diese Zeitungen auch eine breite jüdische Leserschaft hatten. Beerdigungen prominenter jüdischer Geschäftsleute gehörten ebenso in den Bereich dieser Interaktion. Als Julius Ritter von Gomperz, ein jüdischer Industrieller aus Brünn/Brno, der jahrzehntelang als Präsident der Israelitischen Kultusgemeinde, als Vizepräsident der Handelskammer sowie als Mitglied des Deutschen Klubs im Mährischen Landtag fungiert hatte, 1909 verstarb, nahmen an seiner Beerdigung offizielle Vertreter des habsburgischen Staates, Parlamentsmitglieder, Repräsentanten des Mährischen Landtags sowie der Bürgermeister und der Vizebürgermeister von Brünn/Brno teil. Als Grabredner fungierten der Oberrabbiner der Stadt sowie Freiherr Christian d'Elvert, einer der liberalen deutschen Vertreter der Stadt im Parlament und Autor einer Geschichte des mährischen Judentums.[67]

Juden waren auch aktive Mitglieder der deutschen politischen Gemeinschaft im habsburgischen Mähren. Anders als im nahegelegenen Böhmen gewannen deutsche Liberale und Progressive auch in den Jahrzehnten vor dem Ersten Weltkrieg weiterhin Wahlen in den städtischen Kurien und dominierten die Politik in Mähren. Aus

nicht genügend deutschsprachige Schüler für eine öffentliche deutsche Schule fanden, weigerte sich, Forderungen nach dem Ausschluss von Juden zu entsprechen. Aus Rücksicht auf die Forderungen vieler deutscher Nationalisten gestattete er aber mehrsprachige Ableger auf örtlicher Ebene, wodurch er ermöglichte, dass Letztere Juden zuließen oder auch nicht (siehe Judson: *Exclusive Revolutionaries*, S. 207–214, 229–234, 260; ders.: *Guardians of the Nation*, S. 49–52).

66 Siehe z. B. die große Anzahl solcher Meldungen in *Mährisch-Schlesischer Grenzbote* (erschienen in Mährisch Ostrau/Moravská Ostrava) in den Jahren 1890 und 1895.

67 *Jüdische Volksstimme*, 01.03.1909, S. 4. Zu Gomperz siehe Moritz Brunner: Geschichte der Juden in Brünn. In: Gold (Hrsg.): *Die Juden und Judengemeinden Mährens*, S. 137–172, hier S. 164–165.

naheliegenden Gründen stimmten die meisten mährischen Juden (oder genauer: diejenigen, die das Wahlrecht besaßen) für die deutschen Liberalen. Tatsächlich vermieden die mährischen Liberalen die antisemitische Rhetorik, welche die Liberalen in Böhmen einsetzten, da sie sie zur Erhaltung der Einheit der Deutschen für geeignet hielten. Dies mag zum Teil daran gelegen haben, dass ihnen klar war, dass sie im weitgehend tschechischsprachigen Süd- und Zentralmähren auf die Stimmen der Juden angewiesen waren. Wenn Juden einen großen Prozentsatz sämtlicher Deutscher in diesen Regionen ausmachten, besonders in den kleineren Städten, dann stellten sie auch einen großen Prozentsatz der deutschen Wähler. Natürlich waren nicht alle derer, die den deutschen Liberalen ihre Stimme gaben, Juden, besonders in den größeren Städten. Dennoch führte die Wahrnehmung, dass die Liberalen sich in den politischen jüdischen Gemeinden sowie in denjenigen Städten, in denen diese lagen, auf jüdische Wähler stützten, dazu, dass die Liberalen weiterhin attraktiv für jüdische Wähler waren.[68] Selbst nach dem Mährischen Ausgleich von 1905, der getrennte Wahlkataster für Deutsche und Tschechen schuf, gewannen die deutschen Liberalen weiterhin viele Sitze, und sie ergingen sich nicht in antisemitischer Rhetorik, um die Stimmen deutscher nichtjüdischer Wähler zu gewinnen.[69] Zweifellos hatten sie das Gefühl, dass in den Kleinstädten der tschechischsprachigen Regionen Juden einen zu großen Anteil der deutschen Wähler stellten, als dass man sie hätte ignorieren können. Da die Wahlen geheim waren, wissen wir nicht, wie viele Juden tatsächlich zur Wahl gingen, doch die hitzige zionistische Polemik gegen die jüdische Unterstützung für die deutschen Liberalen ist ein Anzeichen dafür, dass vermutlich die meisten Juden für die Liberalen stimmten und damit zufrieden waren, dass

68 Zu den Wahlergebnissen siehe Helmut Rumpler / Peter Urbanitsch: Die Reichsratswahl 1897. Tabellen, Karten, Diagramme. In: Dies. (Hrsg.): *Die Habsburgermonarchie 1848–1918*, Bd. 7,1: Verfassungsrecht, Verfassungswirklichkeit, zentrale Repräsentativkörperschaften. Wien: Österreichische Akademie der Wissenschaften 2000, S. 1242–1310. Zur Hinwendung der Liberalen in Böhmen zum Antisemitismus siehe Judson: *Exclusive Revolutionaries*, S. 198, 238, 262–263.

69 Die Ergebnisse der Parlamentswahlen von 1907 in: *Österreichische Statistik*, Bd. 84,2 (1908), S. IV–V, XVI, XVIII, 22–27, 72–77. Radikale deutsche Nationalisten gewannen Sitze in den großenteils deutschsprachigen Gebieten Nordmährens.

diese zumindest in Mähren weiterhin Juden in ihren Reihen willkommen hießen.[70]

Es scheint daher, dass im habsburgischen Mähren die Juden Deutsch sprachen, dass jüdische Einrichtungen die deutsche Sprache verwendeten und dass sie sich in den deutschen kulturellen und politischen Gemeinschaften zu Hause fühlten. Dieses Zugehörigkeitsgefühl bedeutete nicht, dass die Juden sich als Angehörige der deutschen Nation betrachteten. Wenn auch vielleicht einige Juden zu deutschen Nationalisten wurden, so sahen sich tatsächlich doch die meisten Juden als deutschsprachige Juden und habsburgische Loyalisten. Sie hatten Anteil an der deutschen Gemeinschaft, doch gab es selbst auferlegte Beschränkungen in diesem Zusammenhang. Die meisten Juden hatten das Gefühl, einer eigenen Gruppierung innerhalb der deutschen Gemeinschaft anzugehören. Dieses Gefühl, etwas Eigenes darzustellen, wurde in der Tschechoslowakei der Zwischenkriegszeit sogar noch ausgeprägter.

In der Tschechoslowakei

Es ist eine Binsenweisheit der Forschung zu den Juden in der Tschechoslowakei in der Zwischenkriegszeit, dass ihre traditionelle Deutsch-Orientierung in den böhmischen Landen zurückging, mit Ausnahme vielleicht der älteren Generation bzw. der wohlhabenden Elite in den großen Städten. Diese Orientierung, darüber ist sich die Forschung einig, wurde entweder durch den zunehmenden Gebrauch der tschechischen Sprache sowie eine zunehmend tschechische Identität ersetzt oder, alternativ dazu, durch eine jüdische nationale Identität.[71] Diese Einigkeit unter Wissenschaftlern beruht allerdings beinahe vollständig auf Zeugnissen aus Böhmen, wo die Mehrheit der Juden tatsächlich bereits vor dem Krieg Tschechisch als ihre Umgangssprache angegeben hatte. In Mähren bestand die traditionelle Orientierung am Deutschen weiterhin – bis in die 1930er hinein. Die Juden

70 Zu Beispielen für zionistische Polemik siehe *Jüdische Volksstimme*, 01.11.1900, S. 1–2; 01.12.1900, S. 3; 01.02.1901, S. 3; 15.03.1901, S. 3, 6; 01.05.1901, S. 2–3, 6; 01.07.1904, S. 1; 15.10.1905, S. 4; 15.10.1906, S. 1–2; 10.03.1909, S. 3.

71 Kieval: *The Making of Czech Jewry*, S. 196; Ezra Mendelsohn: *The Jews of East Central Europe between the World Wars*. Bloomington: Indiana UP 1983, S. 131–169; Čapková: *Czechs, Germans, Jews*.

fuhren fort, Deutsch als ihre Erstsprache zu sprechen, jüdische Einrichtungen verwendeten die deutsche Sprache[72] und Juden waren weiterhin aktive Mitglieder der deutschen kulturellen Gemeinschaft. Die deutsch-jüdischen Schulen gab es nicht länger, aber nicht etwa weil die Juden es für klug hielten, sie zu schließen. Stattdessen machte die Tschechoslowakei der rechtlichen Unabhängigkeit der ‚politischen Israelitengemeinden' ein Ende. Dies führte zur Schließung der öffentlichen Schulen dieser Gemeinden, also der deutsch-jüdischen Schulen.[73] In Mährisch Ostrau/Moravská Ostrava wurde die private deutsch-jüdische Volksschule, ausgewiesen als öffentliche Schule und betrieben von der israelitischen Kultusgemeinde der Stadt, erst 1935/36 tschechisch.[74]

Selbst jene Zionisten, die sich gewöhnlich ihrer Anhänglichkeit an die tschechische Sprache rühmten, verwendeten an ihrer Volks- und Mittelschule in Brünn/Brno Deutsch als Unterrichtssprache und gingen erst im Jahre 1929 zum Tschechischen über, gaben aber Deutsch erst bis 1937 vollständig auf.[75] Mehr noch, die Zionisten benutzten Deutsch als ihre Geschäftssprache, sowohl weil es unter Zionisten der verschiedenen Generationen und der diversen Regionen die Lingua franca war, aber auch weil sie sich in dieser Sprache zu Hause

72 Israelitische Kultusgemeinden führten bis Mitte der 1930er ihre Protokolle in deutscher Sprache. Ihre Korrespondenzen mit der Regierung erfolgten auf Tschechisch, doch interne Korrespondenzen erfolgten auf Deutsch. Siehe z. B. die Protokolle der jüdischen Gemeinden von Prossnitz/Prostějov, Leipnik/Lipník und Olmütz/Olomouc in „Prostějov", Akte 56466, Protokollbuch 1908–1922; Akte 56429, Protokollbuch 1919–1924; Akte 51674, Protokollbuch 1922–1939; „Lipník", Akte 18314, Sitzungsprotokolle 1908–1938, Israelitische Kultusgemeinde Leipnik; „Olomouc", Akte 47328, Protokoll für Vorstands-Sitzungen 1894–1938; Akte 47408, Protokollbuch 1938. Alle: JMP. Prossnitz/Prostějov führte bis 1934 die Protokolle auf Deutsch, Leipnik/Lipník bis 1935 und Olmütz/Olomouc bis September 1938.

73 Zu Beispielen für die Schließung deutsch-jüdischer Schulen siehe „Prostějov", Akte 56466, Protokollbuch, Prossnitz Israelitische Kultusgemeinde, 1908–1922, Protokoll, 11.09.1919; „Přerov", Akte 64500, Exhibitions-Protocolle 1909–1922, Brief an den Deutschen Bezirksschulrat Olmütz-Land, 1919 (vermutl. Herbst); „Lipník", Akte 38010, Eingangsregister Schulkorrespondenz 1910–1920, 02.04.1920, von Bezirksschulrat M. Weisskirchen, „Auflassung der deutsche Schule und der Israelitengemeiende Leipnik". Alle: JMP.

74 Zu den Einzelheiten siehe den vorliegenden Beitrag S. 143–144.

75 Tatjana Lichtenstein: *Zionists in Interwar Czechoslovakia: Minority Nationalism and the Politics of Belonging*. Bloomington: Indiana UP 2016, S. 197, 204–205, 211–212.

fühlten, die sie als ‚national neutral' und sogar als jüdisch ansahen.[76] Die zionistische Organisation in der Tschechoslowakei hatte sogar die Befürchtung, der Vertrieb der *Židovské Zprávy*, der tschechischsprachigen Ausgabe des in Prag herausgegebenen Parteiorgans *Selbstwehr*, könne zu finanziellen Verlusten führen. In jedem Fall war der Leserkreis einer zionistischen Zeitung in tschechischer Sprache „sehr gering" und meist jung.[77] Die örtliche zionistische Zeitung erschien weiterhin auf Deutsch, bis sie 1934 ihr Erscheinen vollständig einstellte. Praktisch alle Akten der zionistischen Organisation in der Tschechoslowakei der Zwischenkriegszeit, die ihr Hauptquartier in Mährisch Ostrau/Moravská Ostrava hatte, waren auf Deutsch.[78] Allerdings wurden vom Anbeginn des neuen tschechoslowakischen Staates an die Differenzen zwischen den Juden und den anderen Deutschsprachigen deutlicher erkennbar. Die Tschechoslowakei selbst gab den Juden die Gelegenheit, sich von den anderen Deutschsprachigen abzugrenzen. Allein die Tatsache, dass Juden sich als Angehörige der jüdischen Nation registrieren lassen konnten, erlaubte es den Juden, die sich dies wünschten, sich ihrer primären Identität als Juden zu versichern, sich als das zu erklären, was sie immer schon gewesen waren: eher deutschsprachige Juden denn Deutsche, die das Judentum praktizierten. Die tschechoslowakischen Behörden hatten eine Reihe von Gründen, Juden die Erklärung ihrer Zugehörigkeit zu einer jüdischen Nation zu gestatten. Einer davon war das Bestreben, die Zahl der Deutschen in den böhmischen Landen sowie der Ungarn in der Slowakei zu verringern. Juden, welche erklärten, der jüdischen Nation anzugehören, taten dies nicht notwendigerweise, weil sie tatsächlich Zionisten waren (obwohl einige tatsächlich der jüdischen Nationalbewegung angehörten), sondern weil eine derartige Assoziierung ihnen ermöglichte, ihre Loyalität

76 Ebd., S. 47–48. Čapková: *Czechs, Germans, Jews*, S. 233–234, beschreibt zionistische Bemühungen, die tschechische Sprache zu verwenden, ignoriert aber die andauernde Verwendung des Deutschen.

77 Executive Committee, Zionistischer Zentralverband für die čechoslovakische Republik an die Zionist Executive, London, 28.11.1928. Central Zionist Archives (CZA), Jerusalem, Z4/3564 II; Bericht des Zionistischen Landeskomites für die ČSR, 04.01.1931. CZA, Z4/3564 VI.

78 „Czechoslovakia", F 15; Akten aus der Tschechslowakei (Z4/2), bes. die Protokolle des Zionistischen Zentralverbands für die ČSR, Z4/2154, Z4/2338, Z4/3564. Alle in: CZA.

zur Tschechoslowakei zum Ausdruck zu bringen, ohne eine tschechische bzw. tschechoslowakische Identität annehmen zu müssen, während sie sich gleichzeitig von den Deutschen (und Ungarn) distanzieren konnten, die von dem neuen Staat mangelnder Loyalität verdächtigt wurden.[79] Entsprechend der Volkszählung des Jahres 1921 erklärten 48,5 % der 37.989 in Mähren per Religion als Juden Definierten ihre Zugehörigkeit zur jüdischen Nation, 35 % bekannten sich zur deutschen Nation und 15,7 % zur tschechischen. Die Zugehörigkeit zur jüdischen Nation war hier weit stärker ausgeprägt (ca. 15 %) als in Böhmen und lag nur knapp unter dem landesweiten Durchschnitt von 54 %.[80] Bei der Volkszählung von 1930, für die Mähren und Schlesien zu einer einzigen Provinz zusammengefasst wurden, erklärten sich 51,7 % aller Juden dieser Provinz (41.250) als Angehörige der jüdischen Nation, 29,1 % bezeichneten sich als Deutsche und 17,6 % als Tschechoslowaken. Das Bekenntnis zur jüdischen Nationalität lag nur geringfügig unter dem landesweiten Durchschnitt von 57 %, allerdings weit über den 20,3 % in Böhmen.[81] In den größeren Städten ließen sich zwischen einem Drittel und zwei Fünfteln der Juden als Angehörige der jüdischen Nation registrieren, doch in den Marktstädten des tschechischsprachigen Südens der Provinz sowie in der Zentralregion bekannte sich die überwältigende Mehrheit zur jüdischen Nationalität, besonders dort, wo es ehemals ‚politische Israelitengemeinden' gegeben hatte (51 % in Prossnitz/Prosějov, 60 % in Prerau/Přerov, 70 % in Holleschau/Holešov, 81 % in Boskowitz/Boskovice und

79 Zu überzeugenden Argumenten bezgl. der Gründe, warum die Tschechoslowakei es Juden gestattete, ihre Zugehörigkeit zur ‚jüdischen Nation' zu erklären, sowie zur Bedeutung einer nationalen jüdischen Identität für die Juden in der Tschechoslowakei siehe Rebekah Klein-Pejšová: *Mapping Jewish Loyalties in Interwar Slovakia*. Bloomington: Indiana UP 2015; Lichtenstein: *Zionists in Interwar Czechoslovakia*.

80 Franz Friedmann: *Einige Zahlen über die tschechoslovakischen Juden* (*Ein Beitrag zur Soziologie der Judenheit*). Prag: Jüd. Akad. techn. Verbindung „Barissia" 1933, S. 23–25; Jan Heřman: The Development of Bohemian and Moravian Jewry, 1918–1938. In: Usiel O. Schmelz / Paul Glikson / Sergio Della Pergola (Hrsg.): *Papers in Jewish Demography, 1969. Proceedings of the Demographic Sessions Held at the 5th World Congress of Jewish Studies, Jerusalem, August 1969*. Jerusalem: World Union of Jewish Studies 1973, S. 191–206, hier S. 201.

81 Friedmann: *Einige Zahlen über die tschechoslovakischen Juden*, S. 5, 24–25.

87 % in Gaya/Kyjov).[82] Das Etikett der jüdischen Nationalität eröffnete Juden eine bequeme Möglichkeit, gleichzeitig tschechische Staatsbürger, deutschsprachig und Juden zu sein.

Darüber hinaus entfremdeten sich die Juden auch aus politischen Gründen von vielen anderen Deutschsprachigen. Nachdem sie ihre ehemals privilegierte Stellung verloren hatten, lehnten viele Deutsche die Tschechoslowakei ab, während Juden sich eher zu diesem neuen Staat hingezogen fühlten. Das Verschwinden der liberalen deutschen Parteien in der Tschechoslowakei als Ergebnis des Endes des eingeschränkten Wahlrechts machte es den Juden darüber hinaus unmöglich, länger an der politischen Gemeinschaft der Deutschen teilzuhaben. Sie konnten nicht für die deutschen Nationalisten, die Agrarier[83] oder die klerikalen Parteien stimmen, die sämtlich antisemitisch waren, und aus wirtschaftlichen Gründen mieden die meisten Juden die deutschen Sozialisten. Stattdessen blieben viele Juden den Wahlen fern oder wählten die Jüdische Partei, eine Neugründung mit losen Verbindungen zur zionistischen Bewegung. Allerdings dauerte es noch bis zur Machtübernahme der Nazis in Deutschland 1933 und dem Erstarken des radikalen deutschen Nationalismus unter den Deutschsprachigen Mitte der 1930er, bis die mährischen Juden ihre frühere Loyalität zum Deutschen auch formal aufgaben und die tschechische Sprache und Kultur annahmen.[84]

Die Distanzierung durch Juden von anderen Deutschsprachigen im Mähren der Zwischenkriegszeit wird in der Memoirenliteratur

82 Statistisches Staatsamt (Hrsg.): *Statistisches Gemeindelexikon der Čechoslovakischen Republik auf Grund der Volkszählungsergebnisse vom 1. Dezember 1930*, Bd. 2: Statistisches Gemeindelexikon des Land Mähren-Schlesien. Prag: Orbis 1935.

83 Hierbei handelt es sich um eine Partei bzw. ihre Vertreter, welche die Interessen von Landwirten (im Sinne kleiner Landbesitzer – nicht von Großgrundbesitzern bzw. Aristokraten) vertraten. Im Ost-Mitteleuropa der Zwischenkriegszeit gab es zahlreiche derartige Parteien.

84 Zur Politik in der Tschechoslowakei sowie zu den deutsch-tschechischen Spannungen im neuen Staat siehe Joseph Rothschild: *East Central Europe between the Two World Wars*. Seattle: University of Washington Press 1974, S. 73–135; Nancy M. Wingfield: *Flag Wars and Stone Saints: How the Bohemian Lands Became Czech*. Cambridge / London: Harvard UP 2007; Derek Sayer: *The Coasts of Bohemia: A Czech History*, aus d. Tschech. v. Alena Sayer. Princeton / Chichester: Princeton UP 1998, bes. S. 168–183; Mark Cornwall: *The Devil's Wall. The Nationalist Youth Mission of Heinz Rutha*. Cambridge / London: Harvard UP 2012. Zur Jüdischen Partei siehe Marie Crhova: Jewish Politics in Central Europe. The Case

evident. Ruth Elias, die als Tochter eines Wurstfabrikanten in Mährisch Ostrau/Moravská Ostrava aufwuchs, besuchte die deutsch-jüdische Volksschule. Obwohl sie die tschechische Mittelschule vorgezogen hätte, schickte ihre Familie sie auf das deutsche Mädchengymnasium[85], wo es, wie sie feststellte, „kaum Freundschaften zwischen jüdischen und christlichen Mädchen"[86] gab. Sie schrieb ihre Zurückweisung der Tatsache zu, dass „die christlichen Mädchen von deutschen Eltern stammten und sie schon damals eine antisemitische Erziehung erhielten."[87] Viele Memoiren bringen zum Ausdruck, dass es sich bei den Juden um eine eigenständige Gruppe gehandelt habe, nicht um Deutsche, sondern um deutschsprachige Juden, die Deutsch und Tschechisch gleichermaßen beherrschten. Joseph Wechsberg, der in Mährisch Ostrau/Moravská Ostrava aufwuchs, besuchte die deutsch-jüdische Schule, das deutsche Gymnasium und später die deutsche Universität in Prag. Ein Verwandter aus den USA schickte ihm Geld, damit er sich zu seiner Bar Mitzwa im Jahr 1920 eine Schillerausgabe kaufen konnte, doch er besaß bereits zwei. Er war vollständig bilingual und betrachtete sich selbst als zur Gruppe der Juden gehörig, einer Gruppe unter anderen in einer Stadt, die 1920 Toleranz gegenüber jedweder Unterschiedlichkeit zeigte.[88] Er erinnerte sich:

> Sprachlich gesehen war meine Heimatstadt ein komplexer Ort. Die Tschechen sprachen Tschechisch, die Polen sprachen Polnisch, die Deutschen sprachen Deutsch, die Juden sprachen Tschechisch gegenüber der Steuerbehörde und bei Gericht und Deutsch untereinander. Es war ein schöner Schmelztiegel, in dem niemand wirklich verschmolz.[89]

Wechsberg beharrt darauf, dass keiner seiner Jugendfreunde – er nennt sie „Chacharen" (‚Schlawiner') – sich um nationale Unterschiede kümmerte. Selbstverständlich besuchte er das Café Palace,

of the Jewish Party in Interwar Czechoslovakia. In: *Jewish Studies at the Central European University* 2 (1999–2001), S. 271–301; Čapková: *Czechs, Germans, Jews*, S. 221–225.

85 Ruth Elias: *Die Hoffnung erhielt mich am Leben. Mein Weg von Theresienstadt und Auschwitz nach Israel*. München / Zürich: Piper 1988, S. 33.

86 Ebd., S. 34.

87 Ebd.

88 Wechsberg: *The Vienna I Knew*, S. 21, 81, 83–84, 124, 201–202.

89 Ebd., S. 148.

„das einzige Kaffeehaus der Stadt, das sowohl von Tschechen als auch Juden frequentiert wurde."[90] Erst Mitte der 1930er, unter dem Eindruck des Erfolges der Nazis in Deutschland, fand diese Toleranz ein Ende.[91] Michel Huttarsch, Sohn einer jüdischen Mutter und eines deutschen (katholischen) Vaters und als Katholik aufgewachsen, hatte ebenfalls den Eindruck, dass es in Mähren drei ‚Volksgruppen' gab: Deutsche, Tschechen und Juden. Er wuchs in Hof sowie Brünn/Brno auf und war sowohl der deutschen Familie seines Vaters in Wachtl als auch der jüdischen Familie seiner Mutter in der Provinzhauptstadt emotional eng verbunden. Auch er betrachtete die Zwischenkriegszeit als eine Zeit, in der diese drei Gruppen gut miteinander auskamen, bis ab 1935 die Mehrheit der Deutschen begann, die Sudentendeutsche Partei zu unterstützen und mit Hitler und den Nazis zu sympathisieren.[92]

Zwar gewann die tschechische Sprache unter den Juden der Zwischenkriegszeit an Boden, doch das Gefühl der Zugehörigkeit zum Deutschen bestand fort. Deutsche Theater kündigten weiterhin ihre Aufführungen in der zionistischen Presse an, in der wiederum Artikel über die deutschen Theater erschienen.[93] 1924 startete der Deutsche Theaterverein eine Spendenkampagne für den Bau eines neuen Gebäudes und wandte sich in diesem Zusammenhang mit Selbstverständlichkeit auch an die Juden der Stadt.[94] Die Juden der mährischen Hauptstadt wiederum begingen den 350. Jahrestag des deutschen Gymnasiums in der Stadt mit einem Festgottesdienst in der Hauptsynagoge.[95] Erst in den späten 1920ern begann die zionistische Presse damit, Besprechungen und Anzeigen tschechischer kultureller Veranstaltungen zu veröffentlichen.[96] Noch davor forderten Stellenanzeigen für Rabbiner die Kenntnis der „Staatssprache" als Voraussetzung, hauptsächlich weil Rabbiner für den Religionsunterricht an den öffentlichen Schulen zuständig waren und der Staat wünschte,

90 Ebd., S. 220; siehe auch ebd., S. 148–150, 220–222.

91 Ebd., S. 230–231.

92 Michel Huttarsch: *Unter Deutschen, Tschechen und Juden in Mähren. Erinnerungen, 1923–1966*. Darmstadt: Selbstverlag 1995.

93 Siehe z. B. *Jüdische Volksstimme*, 04.11.1920, S. 6; 18.11.1921, S. 6; 25.11.1921, S. 7; 28.04.1927, S. 9.

94 *Jüdische Volksstimme*, 31.10.1924, S. 4.

95 *Jüdische Volksstimme*, 24.05.1928, S. 41.

96 *Jüdische Volksstimme*, 08.09.1927, S. 7; 23.02.1928, S. 6.

dass dies auf Tschechisch erfolgte.[97] Solche Rabbiner zu finden war schwierig. Die Rabbiner in Mähren hatten seit langem ihre Predigten auf Deutsch gehalten, und Rabbiner, die außerhalb dieser Provinz geboren waren, hatten Probleme mit dem Tschechischen. Als der Jüdische Buch- und Kunstverlag in Brünn/Brno 1929 seinen Vorrat an Pessach-Haggadot bewarb, führte er zwei rein hebräische Ausgaben auf, eine mit tschechischer Übersetzung und sieben mit deutscher Übersetzung.[98]

Juden besuchten weiterhin deutsche Schulen, wenn auch die Zahl ihrer Kinder an Einrichtungen in tschechischer Sprache im Verlauf der Zwischenkriegszeit wuchs, weil sie den Wert einer tschechischen Ausbildung erkannten. Dieses Anwachsen war teilweise der Tatsache zu verdanken, dass die Regierung deutsche Schulen in tschechischsprachigen Regionen schloss, einschließlich der von den (ehemaligen) politischen jüdischen Gemeinden betriebenen deutsch-jüdischen Schulen. An vielen Orten hatten jüdische Eltern mit Kindern im schulpflichtigen Alter keine andere Wahl, als diese auf tschechischsprachige öffentliche Schulen zu schicken.[99] In dem von Hugo Gold 1929 herausgegebenen Band *Die Juden und Judengemeinden Mährens in Vergangenheit und Gegenwart*, in dem das jüdische Leben im kleinstädtischen Mähren beschworen wird, beklagt Robert König, dass seit der Schließung der deutsch-jüdischen Schule in Boskowitz/Boskovice jüdische Kinder keine andere Wahl mehr hätten, als „die ihnen fremden tschechischen Anstalten" zu besuchen.[100] In den großen Städten konnten Juden ihre Kinder selbstverständlich immer noch auf deutschsprachige Schulen schicken, obwohl die Regierung viele dieser Schulen schloss. Juden bevorzugten weiterhin eine Mittelschulausbildung in deutscher Sprache. Bis 1930 besuchten 61 % der Kinder mährischer Juden tschechischsprachige Volksschulen, aber 56 % aller

97 *Jüdische Volksstimme*, 10.06.1925, S. 7; 14.04.1927, S. 22.

98 *Jüdische Volksstimme*, 04.04.1929, S. 8.

99 Wolfgang Mitter: Das deutschsprachige Schulwesen in der Tschechoslowakei im Spannungsfeld zwischen Staat und Volksgruppe (1918–1938). In: Hans Lemberg / Karel Litsch / Richard G. Plaschka / György Ránki (Hrsg.): *Bildungsgeschichte, Bevölkerungsgeschichte, Gesellschaftsgeschichte in den böhmischen Ländern und in Europa: Festschrift für Jan Havránek zum 60. Geburtstag.* Wien / München: Verlag für Geschichte und Politik / Oldenbourg 1988, S. 82–94, hier S. 87.

100 Robert König: Geschichte der jüdischen Schule in Boskowitz. In: Gold (Hrsg.): *Die Juden und Judengemeinden Mährens*, S. 132–136, hier S. 134.

Juden an Mittelschulen besuchten nach wie vor deutschsprachige Einrichtungen.[101]

Die jüdische Volksschule in Mährisch Ostrau/Moravská Ostrava, eine private Volksschule mit Zulassung als öffentliche Schule, die seit den 1860ern von der Israelitischen Kultusgemeinde betrieben wurde, ist ein interessantes Beispiel dafür, wie stark die mährischen Juden an der deutschen Sprache festhielten, selbst als sie zunehmend die Bedeutung der tschechischen Sprache erkannten. An dieser Schule war Deutsch die Unterrichtssprache, wenn sie auch immer schon mehrere Stunden pro Woche auf Tschechisch angeboten hatte. In der Zwischenkriegszeit erhöhte die Schule die Anzahl der Unterrichtsstunden auf Tschechisch, besonders nachdem man in den späten 1920ern erkannt hatte, dass die Zahl der Anmeldungen zurückging, weil viele deutschsprachige Eltern wollten, dass ihre Kinder Tschechisch lernen. Die Anmeldungen nahmen wieder zu, nachdem die Schule im Jahre 1929 10 bis 15 Stunden pro Woche in tschechischer Sprache eingeführt hatte, wenn auch viele dieser Stunden sich auf nicht-akademische Fächer wie Musik und Kunst bezogen.[102] 1933, als Reaktion auf die Machtübernahme der Nazis in Deutschland, begann die Schule, sich ganz auf Tschechisch umzustellen, indem sie die zweite und dritte Klassenstufe utraquistisch (bilingual) und die vierte vollständig in tschechischer Sprache unterrichtete. Die Schule blieb bis 1935/36 Bestandteil des deutschen Schulsystems, als aufgrund einer Kombination aus Druck seitens der tschechischen Regierung und dem jüdischen Erschrecken über den Erfolg der Sudetendeutschen Partei bei den Wahlen von 1935 die Schule vollständig tschechischsprachig wurde. Die Leiter der Schule waren der Ansicht, dass nun die Zeit gekommen sei, ihre frühere Anhänglichkeit an das Deutsche aufzugeben.[103]

101 Statistisches Staatsamt (Hrsg.): *Čechoslovakische Statistik*, Bd. 17: Hoch-, Mittel- und Fachschulen in der Čechoslovakischen Republik im Schuljahre 1921–22. Prag: Bursik & Kohout 1924, S. 92–119; Lichtenstein: *Zionists in Interwar Czechoslovakia*, S. 219–220.

102 „Ostrava“, Akte 24988, Israelitische Kultusgemeinde Mähr. Ostrau an die Jüdische Schule, 01.06.1928; Akte 39105, Stundenplan, 1928–29. Beide: JMP.

103 „Ostrava“, Akte 39105, Entwurf, Jüdische Schule an das Bezirkskomitee für Deutsche Schulen, Neutitschein, 05.09.1933; Akte 24997, Bezirkskomitee für Deutsche Schulen, Neutitschein, an die Jüdische Schule, 11.10.1933; Akte 39081,

Schlussfolgerungen

Lange vor Mitte der 1930er empfanden Juden ihre Zugehörigkeit zur deutschen Sprache und Kultur als irgendwie jüdisch. Für viele Juden war Deutsch eine jüdische Sprache, diejenige Sprache, die Juden in Mähren, in Böhmen, in der Tschechoslowakei und in anderen Nachfolgestaaten des Habsburgerreiches sowie generell in Europa untereinander sprachen. Für die Juden in Mähren hatten die deutsche Sprache und Kultur eine Vielzahl an Bedeutungen. In der Habsburgermonarchie bedeutete die Verwendung der deutschen Sprache, dass die Juden sich an die Moderne angepasst und die Welt der traditionellen jüdischen Gemeinden verlassen hatten, dass sie sich der urbanen Bourgeoisie angeschlossen hatten, auch wenn sie immer noch in den Marktstädten der tschechischsprachigen ländlichen Gebiete wohnten. Die Verwendung der deutschen Sprache zeigte auch an, dass die Juden loyale Bürger Österreich-Ungarns waren. Indem sie Deutsch sprachen, wurden die Juden Teil der Gemeinschaft der Deutschen, zumindest soweit dies durch Sprache, Kultur und Erziehung definiert war. Sie waren deutschsprachige Juden, nicht aber Angehörige des deutschen ‚Volkes'. Obwohl sie fließend Tschechisch sprachen, waren sie kein Teil der tschechischen Gemeinschaft. Nach dem Ersten Weltkrieg wurden sie loyale Bürger des neuen Staates Tschechoslowakei, doch fuhren sie fort, Deutsch zu sprechen und deutsche Schulen zu besuchen, wo ihnen dies möglich war, und Bestandteil der deutschen kulturellen Gemeinschaft zu sein – bis Mitte der 1930er. In der Zwischenkriegszeit war die Verwendung der deutschen Sprache nicht länger Ausdruck der Loyalität zum Zentralstaat, der seine deutschen Bürger der Illoyalität verdächtigte. Juden bekundeten ihre Loyalität als Staatsbürger, indem sie bei Volkszählungen angaben, der ‚jüdischen Nation' anzugehören und nicht der deutschen. Für sie war Deutsch einfach die Sprache, die sie sprachen, ein Erbe des jüdischen Lebens der Habsburgerzeit. Tatsächlich wurde Deutsch für viele mährische Juden zu einer jüdischen Sprache, einer Sprache, die Juden untereinander sprachen.

Gedächtnisprotokoll, 25.05.1935; Akte 24961, Israelitische Kultusgemeinde an die Jüdische Schule, 04.05.1936; Übersetzung (aus dem Tschechischen ins Deutsche), Jüdische Schule an die Israelitische Kultusgemeinde, 07.05.1936. Alle: JMP.

Der Status des Deutschen als einer Weltsprache spielte ebenfalls eine Rolle für die anhaltende Anhänglichkeit der mährischen Juden an das Deutsche. Die Verwendung der deutschen Sprache ermöglichte Juden die Kommunikation mit anderen Juden überall in der Habsburgermonarchie und ihren Nachfolgestaaten sowie in Deutschland. Sie ermöglichte ihnen auch die Kommunikation mit anderen gebildeten Europäern. Deutsch verband aber auch auf lokaler Ebene Juden mit anderen Juden. Die Struktur jüdischen Lebens in Mähren, wo viele Juden in hoher Konzentration in Enklaven innerhalb überwiegend tschechischsprachiger Regionen lebten, hatte zur Folge, dass Deutsch die Sprache der jüdischen Gemeinschaft war. Als die Juden die politischen jüdischen Gemeinschaften verließen, zogen sie häufig in Städte, in denen mehrheitlich Deutsch gesprochen wurde oder die mehrsprachig waren, wodurch ohnehin bestehende Loyalitäten zum Deutschen verstärkt wurden. Sowohl im habsburgischen Österreich als auch in der Tschechoslowakei war Deutsch die Sprache, die Juden untereinander zu Hause sowie im Ausland sprachen.

Die Leichtigkeit, mit der Mitte der 1930er die mährischen Juden zur tschechischen Sprache und Identität wechselten, zeigt, wie fließend für diese Juden sowohl ihre nationale Identität als auch der Stellenwert ihrer jüdischen Identität waren – ob dies nun ethnisch, national oder religiös definiert war. Sie wurden nicht zu Tschechen, doch sie teilten ihr Schicksal mit diesen, als eine deutsche Identität, egal welcher Art, aufhörte, eine realistische Option zu sein. Die Juden in Mähren hielten länger am Deutschen fest als die Juden in Böhmen, doch auch sie verließen die deutsche Gemeinschaft, als eine neue politische Realität – der Aufstieg des Nazismus in Deutschland – dies erzwang. Nichtdestotrotz sprachen sie untereinander weiterhin Deutsch.

Die Leichtigkeit, mit der die Juden von einer deutschen zu einer tschechischen Identität wechselten, sagt auch etwas darüber aus, wie sich die deutsche und die tschechische Identität im multinationalen Kontext der Habsburger Monarchie entwickelten. Ohne einen Nationalstaat, der kulturelle und nationale Identitäten miteinander in Einklang brachte, blieb die deutsche Identität fließend und weitläufig. Sie entwickelte sich erst in Richtung des ‚Völkischen', als einige Angehörige der deutschen Sprachgruppe unter Druck seitens tschechischer Nationalisten gerieten, besonders in Regionen, in denen die Deutschsprachigen sich von dem bedroht fühlten, was sie als ein tschechisches

‚Eindringen‘ in ‚ihr‘ Territorium ansahen. In Mähren, wo sich die Deutschsprachigen weniger bedroht fühlten, blieb die Welt den deutschen Juden gegenüber offener, und Juden fanden dort eine Heimat. Die Situation in der Tschechoslowakei änderte sich besonders im Verlauf der 1930er, und die Juden fühlten sich in der Welt des Deutschen nicht länger zu Hause.

Das Studium der jüdischen Kultur in Mähren fügt somit unserem Verständnis von der Beziehung der jüdischen zur deutschen Kultur eine weitere Dimension hinzu. Vor dem Aufstieg des Nazismus waren Juden ein Bestandteil der Welt des Deutschen. Sie liebten die deutsche Sprache und Kultur, die sie im Verlaufe ihrer Anpassung an die Moderne angenommen hatten. Doch sie sahen sich immer als deutsche Juden, die sich in vielerlei Hinsicht von den Deutschen unterschieden. In Mähren war es tatsächlich die schlichte Tatsache, dass sie Deutsch sprachen, was sie zu Juden machte.

Aus dem Englischen von Mirko Wittwar

Tony Kushner / Aimée Bunting

Constructing a British Holocaust Narrative: A Cultural Reading of British Co-Presents to the *Shoah*

1. Introduction

The subject of how Britain and its empire responded to the persecution and murder of European Jewry exists on the margins of Holocaust studies. Given that the killing fields and extermination centers were located beyond its shores, that peripheral status seems to be justifiable. Even in the extensive permanent exhibition devoted to the Holocaust at the Imperial War Museum in London, the focus is almost exclusively on the continent, emphasizing that this catastrophic event happened elsewhere with little direct *British* relevance.[1] Yet Britain was the only liberal democracy that having witnessed the Nazis in power during the 1930s then, with its Empire, was at war with the Third Reich throughout the conflict. On one basic level, the way it responded to the plight of the Jews in terms of refugee policy, rescue, relief and international diplomacy is of clear pertinence in the study of so-called 'bystander' nations.[2] On a less concrete level, the way that it constructed and reconstructed an understanding of the extermination

1 For a detailed overview of its evolution, see Andy Pearce: *Holocaust Consciousness in Contemporary Britain*. New York: Routledge 2014, pp. 108–132; for a critique of its lack of wider historiographical engagement see Tom Lawson: Ideology in a Museum of Memory: A Review of the Holocaust Exhibition at the Imperial War Museum. In: *Totalitarian Movements and Political Religions* 4:2 (2003), pp. 173–183.

2 For critical engagement with this notion, see David Cesarani / Paul A. Levine (eds): *'Bystanders' to the Holocaust: A Re-evaluation*. London / Portland: Cass 2002.

of European Jewry is significant – not just in the shaping of Holocaust consciousness, but also in the construction of the Second World War itself, which still remains central to British national identity in the 21st century.[3]

This chapter will not address the high level *political* confrontation between Britain and the Jews of Europe but will instead provide a cultural reading of how the nation's combatants experienced and witnessed elements of the 'Final Solution'. It will thus move on from the early study of Britain and the Holocaust through works from the 1970s through to 2000 by Bernard Wasserstein, A.J. Sherman and Louise London and their detailed bureaucratic histories, written with the aid of released state papers.[4] All of these were important interventions that revealed – from both critical and less critical perspectives – that British civil servants and politicians at least engaged with the fate of European Jewry throughout the Nazi era. Such engagement did not always (or often) lead to a determination to help, but there is no doubt that there was an awareness of what was happening. The major focus of this research – understandably, especially given its pioneer nature – was on Whitehall and Westminster and not on wider socio-cultural responses.

It is significant that the only one among the three to make connections to earlier and later immigration procedures, in particular the use of visas and other control mechanisms, was London, a former immigration lawyer specializing in asylum work. She concluded that "the humanitarian crisis affecting the Jews exposed deep tensions within British political culture regarding the proper response of nation-states to the persecution of foreigners abroad – tensions which remain unresolved to this day."[5] In Britain and elsewhere in the 21st century, both the entry and restriction of Jewish refugees to places of asylum during the Nazi era has been used to justify generosity to modern

3 Mark Connelly: *We Can Take It! Britain and the Memory of the Second World War*. Harlow / New York: Pearson Longman 2004.

4 A.J. Sherman: *Island Refuge: Britain and Refugees from the Third Reich 1933–1939*. Berkeley: University of California Press 1973; Bernard Wasserstein: *Britain and the Jews of Europe 1939–1945*. Oxford: Oxford UP 1979; Louise London: *Whitehall and the Jews, 1933–1948: British Immigration Policy and the Holocaust*. Cambridge: Cambridge UP 2000.

5 London: *Whitehall and the Jews*, pp. ix, 284.

refugees – as well as the opposite. For some, contemporary asylum seekers are not – in comparison with the Jews – *genuine*; they are at best economic migrants and at worst terrorists/criminals/welfare 'tourists' in disguise. For others, following the Holocaust, there is no excuse now not to realize the implications of what will happen if refuge is not provided: not only lives but also the reputation of refugee-receiving nations are at stake.

Political responses to the Holocaust go beyond the important confines of refugee policy. It has been referenced in support of international military interventions in the former Yugoslavia, Afghanistan, Iraq and Syria, and with regard to improving domestic race relations. The question of how Holocaust memory has been constructed and reconstructed since 1945 within the former Western Allies is thus as much about the politics of 'now' as it is about the history of 'then'. In 2014, Prime Minister David Cameron set up a Holocaust Commission that was tasked with investigating how it was remembered in Britain. The Commission's *Report* was published a year later and emphasized from the beginning that

> Ensuring that the memory and the lessons of the Holocaust are never forgotten lies at the heart of Britain's values as a nation. In commemorating the Holocaust, Britain remembers the way it proudly stood up to Hitler and provided a home to tens of thousands of survivors and refugees.

It later quoted MP Ian Austin saying that "in 1941, with Europe overrun and America not yet in the war, just one country – Britain – soldiered on, against all odds, fighting not just for our freedom, but for the world's liberty too." Austin continues that "it is Britain's unique response to the Holocaust and its unique role in the war that gives us the right to claim a particular attachment to the values of democracy, equality, freedom, fairness and tolerance."[6]

In the hands of politicians such as Tony Blair, such convictions about 'being right' have led to disastrous results, however well-intentioned. His superficial understanding of Britain's appeasement of Hitler during the 1930s and the subsequent fate of the Jews was

6 *Britain's Promise to Remember: The Prime Minister's Holocaust Commission Report*. London: Cabinet Office 2015, pp. 9, 23.

the emotional drive behind his very personal decision to invade Iraq.[7] Similarly, David Cameron, at the same time as announcing his Holocaust Commission in September 2013, criticized those who in Parliament had voted down his proposal for military action in Syria. "The Holocaust", he claimed, "provides a chilling lesson of what can happen when outrages are not tackled", adding that the "shame of not acting sometimes doesn't quite register properly until afterwards."[8] Greater awareness of the enormity of the Holocaust has grown with temporal distance, but blunt outrage, rather than careful reflection, has led to the (understandable) desire to somehow "learn" from the event, especially when intervening in international relations.

Yet rather than the simplistic morality story of rescuers and heroes presented in the £50 million Prime Minister's Holocaust Commission, or the story of trying to avoid being a passive 'bystander' as interpreted by the likes of Blair and Cameron, this chapter aims to show the complexity and fluidity of British/British colonial cultural confrontations with the Holocaust. It will do so by providing a close reading of those British/British colonial men who were co-presents to its horrors in two of the most notorious of the Nazi camps: Auschwitz and Bergen-Belsen.[9] By utilising the term 'co-present', the authors emphasise a category which allows for the agency of those who not only witnessed the horrors of the Holocaust but were themselves more than bystanders. Coined by Elmer Luchterhand in relation to those Germans who lived close by to concentration camps, in this case it relates to Allied prisoners of war in Auschwitz who lived alongside the Jewish victims and those who liberated Bergen-Belsen in spring 1945. In the case of the former, the suffering of these men was real, especially in experiencing the forced marches from Auschwitz in the last months of the war. In the case of the latter, they were involved in life or death decisions

7 Tony Blair: *A Journey*. London: Hutchinson 2010.

8 Marcus Dysch: Syria vote ignored lesson of Holocaust, says Cameron. In: *The Jewish Chronicle*, 20.09.2013, p. 1.

9 Elmer Luchterhand put forward the term 'co-present' in relation to those Germans who lived close to the concentration camps, elaborating on p. 271 note 6 that, in his case, "less awkward terms such as *witness* and *bystander* do not really apply" (Elmer Luchterhand: Knowing and Not Knowing: Involvement in Nazi Genocide. In: Paul Thompson / Natasha Burchadt (eds): *Our Common History: The Transformation of Europe*. London: Pluto 1982, pp. 251–272, here p. 251). From a very different perspective it will be argued here that these two words, especially the latter, do not fully encapsulate the position of the men to be studied here.

in the treatment of the survivors. These men and women were also deeply traumatised by what they had experienced, if only briefly, in Belsen. In both examples, the term 'bystander' does not do their status justice and nor does the less judgmental 'witness' as they were this and much more. 'Co-present' is thus employed to allow a nuanced and multi-layered analysis of who they were and how they responded both at the time and subsequently. To enable such an approach, the testimony of these men and how they wrote and re-wrote their experiences will be at the heart of the analysis. The first half will provide an overview of the changing shape of Holocaust consciousness in postwar Britain from the 1940s to the present through a qualitative analysis of the writings and representations of soldiers who were Allied prisoners of war in the Auschwitz complex. The second half is devoted to a detailed textual analysis of the testimony of those who were involved with the liberation of Bergen-Belsen in different ways. The conclusion will consider the wider implications of these case studies, especially in moving beyond the increasingly dominant and crude tripartite 'perpetrator, victim and bystander' categorizations that threaten to obscure the 'grey zones' of the Holocaust.

2. Holocaust consciousness in Britain and Auschwitz Camp E715

For many years, the absence of Britain in Holocaust memory work was true in reverse – collective memory in Britain associated with the Second World War tended to ignore the Holocaust. There were exceptions, most notably the liberation of the Bergen-Belsen concentration camp by British troops in April 1945. Even here, the detail that most of its victims were Jewish was ignored or downplayed.[10] The second part of this chapter will analyze rare and partial – but very important – exceptions to this trend. More recently, however, as the Holocaust has become recognized as one of, if not *the* defining event of the 20th century, greater efforts have been made to connect the British war effort to the persecuted Jews on the continent in what is an uneven and ongoing process. This important dynamic will be illustrated by the changing context and attention given to the groups of men studied here.

10 Joanne Reilly: *Belsen: The Liberation of a Concentration Camp*. London / New York: Routledge 1998.

For Mark Connelly, the "myth of the Second World War [...] is deeply implanted in the heart and minds of the British people." It is, he adds, "public and shared and has its own conventions. [...] It is a memory which tends to marginalise moments of misery, fear and loss and value episodes of bravery, resolution and humour." At its heart are Dunkirk, the Battle of Britain and the Blitz.[11] The Second World War, according to cultural historian Patrick Wright, is for Britain still "that over-riding moment of national dignity and worth", which remains "the [...] living memory of a righteous war that 'we' won".[12]

Nevertheless, it will be argued that Britain's morally untarnished and unproblematic referencing of the war is potentially being challenged by the increasing attention being given to the Holocaust, which, by the end of the 20th century, became *the* philosophical focal point for discussing issues of morality and modernity – including the role of the 'bystander'. Indeed, according to Rainer Baum, moral indifference toward the Holocaust is *the* form of modern evil.[13]

Potential tension with regard to 'rival' memory work connected to the Second World War – Jewish suffering on the one hand, and 'Britain alone' on the other – becomes even greater in the light of a growing body of research and popular awareness that the British government did not do all it could have done to help the Jews of Europe in their time of greatest need. Even the Prime Minister's *Holocaust Commission Report* plays lip service to "more challenging elements of Britain's history – such as the refusal to accept more refugees or the questions over whether more could have been done to disrupt the Final Solution [...]."[14] One reaction to such allegations has been to respond to the (sometimes polemical) literature accusing Britain (and America) of inaction, indifference and even antipathy toward the persecuted Jews with equally simplistic accounts that exonerate Britain and suggest that nothing could have been done to help other than winning the

11 Connelly: *We Can Take It!*, pp. 1, 3, 5.

12 Patrick Wright: *On Living in an Old Country: The National Past in Contemporary Britain*. London: Verso 1985, pp. 25, 245.

13 Rainer Baum: Holocaust: Moral Indifference as the Form of Modern Evil. In: Alan Rosenberg / Gerald Myers (eds): *Echoes from the Holocaust: Philosophical Reflections on a Dark Time*. Philadelphia: Temple UP 1988, pp. 53–79. Emphasis in italics added by authors.

14 *Britain's Promise to Remember*, p. 9.

war.[15] Another has been to emphasize what *was* done to help (hence the efforts made to eulogize the *Kindertransport* which has, in part, been instrumentalized across the Atlantic to reveal the *absence* of such a child rescue scheme in America) and, in other ways, to directly link the British war experience with that of European Jewry.[16]

Both reactions were present in an initiative sponsored in the last days of the 'New Labour' government, when Prime Minister Gordon Brown presented the first 25 awards to Britain's 'Heroes of the Holocaust'. Among them were two living recipients, both of whom subsequently died at grand old ages. One was Sir Nicholas Winton, dubbed the 'British Schindler' for his role in helping to bring hundreds of Jewish Czech children to Britain in early 1939 as a discreet part of the *Kindertransport*.[17] The other was Denis Avey, a British prisoner of war, who, along with up to 1,400 others, arrived in the Auschwitz camp complex from Italy "in autumn 1943 [...] to form subcamp E715".[18] Of these Avey has become the most famous. A year after his 'Heroes of the Holocaust' award, Avey published *The Man Who Broke into Auschwitz*, a book that became an international bestseller.[19]

Avey's story was not unknown before his award and the publication of his memoir. In 2001, his testimony was taken by the Imperial War Museum, which, a year earlier, had opened its permanent Holocaust exhibition and carried out many interviews of survivors and other witnesses to the Nazi persecution of the Jews.[20] It was part

15 Contrast Theodore Hamerow: *Why We Watched: Europe, America, and the Holocaust*. New York / London: Norton 2008 with William Rubinstein: *The Myth of Rescue: Why the Democracies Could Not Have Saved More Jews from the Nazis*. London / New York: Routledge 1997.

16 Caroline Sharples: The Kindertransport in British Historical Memory. In: Andrea Hammel / Bea Lewkowicz (eds): *The Kindertransport to Britain 1938/39: New Perspectives*. Amsterdam: Rodopi 2012, pp. 15–28.

17 Robyn Rosen: British Schindlers on Brown's List. In: *The Jewish Chronicle*, 12.03.2010, p. 10.

18 Joseph White: "Even in Auschwitz ... Humanity Could Prevail": British POWs and Jewish Concentration-Camp Inmates at IG Auschwitz, 1943–1945. In: *Holocaust and Genocide Studies* 15:2 (2001), pp. 266–295, here p. 270.

19 Denis Avey / Rob Broomby: *The Man Who Broke into Auschwitz*. London: Hodder & Stoughton 2011.

20 Imperial War Museum oral history interview, 16.07.2001, catalogue no. 22065, and more generally Tony Kushner: Oral History at the Extremes of Human Experience: Holocaust Testimony in a Museum Setting. In: *Oral History* 29:2 (2001), pp. 83–94.

of a wider confrontation with the Holocaust in British society from the late 20th century onwards that has been made manifest, beyond the exhibition, in the form of War Crimes legislation (1991), the integration of the topic into the National Curriculum (also 1991), and the institution and institutionalization of Holocaust Memorial Day (2000 onwards).[21]

In a related process experienced by the few Holocaust survivors who came to Britain after the war, the British POWs from E715 found recounting their experiences, especially regarding the persecution of the Jews around them, very troubling when they returned home. Eric Doyle expressed this frustration at the Nuremberg Trials in November 1947: "[The Jews'] condition and treatment was so bad that it is impossible to explain it to people in England; they just don't understand that people could be treated like that."[22] Another, Arthur Gifford-England, giving his testimony in the 2000s, stated: "I didn't talk about it for a long time, no one believed that we were at Auschwitz and no one believed what we had seen".[23] Rather than provide shared empathy, the parallel narratives of suffering during the Blitz and the Holocaust created distance and caused irritation to those that had experienced the dangers and discomfort of the Home Front.

Prisoners of war in general struggled to find their place when returning home, fitting neither into the heroic narrative of Blitz nor that of battle. Those that had endured being co-presents of the 'Final Solution' experienced a double marginality in terms of collective war memory – their stories simply did not fit and, as with the majority of Holocaust survivors, there was no attempt to deal with the trauma they had experienced, albeit in this case as intimate witnesses rather than as primary victims. In this respect, they faced some of the same problems as those British soldiers (and later doctors and nurses) who had liberated Belsen in April 1945, but with the additional burden of being perceived as 'only' prisoners of war.[24]

21 See Pearce: *Holocaust Consciousness*, parts I and II.

22 Affidavit and Testimony of Eric J. Doyle. In: *Trials of War Criminals Before the Nuernberg Military Tribunals*, vol. 8: The I. G. Farben Case. Washington: United States Government Printing Office 1952, pp. 616–623, here p. 617.

23 Duncan Little: *Allies in Auschwitz: The Untold Story of British POWs Held Captive in the Nazis' Most Infamous Death Camp*. Forest Row: Clairview 2011, p. 67.

24 Reilly: *Belsen*, passim.

Such feelings of marginality perhaps partly explain the distortion that occurred in the testimony and representations of two E715 POWs relating to the help they purported to give to the Jewish victims of Auschwitz. The cases are interrelated in that the second relies very heavily on the romance of the published life story of the first. The result is that they produce remarkably similar narratives, albeit constructed more than half a century apart. Inevitably, however, the *context* of these falsifications – given the 57-year gap – is markedly different and reveals much about changes in Holocaust consciousness in postwar Britain. *The Password Is Courage* was first published in 1954 and has been republished regularly since. It is the ghostwritten account of Sergeant Major Charles Coward, the self-styled 'Count of Auschwitz'. Coward is presented as having saved hundreds of Jews whom he helped to escape. In addition, in what might be described as a melding of Woody Allen's Zelig and Steven Spielberg's Oskar Schindler with the British POW omnipresent in all forms of Holocaust resistance and rescue, Coward helps plot the *Sonderkommando* uprising in October 1944, alerts the Allies to the 'Final Solution' and, most remarkably, changes places with a Jewish inmate of Monowitz so that he can search for a British POW.[25] None of these claims stand up to scrutiny. Yet in 1962, Coward was the first British person to be awarded the title of 'Righteous Among the Nations' by Yad Vashem in Jerusalem, without any "extensive corroboration".[26] Coward presents himself as being appalled about the treatment of the Jews at Auschwitz and it is possible that, in his own small way, as with most British POWs of E715, he did his best to help through small acts of everyday kindness such as giving food, clothing and cigarettes from Red Cross parcels to those they ambiguously labelled "stripees".[27] Even these everyday sympathetic gestures have been questioned by some of his fellow E715 POWs, who have accused Coward of cruelly "mimicking the suffering Jews", much to the amusement of the German

25 John Castle: *The Password is Courage*. London: Souvenir 1954.

26 White: "Even in Auschwitz ...", p. 281.

27 More generally on how they viewed the Jewish inmates see Little: *Allies in Auschwitz*; Colin Rushton: *Spectator in Hell: A British Soldier's Story of Imprisonment in Auschwitz* [1998]. Chichester: Summersdale 2007.

guards.[28] What is certain is that his alleged grander gestures to save the Jews of Auschwitz were nothing more than fantasy and reflect the 'Boy's Own' tone of the rest of *The Password Is Courage* and its tales before the transfer to E715 of constant and audacious escape. But the Coward myth extended further in the public sphere. In 1960, he was honored by an episode of *This Is Your Life* that focused heavily on his Jewish rescue activities in Auschwitz, providing a background to the Yad Vashem award.[29] A film version of *The Password Is Courage*, starring Dirk Bogarde (who will feature prominently in the second half of this chapter) as Coward, was released by MGM two years later.[30] And it is within the marketing history of *The Password Is Courage* that the changing focus of collective memory can be located. The emphasis was initially on the Coward narrative as a prisoner of war escape account. It was cast in the same mold represented later, most famously by Steve McQueen in *The Great Escape* (1963), but already firmly established by *The Wooden Horse* (1950).[31] The film version of *The Password Is Courage* was presented *solely* as a POW escape narrative and the story ends in 1943, before the transfer to Auschwitz.[32] Indeed, it can be seen as a forerunner to *The Great Escape*, which appeared a year later, also from the MGM stable. Further contributing to placing the memoir in a particular genre, it was endorsed by military figures such as Lt. Col. F. Spencer Chapman, who extolled: "Of all the escapes I have read of the last war, this is the most outstanding."[33] As late as

28 Ron Jones / Joe Lovejoy: *The Auschwitz Goalkeeper: A Prisoner of War's True Story*. Llandysul: Gomer 2013, p. 180.

29 Broadcast on BBC television, 24.10.1960. See *The Jewish Chronicle*, 28.10.1960, p. 31; *AJR Information* 15:12 (1960), p. 3 for comment.

30 *The Password is Courage* (UK 1962, D: Andrew L. Stone).

31 Geoff Hurd (ed.): *National Fictions: World War Two in British Films and Television*. London: British Film Institute Publishing 1984. See also Nicholas Cull: "Great Escapes": 'Englishness' and the Prisoner of War Genre. In: *Film History* 14:3–4 (2002), pp. 282–295.

32 The television version of the film ends before the transfer to the Auschwitz complex but in some of the cinema versions, drawings and a voice over provide limited details about the concentration camp. Information on the film's various endings is provided in the Wollheim Memorial website: http://www.wollheim-memorial.de/en/die_geschichte_des_romans_the_password_is_courage_von_john_castle (accessed 20.03.2013).

33 John Castle: *The Password is Courage*. London: Corgi 1962 edition, back cover.

1975, it still contained a quote from one of the original reviews stating that *The Password Is Courage* was "an epic among escape stories".[34] Only in the new edition of 2001 did the focus change, with the back cover given the title "The Man Who Broke *into* Auschwitz". The description emphasized Coward's role in helping Jews to escape and in organizing resistance efforts. "Finally," it added, Coward "smuggled himself *into* the Auschwitz compound and mingled with its doomed inmates – until he was forced to flee from certain execution himself."[35] Here, at the turn of the millennium, we can clearly detect a shift from a classic war narrative of POW escape, as portrayed in Anglo-American filmic versions throughout and beyond the 1950s, to a Holocaust narrative and an attempt to share victimhood with the Jewish prisoners of Auschwitz.It is this later Auschwitz-centered model that Coward's fellow E715 POW Denis Avey exploited from the late 2000s onwards. Rather than be one among many of these former British soldiers in the Auschwitz complex, Avey, in his ghostwritten memoir, *The Man Who Broke into Auschwitz*, borrowed both the story and the later nomenclature of Coward's account. Published in 2011, it carried an enthusiastic foreword by Martin Gilbert, who commented that "The honesty of this book heightens its impact."[36] Avey quite blatantly replicated Coward's story of swapping places with a Jewish inmate. There are Holocaust memoirs that are completely fabricated, most famously by Binjamin Wilkomirski (or as he was also known, Bruno Grosjean and then Bruno Dössekker) in his *Fragments* (1996).[37] More common, however, are deliberate distortions to provide the right kind of redemptive ending or at least to avoid attention being directed at messy new beginnings.[38] Avey's memoir, by a co-present rather than a victim of the Holocaust, is unique in that it builds upon two earlier distortions: that of Coward, as noted, but

34 John Castle: *The Password is Courage.* London: Corgi 1975 edition, back cover, quoting the *Yorkshire Evening Press.*

35 John Castle: *The Password is Courage.* London: Souvenir 2001 [reprinted in 2011], back cover.

36 Martin Gilbert: Preface. In: Avey / Broomby: *The Man Who Broke into Auschwitz*, p. vi.

37 Binjamin Wilkomirski: *Fragments: Memories of a Childhood, 1939–1948*, transl. from the German by Carol Brown Janeway. London: Picador 1996.

38 See Donald Bloxham / Tony Kushner: *The Holocaust: Critical Historical Approaches* Manchester: Manchester UP 2005, pp. 38–40.

also of the fake Holocaust memoir *Stoker* (1995) by Donald Watt.[39] What then were the motives of Denis Avey? One explanation is basic finance and a means to sell more copies of the book. Yet while this motive cannot be fully discounted, we would suggest it is not fully convincing and that it is more revealing to explore the underpinning ideological and cultural reasons behind the fictional aspects of his memoir. Using a heroic model, and before *The Man Who Broke into Auschwitz* was published, it has been argued that the positive response of the British POWs to the Jews in their midst reflected the near impossibility of escape and thus an even greater desire to "help Hitler's ideological 'enemies', the concentration-camp inmates",[40] and to 'do their bit' for the war effort. If this model is extended, first Coward and then Avey aggrandized their role because they felt frustrated that they could do no more. But one can go further and suggest that, with Avey and the last edition of Coward's book, the increasing awareness of the horrors of the Holocaust created a narrative challenge to more traditional British readings of the conflict. It was no longer enough to present it purely as a military battle, albeit one where 'good' fought against 'evil'. As a result, there was an impulse (and demand) to move from the presentation of the POWs in E715 as *witnesses* to *fellow sufferers* in Auschwitz. In relation to the POWs of E715 – those closest to the 'Final Solution' – none of them actually risked their lives to help the Jewish inmates of Monowitz. Their contribution was more mundane but nevertheless important. It is also important that we do not romanticize the group as a whole: Not all of the British in Auschwitz were sympathetic toward the Jews, as the testimony relating to Coward has already revealed. Jewish internee, Leon Greenman, looking for moral support from a British POW, followed him into a latrine only to be served with a diatribe against the Jews of Britain and their alleged unpatriotic black market activities (particularly stinging to the Jewish

39 Donald Watt: *Stoker: The Story of an Australian Soldier Who Survived Auschwitz-Birkenau*. East Roseville: Simon & Schuster 1995. On Avey's borrowings, see Guy Walters: Did this British PoW really smuggle himself into Auschwitz to expose the Holocaust … or is his account pure fantasy and an insult to millions who died there? In: *Daily Mail*, 09.04.2011. http://www.dailymail.co.uk/news/article-1375018/Denis-Avey-broke-Auschwitz-expose-Holocaust-account-insult.html (accessed 06.01.2017), and more generally on this phenomenon, Sue Vice: *Translating the Self: False Holocaust Testimonies*. Edinburgh: Edinburgh UP 2014.

40 White: "Even in Auschwitz …", p. 267.

inmate as his two brothers were serving in the British army). As a result, "I felt lonelier than ever. One of my own had talked like the Nazis."[41] In *Survival in Auschwitz*, Primo Levi was also unsentimental about the British POWs he encountered in Buna. They feature in relation to 'Henri' (in reality Paul Steinberg), a man whose survival Levi puts down to his clinical and cold approach and for whom the great chronicler of Auschwitz has no empathy. Emotionless, Henri 'seduces' the English POWs to obtain food and cigarettes: "his instrument of penetration, with the English and others, is pity".[42] These POWs appear at only one other point in Levi's classic testimony. He refers to the cold and snow during what turned out to be his last winter in Auschwitz. Levi is in his summer outfit, the "Germans and Poles go to work in rubber jack-boots, woollen ear-pads and padded overalls; the English have their wonderful fur-lined jackets".[43] In short, Levi rightly presents the British POWs as occupying a different world of experience from the Jewish inmates – even if it is located in the same place in Monowitz. It was a difference that those ordinary soldiers in E715 found hard to communicate back home without resorting to the distortions and falsehoods of Coward and Avey. Similar challenges were to face those who were involved in the liberation of Bergen-Belsen, the camp whose later history became intrinsically linked to the last days of Auschwitz and the infamous death marches. The liberation of Belsen and the images coming out of it were of extreme importance in postwar British culture, society and politics. In the process, Belsen became 'our camp'. Has this appropriation, however, acted as a way into or a barrier against wider engagement with the destruction of European Jewry?[44] By studying the testimony of those linked to its liberation and the way it was received and interpreted, yet more light will be shed on the evolution and contested relationship between Britain and the Holocaust.

41 Leon Greenman: *An Englishman in Auschwitz*. London: Vallentine Mitchell 2001, p. 75.

42 Primo Levi: *Survival in Auschwitz: The Nazi Assault on Humanity* [1996], transl. from the Italian by Stuart Woolf. New York: Collier 1961, pp. 90–91. See also 'Henri's' own memoir: Paul Steinberg: *Speak You Also: A Survivor's Reckoning*, transl. from the French by Linda Coverdale with Bill Ford. London: Penguin 2001.

43 Levi: *Survival in Auschwitz*, p. 123.

44 Jo Reilly / David Cesarani / Tony Kushner / Colin Richmond (eds): *Belsen in History and Memory*. London / Portland: Cass 1997.

3. Writing and rewriting Belsen

In April 1945, RAF Bomber Command pilot and BBC journalist Richard Dimbleby encountered what his fellow war journalist, Australian Alan Moorehead, would describe as "The litter of paper and rags and human offal" that was Bergen-Belsen.[45] What both men saw there would also be experienced by actor and writer Dirk Bogarde, born in England to a family of Dutch, Flemish and Scottish extraction. While this section of the chapter will focus on Bogarde's responses, all three men took complex and diverse understandings of their national identity and culture into the camp and all three found those identities – Australianness, Englishness, colonial, expatriate, establishment, other and outsider – to be, in turn, points of reference, sources of comfort and constructions that would be utterly shaken by the Holocaust. The BBC's Richard Dimbleby, broadcasting his now legendary report from the camp, "The Cesspit Beneath", would attempt to convey the horror of what he saw to his British audience through the image of the British soldier: "these officers and men who have seen these things have gone back to the Second Army moved to an anger such as I have never seen in them before."[46] Fellow war correspondent Wynford Vaughn-Thomas wrote of Dimbleby's reaction to Belsen: "here was a fundamentally decent man who had seen something really evil and hated it with all his strength."[47] Later, Jonathan Dimbleby remarked of his father that "he had felt deeply committed to the cause for which the war was fought; the defence of values and assumptions to which he gave unquestioning allegiance: democracy, freedom and the British way of life".[48]Dimbleby's rootedness in a British, more specifically English, 'way of life' explains much of his response. For Dimbleby, the origins of and ideology behind the camp stood as anathema to all things English, while he searched through an English past for some

45 Alan Moorehead: Belsen. In: Cyril Connolly (ed.): *The Golden Horizon*. London: Weidenfeld & Nicolson 1953, pp. 103–112, here p. 106.

46 Richard Dimbleby: "The Cesspit Beneath", Belsen, 19 April 1945. Reproduced in: Leonard Miall (ed.): *Richard Dimbleby: Broadcaster – By His Colleagues*. London: BBC 1966, pp. 44–45, here p. 44.

47 Wynford Vaughn-Thomas: Outrage. In: Miall (ed.): *Richard Dimbleby*, pp. 42–43, here p. 43.

48 Jonathan Dimbleby: *Richard Dimbleby: A Biography*. London: Hodder & Stoughton 1975, p. 203.

point of reference to describe what he could see: "Like this must have been the plague pits in England three hundred years ago."[49] Once home from Belsen, Dimbleby watched the VE Day celebrations on the Devon coast. His Churchillian response is worth including in full and illustrates his sense of himself as part of an unbroken (military) narrative of English history and identity:

> I thought this was how it must have been when we saw the Spanish Armada coming, from the top of Plymouth Hoe, and again, when we waited for Napoleon to come, and yet again – and how little time ago – when we waited with fire for another invader to come, with fire not to give the alarm but to burn and repel him. Now, on this summer night, all around the dark coast of Britain, the fires were burning in villages and coves, not because the invader was coming, but as a bright and warm and comforting signal that no ship but a friendly ship should ever come to the shores of this island.[50]

In this powerful evocation of 'home', the English Channel protects the 'island nation' from foreign invaders.[51] Out of such stability, the unique 'island story' has flourished. It is one free of the human stain of the diseased continent of Europe as represented by the horrors of Belsen described just weeks earlier by Dimbleby. Yet its rocklike solidarity enabled the humanitarianism required to liberate the Nazi camp and thereby add to the mythology of English exceptionalism. Most significantly and perhaps unrestricted by the burden of being conqueror or conquered, Alan Moorehead engaged in an attempt to understand the Germans that has stood out in a world of copy dedicated to the "beastly Hun" and the animalistic/satanic descriptions of the perpetrators as the 'beasts' and 'beastesses' of Belsen.[52] Instead, Moorehead "embarked on an immensely complicated relationship with the defeated Germans, full of loose ends and contradictions

49 Dimbleby: "The Cesspit Beneath", p. 44.

50 Quoted in Jonathan Dimbleby: *Richard Dimbleby*, p. 202.

51 Peter Unwin: *The Narrow Sea: Barrier, Bridge and Gateway to the World – The History of the English Channel*. London: Review 2003.

52 Edward Frederick Langley Russell, Lord Russell of Liverpool: *The Scourge of the Swastika: A Short History of Nazi War Crimes*. London: Cassell 1954, pp. 177, 180, 207.

leading nowhere."[53] Moorehead tried to understand Belsen and its creators: "Was it sadism? No, on the whole, not. Or if it was sadism, then it was sadism of a very indirect and unusual kind."[54] Dismissing this possibility and turning to rational economics for a possible answer, he continued to search. "Can one imagine anything more inefficient than letting all this valuable labour go to rot?"[55] Moorehead battled against the general trend in Anglo-American accounts of Belsen, Buchenwald and Dachau: "it seems such a pity to give way to the downright childishness of saying that all Germans are natural black hearted fiends capable of murdering and torturing and starving people at the drop of a hat."[56] It was a trend toward vindication and revenge that shaped 1945 and equally disturbed Dimbleby, who wrote in response to setting up the early postwar trials: "the recrimination, the revenge and judgement [...] it's necessary I know. The heads must roll, but I wish they would roll without hysterical trials, poison and stomach pumps."[57] That Moorehead could, in the liberated camp, stand back and ask, "Who then was responsible for Belsen?" and thus place responsibility *beyond* one clear perpetrator is perhaps the best illustration of the remarkable complexity of his world view.[58] That such a question could even be asked in 1945 would have astounded and bemused fellow co-present to Belsen, Dirk Bogarde. His authorized biographer, John Coldstream, described Bogarde, star of such influential films as *Death in Venice* and *The Servant*, as a "complex, fugitive, fascinating figure".[59] Son of a Glaswegian mother, Margaret Niven, and the graphic artist for *The Times*, Ulrich Bogaerde, who was Dutch in origin, was christened Derek Jules Gaspard Ulrich Niven van der Bogaerde to reflect a rich and diverse cultural heritage: his family background gives the lie to the mythology of Britain's 'island

53 Phillip Knightley: Introduction. In: Alan Moorehead: *Eclipse*. London: Granta 2000 [1946]. More generally see Ann Moyal: *Alan Moorehead: A Rediscovery*. Camberra: National Library of Australia 2005.

54 Moorehead: Belsen, p. 108.

55 Ibid.

56 Ibid., p. 111.

57 Jonathan Dimbleby: *Richard Dimbleby*, p. 200.

58 Moorehead: Belsen, p. 110.

59 In the dustjacket of John Coldstream: *Dirk Bogarde: The Authorised Biography*. London: Weidenfeld & Nicolson 2004.

story' in which it is a homogenous nation without a history of inward or outward migration.[60] Indeed, although he was brought up in Sussex, constructed as one of the most 'English' counties,[61] Bogarde spent much of his life beyond the boundaries of his country of birth, a 'fugitive' from the fixed and imposed identities both of nationality and national identity and also of lifestyle and sexuality. Certainly, on film, Bogarde became the quintessential English matinee idol, beautiful to look at and one member of a generation of former soldiers (including John Mills and Richard Todd) who continued to wear uniform after 1945 as stars in some of the most successful war movies of the 1950s.[62] However, his was a talent, an attitude and a lifestyle that also put him beyond the constraints not only of English 1950s society but also of the limitations and stereotypes of the American film industry. As Michael Coveney commented in a review of Coldstream's biography of the star: "He was English, sure, but there was an exotic, un-English quality of existential angst that was never going to find fulfilment in Hollywood." His was, as Coveney concludes, "a restless, abrasive personality".[63] Bogarde struggled with the press intrusion and insinuations regarding his (then illegal) homosexuality. This constant quest for privacy led to his decision to spend most of the second half of his life in the south of France. While he maintained a reverence for his Sussex childhood forever, Bogarde was, as his letters reveal, often bitter – and indeed in the private realm occasionally and casually racist – in his remarks about the Britain he had left behind and that he returned to in later life.[64] It is something Lynn Barber has identified but greatly overstated as "the usual expat complaints about England going to the dogs, being taken over by Jews, Arabs, Japs, nignogs, socialists, etc."[65] More astutely, John Coldstream, who edited

60 Kathy Burrell / Panikos Panayi (eds): *Histories and Memories: Migrants and Their History in Britain*. London: Tauris Academic Studies 2006.

61 Robert Colls: *The Identity of England*. Oxford: Oxford UP 2002, p. 110.

62 Connelly: *We Can Take It!*, p. 200.

63 Michael Coveney: Vain, waspish ... and a consummate artist. In: *The Guardian*, 02.10.2004, p. 15 (in its Saturday Review section).

64 John Coldstream (ed.): *Ever, Dirk: the Bogarde Letters*. London: Phoenix 2009.

65 Lynn Barber: Dirk Bogarde's grouchy letters are a publication too far. In: *The Daily Telegraph*, 23.08.2008, p. 23.

Bogarde's letters for publication, notes that "Even allowing for the passage of time – and, more important, the privacy of the medium – we can only wince at some of his asides about the blacks, the Asians and the Jews. Yet although he could make a crude generalisation, Dirk was neither truly a racist nor an anti-Semite."[66] Coldstream lets Bogarde too easily off the hook but he is right to point out the complexity of his subject's attitudes and the importance of ambiguity in attitudes towards the "other".

As result of his exile from this Britain of 'foreigners', a particularly romantic, idealized construction of, specifically, England and of Englishness (one, in contrast to Dimbleby, that was riven with class and other snobberies) would define Bogarde's memory of the day when, "under a clear, hard blue sky", he walked as a member of the British army into Bergen-Belsen.[67] There would be no end to his dislike for the very many people, including Jews, whom he described as "the great unwashed".[68] Certainly, it would trigger in Bogarde, in contrast with Moorehead's response to the camp, a lifelong hatred of Germans. Commenting on Holocaust survivors and their ongoing fear of the Germans, Bogarde commented: "they are still there: I have seen them and I too feel fear and revulsion."[69] In a documentary about his life, Dirk Bogarde would say of Belsen: "I can't really describe it very well. I don't really want to", before being reduced to tears on camera by his memories of the camp and "the rotting people" he found himself among.[70] What is intriguing about *this* fugitive's response to Belsen is that Bogarde retreated to a vision of an England that had only ever existed in his imagination, a refuge not only from the horrors of this notorious camp but also from the Britain that he had fled – the society that had, in reality, made him an outsider. For Bogarde, Belsen prompted a search for a 'home'.In a series of book reviews for the

66 John Coldstream: Introduction. In: Id. (ed.): *Ever, Dirk*, pp. 1–12, here p. 8.

67 Dirk Bogarde: Out of the shadows of Hell. In: *The Daily Telegraph*, 26.11.1988, reproduced in: Dirk Bogarde: *For the Time Being: Collected Journalism*. London: Viking 1998, p. 143.

68 Coldstream: *Ever, Dirk*, passim.

69 Bogarde: Out of the shadows of Hell, p. 144.

70 Russell Harty: *A Conversation with Dirk Bogarde*. Broadcast on Yorkshire Television, 14.09.1986. It is available at the British Film Institute and through dirkbogarde.co.uk (accessed 24.08.2015).

Daily Telegraph in the final stages of his life, Bogarde remembered Belsen and that memory led him to look at *his* England: Belsen forced Bogarde to ask, "could it happen here?" His recollections of his fellow soldiers' responses in 1945 still haunted him:

> And could it happen here? In England's green and pleasant land, we asked each other this, in the jeep bumping back from the camp, and we agreed, in 1945, that, yes, it could. Wembley Stadium to start with, then shove them all off to Catterick Camp or any other military hellhole; you'd get all the guards you needed to beat the hell out of them and then ship them back wherever they came from.

Bogarde commented on that conversation: "I was swimming with tears, sick twice, and dreamt of it for nights and months of nights."[71] The horror of Belsen was truly revealed to the actor/writer when it was transferred in Bogarde's imagination to the landmarks of his 'imagined' England. Bogarde's first review of Holocaust-related texts for the newspaper had prompted a flurry of hate mail: "The last time I wrote about the Holocaust, I received so much hate mail that I was, I confess, greatly taken aback."[72] Until he wrote his first review, Bogarde explained, he had "never before been called a Dirty Jew Lover nor a Lying Bastard nor a Filthy Communist Jew". Bogarde was at a loss to understand why his status as a liberating soldier was not enough to counter the authors of the "scrawled obscenities":

> The fact that I had been a witness to Belsen, had fought through Normandy, France, Holland and Belgium and ended up in the ruins of the just conquered Berlin seemed to make no impression. I was still branded a liar, and what I had seen in Belsen had never occurred.[73]

While shocked and personally wounded by the insults, it was the presence of such attitudes in Britain that, remarkably, left Bogarde bewildered. In response, he conjured up an England reminiscent

71 Bogarde: Out of the shadows of Hell, p. 146.

72 Dirk Bogarde: How could such hatred exist? In: *The Daily Telegraph*, 10.08.1991, reproduced in: Bogarde: *For the Time Being*, p. 213.

73 Ibid.

of Dimbleby's VE day musings but without their underpinnings of self-assurance: "How, I wondered, could such hatred still exist? Most especially in this land of mine, on this treasured soil, never occupied since the Normans? The land which had given the world the terms 'fair play' and 'tolerance'?"[74] Bogarde, as noted, had not experienced any such fair play and tolerance himself in relation to his sexuality, but in remembering Belsen he could think of no other version of his native country. Thus, in his review, Bogarde transposed the scenes of Belsen to those of his Sussex childhood, this distinctly personal comparison making them all the more vile: "It is as obscene to imagine a killing camp set down in the fields around Cuckfield and everyone pretending it was not there." The hate mail had returned Bogarde to the question, "could it happen here?":

> Control, power; with permission. Not here? You think? But we have them already made: the Union-Jack underpants fraternity who wreck Spanish bars, Channel ferries, railway carriages, football stadiums. Drunk with beer and rage, mindless, stuffed with false National Pride, they rampage everywhere. And who stops them?[75]

There is genuine anguish in Bogarde's memories of Belsen and the suffering he saw there, but it exists alongside what reads as a lament for a lost England and a criticism of a society in decline, unable and unwilling to challenge plebeian mob rule. In September 1991, he was asked to share his wartime experiences with the students of Tonbridge School. The school's Head of History, Anthony Seldon, explained the essence of Bogarde's talk to John Coldstream: "It was an outpouring of liquid emotion. And afterwards he just clammed up, he didn't want to speak to anybody, and went home."[76] Bogarde later told readers of his collected journalism: "I couldn't go through that again."[77] But he did and, in 1992, he was asked by the Board of Deputies of British Jews to speak at the annual commemoration for the Warsaw Ghetto Uprising.

74 Bogarde: How Could Such Hatred Exist?, p. 213.
75 Ibid.
76 Anthony Seldon, quoted by Coldstream: *Dirk Bogarde*, p. 519.
77 Dirk Bogarde: *For the Time Being: Collected Journalism*. London: Penguin 1999, p. 221.

A policeman stopped him outside and asked, "What are you doing with *this* lot?" Finally, it was a face to face encounter with British intolerance that seemed to compel Bogarde to give up his attempts to share his Belsen memories: "I realised I must stop this meddling so I pulled in my horns and went back to the typewriter."[78] What is interesting in relation to postwar British confrontations with the Holocaust is how, with regard to Bogarde and Belsen, the utterly unsubstantiated claim has been made – and then given widespread credence –that his testimony was not based on a memory of lived experience at all. Arguing this case, John Coldstream has pointed to what he calls "confusion" in Bogarde's account. Referring to the exclusion zone and the policy of limited access enforced around Belsen in 1945, Coldstream asks: "what would Derek [Dirk] have been doing even at the gates, let alone inside them?" Coldstream continues: "though there can be no doubt that he encountered some of the consequences of the Holocaust, nothing is certain", and ends by saying that

> the safest conclusion is that the images are distilled in part from what Derek saw; in part from what he learned at second hand thanks to the unsparing newsreels and photographs of the time; and in part from what was conjured in that ever-active imagination.[79]

More detailed and recent research than that carried out by his biographer has shown that Bogarde *was* co-present at Belsen. Indeed, he and many others were interviewed about it at the time by the magazine of the unit to which he was then attached – the Royal Canadian Air Force's 39 Reconnaissance Wing, which "visited the camp in April and May 1945."[80] There are two points of significance here. Firstly, what is fascinating here is *not* the false claim that Bogarde *imagined* the camp post-liberation from secondary texts but the convergence of

78 Ibid.

79 Coldstream: *Dirk Bogarde*, p. 122.

80 Mark Celinscak: *Distance from the Belsen Heap: Allied Forces and the Liberation of a Nazi Concentration Camp*. Toronto / Buffalo / London: University of Toronto Press 2015, chapter 4, note 113. See also "Dirk Bogarde and the Holocaust" in dirkbogarde.co.uk (accessed 23.08.2015). It reproduces the sources of Celinscak's research, including that of a fellow member of his unit who recalls him being with him. It also includes Coldstream's acknowledgment of his earlier error and why he came to query Bogarde's presence in Belsen in the first place.

his Belsen 'memory' with that of his 'own' imagined England. Belsen frightened Bogarde because, in contrast to Dimbleby, he could conceive of it happening at 'home' – a home dubiously constructed as having been undermined from below by those of the wrong class and race. Secondly, the fact that Bogarde's biographer could claim he was not present at the camp as late as 2004 – when the historiography of Belsen (and its liberation) was firmly established – indicates the limited sociology of knowledge of the Holocaust in 21st century Britain. It highlights how the tendency toward sensationalism when dealing with the subject, present from 1945 onwards, has not disappeared and is constantly taking new forms. In turn, it reveals an underlying immaturity and inability to understand the connections between Britain and the 'other world' of the Second World War in the form of the Holocaust, which the few co-presents, including Bogarde, were to experience first-hand and never fully recover from. Reflecting this blinkered approach, Ian Jacks, literary editor of the *Guardian* and earlier of *Granta*, and – it is important to emphasize – normally a sensitive, wide-ranging and knowledgeable writer, repeated in far less ambiguous terms Coldstream's story of Dirk Bogarde's non-experience of Belsen – this time as undisputed 'fact':

> Bogarde had real experience of warfare as an intelligence officer in France soon after D-Day and in the aftermath to Arnhem, but he was also a romancer and not beyond invention. (For example, the claim in his autobiography that he was among the first Allied officers to reach Belsen was discredited after his death).[81]

4. Conclusion

Pulling together the memory of these British co-presents to the Holocaust, two contrasting – but linked – tendencies can be observed. In the case of Dennis Avey (and later confrontations with the story of Charles Coward), the desire to believe that *all* of their testimony was true highlights not only the ignorance about Holocaust history but also the desperate attempt to connect the British war effort to the saving of the Jews. With Bogarde, continuing disbelief of his co-presence

81 Ian Jack: The Russians came after all. In: *The Guardian*, 15.03.2014, p. 27.

in Belsen indicates the reverse – the unwillingness to imagine the horror of the Holocaust and connect it to those who were also part of a 'traditional' British war effort. Indeed, Coldstream and Jack are not alone. In 2008, the Emeritus Merton Professor of English Literature at the University of Oxford stated categorically that "it is virtually impossible that [Bogarde] saw Belsen or any other camp."[82] It was a denial that Bogarde had experienced himself earlier in the postwar era, much to his frustration. He recalled in a letter many years after the event a clash with critic Kenneth Tynan:

> He didn't believe a word I told him, drunkenly, one night in Rome about Belsen [...] with sheer and utter disbelief he kept repeating [...] 'I never read that [...]' or 'It's not in the [Hugh Trevor-]Roper book' [...] and I nearly took a swipe at [his] pink tinted stuttering wet lipped face [...].[83]

Such responses, made over many years by distinguished cultural commentators suggest a deeper anxiety at work in the failure to acknowledge British co-presence to the Holocaust. The former tendency, that is, overstating Britain's positive interventions in the Holocaust (including the nation's war objectives in relation to saving European Jewry) is now in the ascendant and is equally if not more dangerous. It is easy to dismiss the accounts by Coward and Avey, and other Auschwitz E715 accounts as false memoirs, as it is, alternatively and mistakenly, those of Bogarde and Belsen. The point of this chapter, however, was not to debunk (or restore) the authority of these autobiographical narratives, but to show how their writing and rewriting reveals the dynamic, multilayered and ambivalent nature of Britain's relationship with the Holocaust. In the process, we have explored how individual and collective memory can work both in harmony and conflict, changing over time and reflecting a constant dialog between 'then' and 'now'. And, as noted in the introduction, rather than being a purely academic exercise, it has also been a *political* intervention. At a time when the memory of the Holocaust in Britain is being increasingly instrumentalized to justify both domestic and foreign policies – on the basis that

82 John Carey: Up close and personal. In: *The Sunday Times*, 10.08.2008, p. 39.
83 Dirk Bogarde to Penelope Mortimer, 21.01.1972. In: Coldstream: *Ever, Dirk*, p. 74.

the country was a righteous nation during the Second World War (or, alternatively, failed to act at all as an indifferent 'bystander') – this is of pressing concern, especially as similar tendencies can be observed in other western nations, as well as in certain Jewish spaces relating to the fraught politics of the Middle East. At the risk of creating misleading moral certainties in the political sphere by naively constructing a watertight compartmentalization of *perpetrator-victim-bystander*, subtler, more fluid, categories that will lead to a more nuanced understanding are now essential. In this respect, the introduction of and cultural engagement with the co-present in the Holocaust narrative is part of a necessary process of problematizing understandings of a subject that demands both demystification *and* acknowledgment of its historical complexity.

Widerständige Poesie: Jiddische Literatur

Sabine Koller

Poetry in Revolt and Slavic-Yiddish Intertextuality:

Vladimir Mayakovsky and Perets Markish[1]

Two poets, two tragedies

In March 1940, Anna Akhmatova escapes from the brink of madness. March 10 sees the death of Mikhail Bulgakov. The very same day marks the second anniversary of the arrest of Akhmatova's son Lev Nikolaevich Gumilev. Akhmatova's salvation is a dedication poem to Vladimir Mayakovsky, the "barabanchik revoliutsii" ('drummer of the revolution'),[2] who took his own life on April 14, 1930.[3]

For years, Anna Akhmatova feared for the physical and mental health of her close friend, the poet Osip Mandelshtam. The "Russian Orpheus", as Joseph Brodsky once called him, was arrested in May 1934 because of a poem mocking Stalin and a slap in the face

1 This paper is a revised version of my article "Das Ich in der Revolte: Vladimir Majakovskij und Perets Markish". In: Klavdia Smola (ed.): *Osteuropäisch-jüdische Literaturen im 20. und 21. Jahrhundert. Identität und Poetik*. Munich: Sagner 2013, pp. 38–54. I would like to thank Petra Huber, Holger Nath and Lauren Ganz for their help in translating this article into English.

2 Sergei Tretiakov: Poėt na tribune (Poslednie stikhi Maiakovskogo). In: V. N. Diadicheva (ed.): *V. V. Maiakovskii: pro et contra*. Sankt-Peterburg: The Russian Christian Academy of the Humanities 2006, pp. 627–634, here p. 634.

3 See Fritz Mierau: Anna Achmatowas "Majakowski im Jahr 1913". In: Id.: *Zwölf Arten die Welt zu beschreiben: Essays zur russischen Literatur*. Leipzig: Reclam 1988, pp. 195–211. This poem has a special place within Akhmatova's œuvre, since it marks the transition to the *Poėma bez geroia* ('Poem without a Hero', 1940–1962), cf. in part. Mierau: Anna Achmatowa, p. 201.

for Aleksey Tolstoy, an author loyal to the regime.[4] Mandelshtam's fate is one more factor that drives Akhmatova to the brink of madness. Through her we know that the only poet who dared visit Mandelshtam's widow Nadezhda after his arrest was the Yiddish author Perets Markish.[5]

Thus Anna Akhmatova brings together two names that are rarely mentioned in the same breath: Vladimir Mayakovsky and Perets Markish (Boris Pasternak, Ilya Ehrenburg and Nathan Altman are other links between the two authors).[6] Mayakovsky was born into a Cossack noble family in Kutaissi (today's Georgia) in 1893 and rose to fame as one of the leading figures of Futurism: Dressed in a yellow shirt, the tall and attractive poet declaimed his verses in a booming voice, threw down the gauntlet to Russian literature and hoped the bourgeoisie would choke on "pineapple and grouse".[7] Together with Aleksey Kruchenykh and Velimir Khlebnikov, he was one of the main figures of Russian Futurism. An ardent believer in the 'New Man', Mayakovsky devoted himself to the service of the revolution. This revolutionary fervor is probably best expressed in Mayakovsky's ROSTA windows, agitprop posters displaying both his literary and

4 Joseph Brodsky: Kind der Zivilisation, transl. from the American by Sylvia List. In: Id.: *Flucht aus Byzanz: Essays*. Munich / Vienna: Hanser 1988, pp. 99–117, here p. 117; Ralph Dutli: *Meine Zeit, mein Tier: Ossip Mandelstam: eine Biographie*. Zürich: Ammann 2003, pp. 402–420.

5 Cf. Gennady Estraikh: Anti-Nazi Rebellion in Perets Markish's Drama and Prose. In: Joseph Sherman / Gennady Estraikh / Jordan Finkin / David Shneer (eds): *A Captive of the Dawn: The Life and Work of Perets Markish (1895–1952)*. London: Legenda 2011, pp. 172–185, here p. 173. The names of well-known Yiddish authors such as Sholem Aleichem are rendered in common English spelling. Other than that, Yiddish texts, titles and names are spelt according to the YIVO transliteration system.

6 Notable exceptions are: Amelia Glaser: 'A Shout from Somewhere': The Early Work of Peretz Markish. In: Sherman / Estraikh / Finkin / Shneer (eds): *A Captive of Dawn*, pp. 50–65; Seth L. Wolitz: Markish's Radyo (1922): Yiddish Modernism as Agitprop. In: Ibid., pp. 103–113; and, in particular, Zsuzsa Hetényi: God, Blood and Crows. War and Pogrom in Parallel Visionary Devices in Perets Markish's Di Kupe ("The Heap", 1921) and Mayakovsky's Voina i Mir ("War And World", 1915–1916). In: Smola (ed.): *Osteuropäisch-jüdische Literaturen im 20. und 21. Jahrhundert*, pp. 13–37.

7 Cf. Mayakovsky's famous couplet from September or October 1917: "Esh' ananasy, riabchikov zhui, / Den' tvoi poslednii / prikhodit, burzhui" ('Eat pineapple, chew grouse / Your last day is coming, bourgeois'). In: Vladimir Mayakovsky: *Polnoe sobrani sochinenii v 13 tomakh*, vol. 1. Moskva: Gosudarstvennoe izdatel'stvo khudozhestvennoi literatury 1955–1961, p. 158; also cf. the footnote on p. 438. All translations in this article are my own, unless otherwise stated.

artistic talent. When it comes to Mayakovsky, politics and poetry are inseparable, a fact that accounts for – as does his love for Lilya Brik – the deep aura of tragedy surrounding him. But Mayakovsky's rebelliousness, the great poet's declamatory pathos and his 'drumming' for the revolution are only surface phenomena that hide the tragic world view of a poet who failed to find the 'New Man' in either God or the revolution. Neither love nor poetry could prevent his suicide: Mayakovsky's 'boat of love / shattered on everyday life' ("liubovnaia lodka / razbilas' o byt")[8], as he wrote in his farewell poem. The world of socialism had become too small and stifling for Mayakovsky's speaker.

Perets Markish, born in Volhynia (today's Ukraine) in 1895, took his first steps as a writer at the age of 15. He wrote mystic symbolist verses in Russian, but rose to fame as a Yiddish poet. With Dovid Hofshteyn and Leyb Kvitko, fellow poets from Kiev, he introduced European Modernism into Yiddish literature and vice versa.[9] His poetry was radical in terms of both its content and its aesthetics. The Yiddish literary critic Bal-Makhshoves ('Master of Thoughts', pseudonym of Yisroel [Izidor] Elyashev) emphasized the wild, impetuous, eruptive element in Markish's poetry,[10] which left impressionist and symbolist poetry far behind – in particular that of the New York group *Di yunge* ('The Young Ones') that had dominated Yiddish literature until then:[11] "Combining the self-reflexivity and darkness of expressionism with the expansiveness, time play, and creativity of Futuristic words, Markish inaugurated an era when the modernist poem became the most important medium for literary experimentation in Yiddish."[12]

8 Ibid., p. 199.

9 David Shneer: An Introduction. My Name is Now: Peretz Markish and the Literature of Revolution. In: Sherman / Estraikh / Finkin / Shneer (eds): *A Captive of Dawn*, pp. 1–15, here p. 4.

10 Cf. Bal-Makhshoves: Dray lirishe poetn. In: Id.: *Geklibene verk*. New York: Tziko 1953, pp. 302–306.

11 Like the New York-based literary group *Di yunge* in its early years and the *Inzikhisten* ('The Introspectives') such as Yankev Glatshteyn and Aaron (Arn) Glants-Leyeles, Markish does not write socio-critical poetry. The so-called 'Sweatshop Poets' (e.g., Yosyef Bovshover or Moris Rozenfeld), on the other hand, wrote about social injustice and the plight of the working people (cf. Yekhezkl Dobrushin: Dray dikhter. In: *Oyfgang* 1 (1919), pp. 71–97, here p. 79).

12 David Shneer: Peretz Markish (Perets Markish) (1895–1952). In: *Dictionary of Literary Biography*, vol. 333: Writers in Yiddish, ed. by Joseph Sherman. Detroit / London: Thomson Gale 2007, pp. 174–179, here p. 175.

Markish – like other representatives of the Yiddish avant-garde – was susceptible to the aesthetic innovations of Imagism, German Expressionism and, in particular, Russian Futurism.[13] His work cannot be completely understood without taking into account not only modern Hebrew literature but also the European, particularly Russian literary avant-garde of the first decade of the 20th century, i. e. Alexander Blok, Sergey Yesenin and Mayakovsky.[14]

Markish welcomed the revolutionary upheavals in his life and art. But hunger and the civil war drove him away from Kiev and Moscow to Warsaw, where he became a member of the Expressionist group *Khalyastre* ('The Gang'). After longer stays in Berlin, Paris, Warsaw and Palestine, Markish settled down in the Soviet Union in 1926. This was the only place that he could see a future for Yiddish – despite the hunger, the purges and the terror. He wrote prose, plays and poetry. In 1941, Markish, together with Sergey Eisenstein and the Russian-Jewish actor Solomon Mikhoels, gave expression to Soviet national pride in an anti-fascist film. But even he, the only Yiddish author ever to be awarded the Order of Lenin (1939), fell victim to the anti-Semitic climate under Stalin and was arrested in January 1949. Like 13 other leading Yiddish writers and intellectuals, Markish was subjected to cruel interrogations and then shot on August 12, 1952, in Moscow's infamous Lubyanka prison.

While Mayakovsky's tragedy is that of the Russian avant-garde as a whole,[15] Markish's tragedy can be regarded as that of Yiddish-Soviet Modernism. Markish – albeit with a few years delay – experienced the same conflict between aesthetics as a norm (Social Realism) and aesthetics as identity (individuality). However, this sad analogy must

13 Charles Dobzynski: Perets Markish au carrefour de la modernité. In: Perets Markish: *Le monceau et autres poems*, transl. from the Yiddish by Charles Dobzynski. Paris: L'improviste 2000, pp. 9–23, here p. 13.

14 Cf. Shneer: An Introduction, p. 6. According to Gennady Estraikh, Ekaterinoslav, Markish's preferred place of work, was – unlike Kiev – a predominantly Russian city (cf. Estraikh: Anti-Nazi Rebellion, p. 172).

15 Orlando Figes writes very much to the point: "Suicide or murder, the significance of the poet's death was clear: there was no longer room in Soviet literature for the individualist." (Orlando Figes: *Natasha's Dance: A Cultural History of Russia*. London: Penguin 2003, p. 470.) For Mayakovsky, it was very difficult to find a place for his poetry as an agitational and productional art form within the Soviet State (cf. Jochen-Ulrich Peters: *Poesie und Revolution: Majakovskijs Lyrik und Versepik als Paradigma der russisch-sowjetischen Avantgarde*. Konstanz: UVK 1979).

not overshadow something that is no less important for the literary and cultural exchange processes between the Russian and Jewish-Yiddish cultures: Mayakovsky's and Markish's views of poetry share important characteristics. Both poets broke radically – and with Futurist virtuosity – with the (literary) past; they can both be called "bards of the city"[16]; and they both celebrated the self in variations on Walt Whitman's *Song of myself* (1881–1882) – in their poetry as well as in its performance (Mayakovsky undoubtedly has a more multi-media-based approach, as proven by his multiple performance in portraits, poetry, theatre and film). Mayakovsky's scandalous poetry readings and his Futurist self-enactments are legendary. Markish complemented the aesthetics of his texts with an "aesthetics of events"[17]: Like a wandering poet-prophet, he traveled through Galicia, Volhynia and Belarus.[18] Both wrote hymns to the revolution and both reacted to the terror of death – during the First World War as well as the following civil war – with a desecration of the divine and aesthetic shock-therapy.

Just as Mayakovsky cannot be reduced to being a mere Futurist or agitprop poet, Markish is more than a mere epigone of foreign literary movements. It would, however, be an equally gross simplification to state nothing but similarities between the two authors. Markish's poetry lacks the cosmic dimension Mayakovsky's verses are brimming with (constantly challenging the reader's receptivity). Equally, there are no parallels in Markish's work to Mayakovsky's tragic love for Lilya Brik or to the themes of suicide and the persistent failure of the self.[19]

Although his poetic speaker frequently stands in opposition to the Jewish collective, Markish's main focus was on Jewishness. The difficult *conditio judaica* in the Tsarist Empire and in the early years of the

16 Nyota Thun: *Ich – so groß und so überflüssig: Wladimir Majakowski. Leben und Werk*. Berlin: Grupello 2000, p. 60.

17 Karolina Szymaniak: The Language of Dispersion and Confusion: Peretz Markish's Manifestos from the Khalyastre Period. In: Sherman / Estraikh / Finkin / Shneer (eds): *A Captive of Dawn*, pp. 66–87, here p. 69.

18 Cf. Aleksandra Geller: Peretz Markish and Literarische Bleter (1924–1926). In: Sherman / Estraikh / Finkin / Shneer (eds): *A Captive of Dawn*, pp. 88–102, here p. 89.

19 Cf. Thun: *Ich – so groß und so überflüssig*, p. 101: "The danger for love increased the danger for the self at all times."

Soviet Union – with persecution, pogroms and death, yet at the same time a great euphoria brought on by the chance for cultural independence and self-development under the new system – turned him into a poet for his people. While Mayakovsky was a cosmopolitan (which did include a Jewish element), Markish was a *Yiddishist*, i. e. an active advocate of the major project of promoting the cultural renaissance and with it the broad cultural development of Eastern Jews (which does not exclude the cosmopolitan element):[20] In addition to this, Markish's poetry had a high potential for synthesizing Futurist and Expressionist as well as Jewish and non-Jewish, i. e., Slavic elements.[21] The perhaps most fascinating parallel between Vladimir Mayakovsky and Perets Markish is the enthusiasm with which they celebrated the self in their poetry. Both attained identity through poetry. Mayakovsky's long poem *Chelovek* ('A Man', 1916–1917) and Markish's poetry of the revolutionary year 1917 are impressive examples of this tendency. However, as much as they glorify the self, the two poets never neglect dire reality. The "babochk[a] poėtichnogo serdtsa" ('butterfly of the poet's heart') that Mayakovsky describes in his poem *Nate*! ('Take this!')[22] trembles in the icy and deadly wind of the war and the pogroms – which is true of the Russian *enfant terrible* as well as of the Yiddish Bohemian. For both, writing poetry takes on the meaning of 'writing against God'. Mayakovsky's *Voyna i mir* ('War and the World', 1915–1916) and Markish's *Di kupe* ('The Heap', 1921–1922) are the works of two 'hommes révoltés' – long before Albert Camus' appearance on the stage of literature.[23] The title of Mayakovsky's poem bears witness to the great importance of Lev N. Tolstoy for the poet's work – notwithstanding the fact that he spells "mir" with a hard sign, according to the old Russian

20 Cf. Kenneth B. Moss' seminal work: *Jewish Renaissance in the Russian Revolution*. Cambridge, MA / London: Harvard UP 2009.

21 For Markish's affinities with German Expressionism cf. Jordan Finkin: Markish, Trakl, and the Temporaesthetic. In: *Modernism/Modernity* 15,4 (2008), pp. 783–801.

22 Mayakovsky: *Polnoe sobranie sochinenii v 13 tomakh*, vol. 1, p. 56.

23 Cf. Johannes Holthusen: *Russische Gegenwartsliteratur*, vol. 1: 1890–1940: Die literarische Avantgarde. Bern / Munich: Francke 1963, p. 98. I will abstain from discussing the Futurist experiments with language for the sake of this more essential issue.

orthography, thus emphasizing the meaning 'world'. However, on account of the homophony, the reference to 'peace' and, accordingly, to Tolstoy's magnum opus *War and Peace* is always present.

Self-enactments – a comparison of Mayakovsky's and Markish's poetry

According to his German translator Karl Dedecius, Mayakovsky's entire oeuvre can be regarded as "one single collection of tragic and grotesque self-portraits."[24] His first volume of poems is titled *Ia* ('Me', 1913), his autobiography *Ia sam* ('I Myself', 1922–1928). In between he wrote: *Vladimir Maiakovskii. Tragediia* ('Vladimir Mayakovsky. A Tragedy', 1913), in which the author is one of the characters (Mayakovsky actually played himself in the premiere of the play).[25] In his long poems *Oblako v shtanakh* ('A Cloud in Trousers', 1914–1915), *Fleita-pozvonochnik* ('The Backbone Flute', 1915), *Voina i mir* and, in particular, *Chelovek*, the central metaphors arise from the first-person speaker and vice versa. In *Fleita-pozvonochnik*, for example, the speaker plays the flute on his backbone in allusion to Hamlet's famous dialogue with the actors. Most of Mayakovsky's poetry is written in the first-person singular or plural,[26] its language abounds with metaphors, and is self-centered and hyperbolic like the poet himself. Mayakovsky repeatedly plays on his name as signifier and signified. Thus, in his poetry, he blurs the boundaries between author, protagonist, and speaker.

In his self-mythologization and mythopoetics, Mayakovsky aesthetically creates a self that is able to absorb all differences and break all

24 Karl Dedecius: Zum Thema. In: Vladimir V. Majakowskij: *Ich: Ein Selbstbildnis. Collagiert und kommentiert von Karl Dedecius*. Frankfurt am Main: Suhrkamp 1973, p. 221. Translated by author.

25 Cf. Thun: *Ich – so groß und so überflüssig*, pp. 65–68. *Vladimir Mayakovsky* is also the title of the author's last essay collection (cf. Roman Jakobson: Von einer Generation, die ihre Dichter vergeudet hat [Zum Freitod Majakovskijs, 1930]. In: Id.: *Poetik: Ausgewählte Aufsätze 1921–1971*, ed. by Elmar Holenstein / Tarcisius Schelbert. Frankfurt am Main: Suhrkamp 1979, pp. 158–191, here p. 162); cf. also *Neobychainoe prikliuchenie, byvshee s Vladimirom Maiakovskim letom na dache* ('An Extraordinary Adventure Which Befell Vladimir Mayakovksy in a Summer Cottage', 1920).

26 Cf. Dedecius: Zum Thema, p. 220.

boundaries.[27] Mayakovsky's self, however, is divided: The everyday self is the "eerie *doppelgänger*"[28] of the poetic self; the other *doppelgänger* is the savior from *byt* ('everyday life'): the new, better man (the MAN) of his dreams.[29]

"Mayakovsky's 'I' was like a gigantic backpack in which he carried the metaphysical idea of the unity of the world and the felicity of mankind into the real, everyday world."[30] As vivid as Karl Dedecius' characterization of the way that Mayakovsky crosses physical and metaphysical boundaries – between the self and mankind – may be, it is not entirely to the point. Take, for example, his poem *Chelovek* (1916–1917), which was written at about the same time as Markish's poems about the self. Overall, *Chelovek* is a Futurist travesty of the New Testament – and deals per se with the dissolution of the speaker's boundaries into the divine and infinity.[31] In the poem, the speaker's, i. e. Mayakovsky's, birth is followed by his 'life as a saint', his 'passion' and his ascent to heaven. Instead of *hosanna*, the angels in heaven sing

27 Roman Jakobson emphasizes the "unity of the symbolism" regarding the unity that is typical of Mayakovsky's entire oeuvre, arising from the dialectics between the self and the "will to overcome static boundaries" (Jakobson: Von einer Generation, pp. 162–163).

28 Ibid., p. 166.

29 "Byt" ('everyday life') stands for the obsolete petty bourgeois way of life, which is to be transcended through "bytie" ('being'): a higher, meaningful and spiritual existence (cf. Jakobson: Von einer Generation, p. 164; Figes: *Natasha's Dance*, pp. 466–467; Zinovii S. Papernyi: *Poėticheskii obraz Maiakovskogo*. Moskva: Akademia nauk SSSR. 1961, pp. 130–138). Marina Tsvetaeva in *Iskusstvo pri svete sovesti* ('Art in the Light of Conscience') puts the conflict between Mayakovsky, the man, and Mayakovsky, the poet, in a nutshell: "For twelve years, Mayakovsky, the man, killed Mayakovsky, the poet, in the thirteenth year, the poet rose and killed the man." (Marina Tsvetaeva: *Iskusstvo pri svete sovesti*. Moskva: Dom Mariny Cvetaevoj 1993, p. 42.)

30 Dedecius: Zum Thema, p. 222. Translated by author.

31 Mayakovsky's early work is replete with references to the Bible. Biblical motifs allow him to rise to the very heights of metaphor and probe the depths of godlessness. In *Oblako v shtanakh* the first-person speaker pays a visit to God in Paradise and reduces him to nothing: He who denies the entry of carnal love to heaven – the speaker wants to populate paradise with countless Eves whom he intends to bring in from the streets down on earth – is no more than a "krokhotnyi bozhik" ('teeny-weeny god'; ibid.), Mayakovsky: *Polnoe sobraniy sochinenii v 13 tomakh*, vol. 1, p. 195. For the meaning of Christian and classical myths in Mayakovsky's early work cf. Jurij Striedter: Poesie als "neuer Mythos" der Revolution am Beispiel Majakovskijs. In: Manfred Fuhrmann (ed.): *Terror und Spiel: Probleme der Mythenrezeption*. Munich: Fink 1971, pp. 409–434.

Verdi, and instead of praising God, they celebrate the boundlessness of the universe.[32] In view of this, the speaker prefers Earth, where he has been granted immortal status: After the speaker's suicide, Zhukovsky street is renamed Mayakovsky street.[33] In contrast to Jesus Christ, who will welcome infinity on Judgement Day, the Mayakovsky of the poem returns to the infinity of the universe.[34] Yet, at the same time a chorus of "a thousand churches" ("tysiach'iu tserkvei") ties him to the earth so that he can make peace with the saints and, consequently, rest in peace.[35]

In *Chelovek*, the boundaries between the self and God, between earthly life and immortality, have become blurred – not without some self-irony on part of the poet. Through Mayakovsky's concretizing metaphors, even the inner space of the individual becomes boundless:

> Cherepa shkatulku vskroit –
> sverknet
> dragotsenneishii um.[36]
>
> (Open the jewelry box of the skull –
> in it the precious mind
> will glitter.)

The speaker of the poem can 'raise' its 'heart like a flag' ("Ėto ia / serdtse flagom podnial").[37] The human body loses all boundaries and, at the same time, all human concepts of time and space become invalid[38] (Kazimir Malevich comes to mind). Roman Jakobson compared the poet's self to a "battering ram, pounding against a barred future."[39] However, the impact is parodistic and blasphemous. Man, alias Mayakovsky, employs Christ's story of suffering and salvation

32 Mayakovsky: *Polnoe sobranie sochinenii v 13 tomakh*, vol. 1, p. 259.
33 Ibid., p. 269.
34 Ibid., p. 270.
35 Ibid.
36 Ibid., p. 247.
37 Ibid., p. 249.
38 Cf. Thun: *Ich – so groß und so überflüssig*, p. 115.
39 Jakobson: Von einer Generation, p. 162.

in order to present himself as the better alternative. Christian altruism has become obsolete in view of a speaker who is, in another concretizing metaphor, "ognem obvit, / na nesgoraiushchem kostre / nemyslimoi liubvi"[40] ('entwined in flames, / on the inextinguishable bonfire / of an unthinkable love'). In this kind of heaven, the speaker of the poem frolics among the clouds ("Vot zakhotel / I po tucham / lechu ia"; 'I felt like flying / So I am flying / over the clouds now').[41] This concrete description mocks transcendent concepts of a heavenly ascent as they can, for example, be found on Russian orthodox icons.

This utter freedom of space and time indicates that the separation between the self and God is revoked in an act of blasphemy. Mayakovsky, with this conjunction of crude physicality, materiality and immortality, compensates for a central statement of the speaker in his poem *Oblako v shtanakh*: "Ia / dlia menia malo"[42] ('I / am too small for myself'). The only help lies with Jesus Christ: Face to face with him, whom he simultaneously negates and imitates, Mayakovsky perpetually restages himself as a poet-Christ. Whether as a martyr or savior, Jesus Christ is at the heart of Mayakovsky's poetic search for identity and identification.[43] In *Fleita-pozvonochnik*, he stages himself (once again in a concretizing metaphor) as the crucified poet: "gvozdiami slov / pribit k bumage ia"[44] ('with nails of words / I am pounded to the paper').[45] Heresy is an integral element of this stag-

40 Mayakovsky: *Polnoe sobranie sochinenii v 13 tomakh*, vol. 1, p. 272.

41 Ibid., p. 253.

42 Ibid., p. 179.

43 This shows how deeply rooted Mayakovsky is in Russian Orthodox faith that centers on Jesus Christ, ibid. In addition, characters from the Old Testament like Eve, Cain and Noah make appearances in his poems; and Babel, like Golgotha and Bethlehem, is an important topos of his poetry. The Mosaic God of creation and vengeance is, however, absent from his poems (cf. Thun: *Ich – so groß und so überflüssig*, p. 95).

44 Mayakovsky: *Polnoe sobranie sochinenii v 13 tomakh*, vol. 1, p. 208.

45 An analysis of the metaphors in Mayakovsky's long poems shows that life, poetry and the revolution merge into one big martyrdom of crucifixion. Cf. *Oblako v shtanakh*: A 'certain year' – which he later replaced with 'the year [19]16' ("shestnadtsatyi god", Mayakovsky: *Polnoe sobranie sochinenii v 13 tomakh*, vol. 1, p. 185.) – is wearing the "ternov[y]m vents[om] revoliutsii" ('thorny crown of the revolutions' (ibid.)). The first-person speaker of the poem presents himself as a 'precursor' ("predtecha") who crucifies himself for every tear shed (ibid). Georg Witte

ing of the self as Christ. In *Chelovek* the speaker appears as a savior without salvation: "V nebe moego Vifleema / nikakikh ne gorelo znakov [...]"[46] ('In the sky of my Bethlehem / there burned no signs') – while he / Christ is about to have a cup of morning coffee in Petrograd's Summer Garden, waiting for the (new) man worthy of him.[47] Mayakovsky's excessive staging of the self finds a counterpart in Perets Markish's work. In 1917, a new poetic voice makes itself heard during the hard times of the war at the end of the Tsarist Era[48]: With two seminal poems whose aesthetics and world-views display a profound connection with Mayakovsky, Markish revolutionizes Yiddish poetry. *Ikh zegn zikh mit dir…* ('I say good-bye to you…') and *Veys ikh nisht, tsi kh'bin in d'reym…* ('I don't know, am I at home or…') vault the first-person speakers into ecstatic freedom from the boundaries of time and space. Both poems celebrate the self in a state of complete freedom from all boundaries – as we know so well from Mayakovsky's poetry:

Veys ikh nisht, tsi kh'bin in d'reym…
tsi in der fremd –
ikh loyf!
Tseshpilyet iz mayn hemd,
nito z'af mir keyn tsoym,
kh'bin keynems nit, kh'bin hefker,
on an onheyb, on a sof…

mayn guf iz shoym
un s'shmekt fun im mit vint;
mayn nomen iz: 'atsind'…
Tsevarf ikh mayne hent,

describes Mayakovsky's appropriations of Christ as a step from "the book to the act", by which the poet stages himself as God's rival, as the new man-god (Georg Witte: Majakovskij – Jesus: Aneignungen des Erlösers in der russischen Avantgarde. In: Steffen Martus / Andrea Polaschegg (eds): *Das Buch der Bücher – gelesen: Lesarten der Bibel in den Wissenschaften und Künsten*. Bern / Bruxelles / Frankfurt am Main / New York / Oxford / Vienna: Lang 2006, pp. 287–302, here p. 290).

46 Mayakovsky: *Polnoe sobranie sochinenii v 13 tomakh*, vol. 1, p. 246.

47 Ibid., p. 247.

48 Cf. Moss: *Jewish Renaissance in the Russian Revolution*, pp. 29–30.

derlangen zey di velt fun eyn ek bizn tsveytn,
di oygn kh'loz gevendt,
fartrinken zey di velt fun untn biz aroyf!

Mit oygn ofene, mit a tseshpilyet hemd,
mit hent tseshpreyte, –
veys ikh nit, tsi kh'hob a heym,
tsi kh'hob a fremd,
tsi kh'bin an onheyb, tsi a sof…[49]

(Don't know if I'm at home,
Or if I'm afar –
I'm running!…
My shirt's unbuttoned,
There are no reins on me,
I'm nobody, I'm unclaimed,
Without a beginning, without an end…

My body is foam,
And it reeks of wind,
my name is: 'Now'…
If I throw out my hands,
They'd give the world a smack from one end to the other,
My eyes if I let roam about,
They'd guzzle down the world from the bottom up!

With eyes open, with an unbuttoned shirt,
With hands stretched out,
I don't know if I am at home,
Or have a-far,
If I'm a beginning, or an end.)[50]

49 *Veys ikh nisht, tsi kh'bin in d'reym*… quoted in this article according to: Khone Shmeruk / Benjamin Harshav (eds): *A shpigl oyf a shteyn: antologye: poezye un proze fun tsvelf farshnitene yidishe shraybers in Ratn-Farband*. Jerusalem: Magnes 1987, p. 375.
50 Translation by Chana Kronfeld in collaboration with Bluma Goldstein. As cited in: Chana Kronfeld: Murdered Modernisms: Peretz Markish and the Legacy of Soviet Yiddish Poetry. In: Sherman / Estraikh / Finkin / Shneer (eds): *A Captive of Dawn*, pp. 186–206, here pp. 198, 206.

The speaker has disposed of everything that connects him to the Jewish tradition – he does not own or need anything but his body (the same goes for Mayakovsky's first-person speaker that equally emphasizes his physical existence). The body as the celebrated metonymy of Modernism[51] becomes the dynamic alternative to the mind, traditionally prevalent in Jewish culture. Like that of Mayakovsky, Markish's self is able to embrace the whole world, divested of all temporal and spatial boundaries. The keyword in this connection is 'hefker', a very complex term that implies chaos and lawlessness, but also independence and placelessness.[52] The solemn tone of the poem provides it with a new, positive meaning: The topos of the Wandering Jew, a concept which originated in the Christian tradition of thought, turns into that of the 'New Man', celebrating the here and now with an open shirt (who would not think of Mayakovsky's famous yellow shirt). What makes things easier for Markish (and the reader), is that Markish's concept of the self is free of chiliastic hopes. Mayakovsky's concepts of the self, on the other hand, are consistently oriented towards a better future and a different self. His work has an inherent teleology and, consequently, a final point of development. Markish derides concepts of that kind; his self has neither beginning nor end and is the inversion of Christ's saying: "I am the Alpha and the Omega, the first and the last, the beginning and the end" (Rev. 22:13), as Khana Kronfeld has shown in her excellent analysis.[53] Markish's speaker of the poem celebrates himself – with his arms opened wide as an apotheosis of the moment. In this context, instead of 'itst', 'yetst' or 'itster', which all mean 'now', the poet chooses the word 'atsind', which can be translated more abstractly as: 'the now'.[54] In his carnivalization of Jesus, Christ Markish is on common ground with Mayakovsky.

51 Cf. ibid., p. 198.

52 The term has a number of other colloquial meanings and, in addition, forms part of mutually contradictory halachic concepts (cf. Kronfeld: Murdered Modernisms, p. 199).

53 Ibid., pp. 197–201, here p. 201. In addition, Kronfeld points out that the poem has to be seen within the context of Markish's entire oeuvre, ibid. p. 198.

54 Cf. ibid., p. 200. For the importance of the present cf. Markish's manifesto *Farbaygeyendik* ('In Passing') in: Karolina Szymaniak (ed.): *Warszawska awangarda jidysz: antologia tekstów pod redakcją Karoliny Szymaniak*. Gdańsk: słowo/obraz terytoria 2005, p. 32.

In *Ikh zegn zikh mit dir…* the speaker of the poem refuses to give allegiance to either the past or the future: He has stopped caring about the past and does not yet care about the future. Instead, he celebrates the moment, the "nishtiker atsind" ('the futile, fleeting now'),[55] which is the ideal vessel for an independent, modern Jewish identity. The adjective 'blind' as a positive attribute has a place of honor in the expressive, Futurist poetics of the poem and takes up an entire line. Important characters from the Tanakh, the Hebrew bible, are blind, e.g., Tobit, Jacob and the high priest Eli. According to Jacques Derrida, in the Hebrew bible blindness stands for great loyalty to faith.[56] Within the framework of Markish's poem, 'blindness' implies an absolute faith in the present: 'Blind' is used as an attribute of the first-person speaker as well as an adverb to describe the act of abandoning the present.
Like Mayakovsky, who in his manifesto *Poshchechina obshchestvennomu vkusu* ('A Slap in the Face of Public Taste', 1912)[57] provocatively throws literary heritage overboard, Markish presents himself as a poet without heritage.[58] Because Jewish religion and culture, like no other, are based on memory – in the words of Elie Wiesel: "to be a Jew is to remember"[59] – Markish's jettisoning of the past and cultural memory seems like a monstrous act that acutely endangers Jewish identity. All the more so as, according to the Yiddish literary critic Yekhezkl Dobrushin, Markish's worst enemy is not just the past but also eternity.[60]

55 Shmeruk / Harshav (eds): *A shpigl oyf a shteyn*, p. 375.

56 Cf. Jacques Derrida: *Aufzeichnungen eines Blinden: Das Selbstporträt und andere Ruinen*. Ed. by Michael Wetzel, transl. from the French by Andreas Knop / Michael Wetzel. Munich: Fink 1997, pp. 27–37.

57 David Burliuk / Aleksei Kruchenykh / Vladimir Maiakovskii / Velimir Khlebnikov: Poshchechina obshchestvennomu vkusu. In: Vera N. Terechina / A. P. Zimenkov (eds): *Russkii Futurizm: Stikhi, stat'i, vospominaniia*. Sankt-Peterburg: Poligraf 2009, pp. 69–70.

58 Dobrushin: Dray dikhter, p. 75.

59 Carol A. Rittner: An Interview with Elie Wiesel. In: Id.: *Elie Wiesel: Between Memory and Hope*. New York / London: New York UP 1990, pp. 30–41, here p. 31.

60 Dobrushin: Dray dikhter, p. 78. Cf. the line from Markish's collection *Pust un pas* ('Idle'): "Di eybikayt voz iz kegn mayn shtarbign atsind?" ('What is eternity in the presence of my dying Now?'), in: Shmeruk / Harshav (eds): *A shpigl oyf a shteyn*, p. 391; or Markish in his manifesto *Di estetik fun kampf in der moderner dikhtung* ('The Aesthetics of Struggle in Modern Poetry' 1922): "Der mentsh iz eybik in zayn

For Markish, Jewish identity is synonymous with the subjective and individual identity of the poet. Thus, Markish debunks the powerful Jewish collective while simultaneously undermining the traditional topos of the Jewish people as the 'People of the Book', and its *am-hasforishkayt* (from Hebr. *am*: 'people' and *sefer*: 'book').[61]
Anybody exploring the possibilities of modern verse (e. g. tonic verse, free verse, various registers of language, Futurist and Expressionist devices) with such virtuosity does not need (literary) tradition. Markish's faith in the revolution in combination with a predominantly apocalyptic worldview lends additional emotional coherence to his verses.[62] Markish's de-judaization of the topos of the Wandering Jew, whom he depicts with an open shirt and without the traditional attributes of a beard, a Jew's cap or a knapsack, is an example of this kind of proud self-confidence. By liberating itself from Jewishness – Kenneth Moss calls it a "deparochialization" in the sense of a spatial, religious and ideological liberation from the boundaries of Jewish culture[63] – modernism enters Eastern Jewish literature, art and culture. By the same token, Markish judaizes modernism with his poetry, which contains open and hidden references to the Jewish literary tradition.[64]
Important authors like the Symbolists Konstantin Balmont and Valery Bryusov were shocked by Mayakovsky's poetry.[65] When Markish read some of his poems to Hayim Nahman Bialik in the summer of 1917, the founder of modern Hebrew literature jumped to his feet shouting: "Yungatsh, vos zaynen dos far diburim!" ('Young

toyznt-mol shturemdikn oygnblik, un iz toyznt mol shtarblekh in zayn umendlekhkayt" ('Man is eternal in his moment that storms a thousand times and a thousand times mortal in his infinity'), in: Szymaniak (ed.): *Warszawska awangarda jidysz*, p. 48.

61 Geller: Peretz Markish and Literarische Bleter, pp. 94–95.

62 For Markish, two events justify the creation of the world: the Zionist rebuilding of Palestine and the Russian Revolution (cf. Andrej Jendrusch (ed.): *Spiegelglas auf Stein: Jiddische Literatur unter Stalin: Dichtung und Prosa von Moische Kulbak, Isi Charik, Itzik Fefer, Lejb Kwitko, David Hofstein, Peretz Markisch, David Bergelson und Dem Nister*. Berlin: Dodo 2002, p. 104).

63 Cf. Moss: *Jewish Renaissance in the Russian Revolution*.

64 Kronfeld: Murdered Modernisms, p. 199.

65 Cf. Thun: *Ich – so groß und so überflüssig*, pp. 58–59. The characteristics and the innovative power of Mayakovsky's verses are largely rooted in their sound structure; cf. Viktor B. Shklovskii: *O Maiakovskom*. Moskva: Sovetskii Pisatel' 1940, pp. 128–145.

whippersnapper, what kind of talk is that!').[66] With his poetry, Markish not only negated tradition, but also Bialik, the undisputed king of both Yiddish and Hebrew poetry.[67] It was *anti-byalikish* ('anti-byalikish'), as Nokhem Oyslender and Yekhezkl Dobrushin, literary critics from Kiev, described it,[68] and it opened up a new path for Yiddish poetry. This cannot have come as a surprise, since the very same Nokhem Oyslender in the spring of that year had presented Markish with a collection of Mayakovsky's poetry that, unlike Alexander Blok's verses, impressed the poet deeply.[69]

Markish's poetry celebrates a self that – as in the collection *Felzn* ('Rocks', 1919) – rises high up into the air. (Markish's – and Blok's – favorite force of nature is the wind, with which he identifies; Mayakovsky for his part prefers the sun as a point of reference.) The discovery of the subject (aligned with or against Christ) forms part of the aesthetic revolution within modern Yiddish literature around 1917,[70] and one important point of reference is Mayakovsky. Compared with other leading poets of his time like Dovid Hofshteyn, Leyb Kvitko, Uri Tsvi Grinberg and Melekh Ravitsh, Markish is the most radical. The only things he values are himself, the present and the revolution:[71] In his manifesto *Farbaygeyendik* ('In Passing', 1921), he rejects European poetry in a line of reasoning that connects ideology and poetics: "Di yidishe naye dikhtung in der revolutsyonerer Rusland hot zikh nit

66 Nokhem Oyslender: In 1917. In: *Sovetish heymland* 9,9 (1969), pp. 130–133, here p. 133.

67 Like Shmuel Yosef Agnon, Bialik initially wrote in Yiddish. His pogrom poem *Be-ir ha-haregah* ('In the City of Slaughter') was published in Hebrew (1904), and later, in the author's own translation into Yiddish, it became a very important point of reference for numerous Yiddish pogrom texts.

68 Cf. Mikhail Krutikov: *From Kabbalah to Class Struggle: Expressionism, Marxism, and Yiddish Literature in the Life and Work of Meir Wiener*. Stanford: Stanford UP 2011, pp. 113–114; Dobrushin: Dray dikhter, p. 80.

69 Oyslender: In 1917, pp. 132–133. I am indebted to Mikhail Krutikov for this suggestion. Mayakovsky, for his part, mentions the Hebrew national poet in *Fleita-pozvonochnik*, Mayakovsky: *Polnoe sobranie sochinenii v 13 tomakh*, vol. 1, p. 207. It is possible that Lilia or Osip, both being Jewish, introduced him to Bialik's poetry. But while Markish is a poet whose poetry and language are oriented towards the future, Bialik is a poet of the past, cf. Moss: *Jewish Renaissance in the Russian Revolution*, p. 188.

70 Cf. Krutikov: *From Kabbalah to Class Struggle*, pp. 109–120.

71 Moss: *Jewish Renaissance in the Russian Revolution*, p. 276.

vos tsu lernen bay der eyropeyisher dikhtung" ('There is absolutely nothing the new Yiddish poetry in revolutionary Russia could learn from European poetry').[72] In the fight for the revolution, Yiddish and Russian poetry will together raise the torch of novelty and "farkhlinyen vet zey di gantse velt in der sheferishn toye-vevoye"[73] ('devour the whole world in a creative chaos'). It is likely that Mayakovsky would have approved of this belligerent joining of poetic traditions.

The provocative declarations of war that Markish makes in his manifestos show his affinity with Mayakovsky. The similarities in the two poets' work are no less obvious. Like Mayakovsky, the Yiddish poet uses concretizing metaphors: His first-person speaker 'puts on darkness' ("tu ikh on af zikh di fintsternish"),[74] just as Mayakovsky's speaker dons his legendary trousers made of clouds.[75] In one of the poems of the *Felzn* cycle, the wings of an eagle inscribe the sky with bloodied feathers: "oyses in vayt, vi reder" ('letters in the expanse of the sky, like circles')[76]; in Mayakovsky's *Fleita-pozvonochnik*, his 'words [are engraved] into the crown / like a rainbow of spasms' of the beloved ("a v korone slova moi – / radugoi sudorog").[77]

Markish's texts as well as his meta-texts, his poetry and his proclamations, resonate with Mayakovsky's poetry and aesthetic credo that the "Revoliutsiia soderzhaniia – sotsializm-anarkhizm – nemyslima bez formy – futurizma." (revolution of the content – socialism/anarchism – is unthinkable without a revolution of the form, i.e. Futurism.)[78] According to Khana Kronfeld, this approach not only confirms that (Futurist = modernist) poetry is indispensable for the

72 Quoted from Szymaniak (ed.): *Warszawska awangarda jidysz*, p. 36. Markish here uses the word 'European' in the Russian sense of 'Western European'.

73 Ibid.

74 Markish: *Tu ikh on af zikh di fintsternish ...*. In: Shmeruk / Harshav (eds): *A shpigl oyf a shteyn*, p. 377.

75 Mayakovsky: *Polnoye sobraniye sochineniy v 13 tomakh*, vol. 1, p. 175.

76 Markish: *In der heykh ...*. In: Shmeruk / Harshav (eds): *A shpigl oyf a shteyn*, p. 378.

77 Mayakovsky: *Polnoye sobraniye sochineniy v 13 tomakh*, vol. 1, p. 206.

78 Cf. Mayakovsky in his *Otkrytoe pis'mo rabochim* ('Open Letter to the Workers', 1918). In: Vladimir Mayakovsky: *Polnoe sobranie sochinenii v 12 tomakh*, vol. 2. Moskva: Gosudarstvennoe izdatel'stvo khudozhestvennoi literatury 1939–1949, p. 466.

revolutionary process, "but also allowed Markish and the other Yiddish poets in revolutionary Russia to integrate their Jewish modernist experience with the cultural and political collective one."[79]
One literary portrait of Mayakovsky bears witness to the important role he played for Markish's strengthened Yiddish self-confidence. *Literarishe maskes* ('Literary Masks') is a series of eight texts published in 1924 in the Warsaw journal *Literarishe bleter* ('Literary Pages') that Markish dedicated to Yiddish (Osher Shvartsman, H. Leyvik and A.M. Fuks) and Russian writers (Maxim Gorky, Valery Bryusov, Sergey Yesenin and Ilya Ehrenburg), Mayakovsky among them. In this portrait, the Yiddish poet elevates Futurism to the status of a religion – with Mayakovsky as its most eminent prophet:

> Mayakovskis bunt funem vort, zayn futurizm iz nisht keyn literarisher. Far Mayakovskin iz der futurizm an onshoyung, a naye kulturele un sotsyale ordnung, velkhe di velt vet muzn onnemen vi a naye religye. [...] a lere, a evangelye, loyt velkher es darf kumen die mentshishe bafrayung.[80]

> (Mayakovsky's revolution of the word, his Futurism is not a literary one. For Mayakovsky, Futurism is a world view, a new cultural and social order the world has to adopt like a new religion. [...] a doctrine, a gospel teaching that the liberation of mankind is near.)

What Markish writes about Mayakovsky also applies to Markish himself. The tragedy of the two poets is inherent to the enormous scope of the new faith: The names of Vladimir Mayakovsky and Perets Markish stand for literary upheavals and great illusions concerning the political revolution of 1917 and the avant-garde. Mayakovsky is sure that the revolution will bring about a 'revolution of the spirit' ("revoliutsiia dukha").[81] Markish also regards the revolution as a primarily spiritual phenomenon: For him, the spirit of the revolution and the spirit of creativity are so closely interwoven that it is hard

79 Kronfeld: Murdered Modernisms, p. 198.

80 Perets Markish: Literarishe maske IV. Vladimir Mayakovsky. In: *Literarische bleter* 1,10 (1924), pp. 5–6, here p. 5. This is an explicit reference to Mayakovsky's poem *Oblako v shtanakh*, whose original title was to be *Trinadtsaty apostol* ('The Thirteenth Apostle'; cf. Peters: *Poesie und Revolution*, p. 18).

81 Mayakovsky: *Polnoe sobranie sochinenii v 12 tomakh*, vol. 2, p. 466.

to separate one from the other.[82] Both commit a tragic error in their belief in the transforming power of art.[83] The First World War and the Russian Civil War prove to be overpowering opponents for the poets, no matter how vehemently they may write against the slaughter in their great works *War and the World* and *The Heap*.

Violence and/or God – Mayakovsky's *War and the World* and Markish's *The Heap*

The First World War came as a shock for both Mayakovsky and Markish: Mayakovsky was drafted probably in October 1915 and worked as a technical draftsman in Petrograd.[84] Markish was severely wounded at the front. He began to reject traditional humanitarian values in the face of the pogroms throughout the Ukraine in 1919 and 1920.[85] The ideals of the 'New Man' and the reality of the 'here and now' came into irresolvable conflict. Both Mayakovsky and Markish were beset with doubts, even despair about humankind. They both reacted with their poetry: Mayakovsky's *War and the World* (1915–1916) is a provocative piece of anti-war poetry. The poem, consisting of a prologue, a dedication and five parts, depicts the mass killings as *vertep* (i. e. Ukrainian puppet theatre),[86] as a gory play and a macabre circus show.[87] Mayakovsky, like Pushkin, maintains a cosmopolitan and universally human point of view: Like Lazarus, he raises Galicia and other European regions, mountain-ranges and rivers, and the other countries involved in the war, from the dead – Mayakovsky even includes the Jews.[88] The 'New Man', to whom he will dedicate his next poem, is to lead mankind from war to freedom. Markish's *The Heap* maintains a decidedly Jewish point of view.[89] In 22 poems – provided we

82 Shneer: Peretz Markish, p. 176.

83 Thun: *Ich – so groß und so überflüssig*, p. 115.

84 Ibid., p. 103.

85 Moss: *Jewish Renaissance in the Russian Revolution*, p. 70.

86 Mayakovsky: *Polnoe sobranie sochinenii v 13 tomakh*, vol. 1, p. 217.

87 Ibid., p. 221.

88 Ibid., pp. 235–237.

89 The pogrom cycle was published in Warsaw in 1921, as a luxury edition with a cover by Henrik Berlewi. One year later, the cycle was re-edited in Kiev, with slight changes and a new cover by Joseph Chaikov.

accept the Kiev version as the canonical one – Markish subjects the concept of divine salvation to contempt. The 'hero' of his cycle that the first-person speaker identifies with (when he is not pursuing its apotheosis) is a heap of rotting corpses, all victims of the pogroms. Mayakovsky's poem and Markish's pogrom cycle pit aesthetic rebellion and religious obedience against each other. Mayakovsky's powerful anti-religious images and metaphors, which display influences of Nietzsche, Dostoyevsky and Russian Nihilism, and other forms of free thought or "*bogoborchestvo*" ('the fight against God'), are heavy attacks on the "religiously oriented Russian cultural traditions of many centuries."[90] In *War and the World*, the verses are interspersed with notes for songs: A marching song, a tango and death laments of the Russian Orthodox Church merge into one heterogeneous amalgam of sound that mirrors the absurdity of war. The song *Upokoi Gospodi dushu usopshego raba Tvoego*[91] ('Lord, give eternal rest to your deceased servant') sounds like pure mockery in juxtaposition with text fragments like the following: "A veter iader / v klochki izorval / i miaso i plat'e"[92] ('But the wind of the canons / tore to pieces / flesh and dress'). Alexander Blok refers to the same lament in his revolutionary poem *Dvenadtsat'* ('The Twelve', 1918); the image of Christ is yet another direct link between Blok and Mayakovsky.
Markish's *The Heap* also contains an intermedial reference to Jewish liturgy, albeit an implicit one. The 22 poems start with a variation of the *Kaddish* and end with *Amen*, placing the cycle within a framework of both ethical and aesthetic significance. Markish thus thwarts the tradition of the *Eichah*, *The Book of Lamentations*, and the *kinnot* ('dirges', from Hebr. *kina*; Yidd.: *kines*). Since the first poem relates to Yom Kippur of the year 1920, Markish parodies the *Musaf*, additional prayers on Sabbath or holidays, and the *piyyutim*, liturgic-poetic embellishments of an obligatory prayer as well.[93] Since all this

90 Thun: *Ich – so groß und so überflüssig*, p. 94.

91 Mayakovsky: *Polnoe sobranie sochinenii v 13 tomakh*, vol. 1, p. 226.

92 Ibid.

93 Seth Wolitz describes in detail Markish's subversive approach to the sacred pretexts, Seth L. Wolitz: A Yiddish Modernist Dirge: Di kupe of Perets Markish. In: *Modern Jewish Studies Annual* 6 (1987), pp. 56–72, here pp. 57–59, reprinted in: Sherman / Estraikh / Finkin / Shneer (eds): *A Captive of Dawn*, pp. 228–241. The symbolism of the number 22 opens up intertextual references to the Tanakh,

is intoned by a heap of corpses, the effect is grotesque. This parodistic and cynically subversive approach to sacred intertexts is one more thing the two authors have in common.
Mayakovsky and Markish raise the question of theodicy by means of poetry. But God, the potential addressee of the question of how the evil in this world can be justified by the good, is no longer taken seriously. Judaism and Christianity's monotheistic claims to salvation are forfeited: In Mayakovsky's poetry, the monotheistic deities have disappeared. In *War and the World* the souls ascend to an empty heaven:

Gde oni –
bogi!
"Bezhali,
vse bezhali,
I Zavaof,
I Budda,
I Allakh,
I Iegova."[94]

(Where are they –
the gods!
"They have run away,
all of them have run away,
Zabaoth,
Buddah,
Allah
and Jehova!")

Here, Mayakovsky uses two biblical names for God, "the Lord of hosts" (JHVH) and "Jehovah", based on a false reading of the Tetragrammaton. In the thirteenth poem, Markish's speaker invites the

Gen 22, which contains an account of the Binding of Isaac, is read on Rosh-Hashanah after Yom Kippur; the first and second chapters of the *Book of Lamentations* are written as acrostics, corresponding to the 22 letters of the Hebrew alphabet. Since the Jews are murdered on Yom Kippur, they are not buried.
94 Mayakovsky: *Polnoe sobranie sochinenii v 13 tomakh*, vol. 1, p. 227.

Jewish God, the Christian God and the Islamic God to a banquet at an inn (i. e. the heap):[95]

> [...]
> a moltsayt far tsvantsik yor-hunderts fargreyt iz,
> o, onkumt, arayngeyt
> [...]
> kumt! Nat aykh, tseefnt dem mishkens farmegn,
> tseboytet dem umet, trinkt in zikh mit veytog,
> – lekhayim! Adonay, khristos un alla![96]

> ([...]
> A meal is prepared for twenty centuries,
> oh, come, come on in
> [...]
> Come! There, open the treasure of the Tabernacle
> unsettle grief, suck yourselves full with pain and suffering,
> – to your health! Adonai, Christ and Allah!)[97]

They toast each other with a "hitl mit blut"[98] ('little hat of blood'). In the fifteenth poem, the first-person speaker reveals whose blood it is: Holy Communion is celebrated not with wine, symbolizing the blood of Christ, but with Jewish blood.[99] Using a key Christian symbol of sacrifice, Markish makes reference to the many Jewish victims who have lost their lives over the centuries as a result of anti-Jewish violence.

95 As in the seventh poem, the first-person speaker appears as the high priest of the heap of corpses, which can be interpreted as a parodist inversion of the new Tabernacle (*Avodah*). He calls together the gods in order to crown the Heap as the queen of all mountains, among them Ararat, Golgotha and Sinai (cf. Perets Markish: *Di kupe*. Varshe: Kultur-lige 1921, pp. 23, 28–29): Alla! / Khristos! Shaday! Ver nokh? ... / aher, farbeygeyer, farfirte piligrimen! / Aher, farblondzhete, s'iz a beys-zoyne! ..." ('Allah! Christ! Schaddaj [= Jewish name for God]! / Who else? ... come here, passers-by, seduced pilgrims! / Come here, lost folks, this is a whore house'). Mayakovsky: *Polnoe sobranie sochinenii v 13 tomakh*, vol. 1, p. 7.

96 Ibid., p. 19.

97 Markish here uses the Tetragrammaton as the name of God.

98 Markish: *Di kupe*, p. 19.

99 Ibid., p. 21.

In *War and the World*, Christ is dead: Mayakovsky who – just as in his tragedy and in *Chelovek* – appears as the main protagonist of the poem, carries the "obezglavlennogo mladentsa"[100] ('beheaded Infant Jesus') to the pedestal of an idol. Markish's speaker in *The Heap* demands the crucifixion of Christ[101] – both poets restage the death of Christ at the beginning of the 20th century.

Which experiences during the war drove Mayakovsky and Markish to such a radical indictment of God? Both were immediate witnesses of the terrors of war and pogroms, saw countless maimed, disfigured bodies – maybe they had to write about it to keep their sanity. Both chose drastic poetic imagery and used the motif of the *danse macabre*. In *War and the World* "vybezhala smert' / I zatantsevala na paladi, / baleta skeletov beznosaia Tal'oni"[102] ('death came running / and there danced on the carcasses / the noseless Taglioni of the skeleton ballet').[103] In *Di kupe* the dead lift their tattered clothes at the very beginning of the cycle for a *danse macabre* ("aroyf di hemder!" / 'Your Shirts up!').[104]

In this *danse macabre* – a topos that goes back to the 14th and 15th centuries – the sublime beauty of movement and the horror of death merge.[105] That what has ceased to exist moves, thus displaying an attribute of living things. More than that: Both Mayakovsky and Markish are aware that a violent death must be described in violent images and, consequently, they emphasize the physical aspects of death and violence: Mayakovsky speaks of "chelovechoe miaso"[106] ('human meat'), of a man with only one hand and of headless bodies that keep on walking.[107] Markish's *The Heap* is replete with references to blood, vomit and feces – and completely without hope for transcendent

100 Mayakovsky: *Polnoe sobranie sochinenii v 13 tomakh*, vol. 1, p. 231.

101 Markish: *Di kupe*, pp. 17, 31.

102 Mayakovsky: *Polnoe sobranie sochinenii v 13 tomakh*, vol. 1, p. 228.

103 Maria Taglioni was an Italian ballet dancer in the first half of the 19th century (cf. ibid., p. 444).

104 Markish: *Di kupe*, p. 5.

105 For the motif of the *danse macabre* cf. Gert Kaiser (ed.): *Der tanzende Tod: Mittelalterliche Totentänze,* ed., transl. and with an introduction by Gert Kaiser. Frankfurt am Main: Insel 1983; Uli Wunderlich: *Der Tanz in den Tod: Totentänze vom Mittelalter bis zur Gegenwart*. Freiburg: Eulen 2001.

106 Mayakovsky: *Polnoe sobranie sochinenii v 13 tomakh*, vol. 1, p. 228.

107 Ibid., pp. 225–228.

salvation.[108] By using the motif of the *danse macabre*, both authors inscribe themselves into a Western European aesthetic tradition, taking it to its extreme in the face of war and death.

Markish, Mayakovsky, Tolstoy and the laws of God

When the pogrom of Kishinev in 1903 sent shockwaves through the (Jewish) world, Lev Tolstoy spoke up in protest. At the invitation of the Yiddish author Sholem Aleichem, he contributed three fairy-tales to the almanac, whose proceeds were to go to the victims of the pogrom. Tolstoy became a kind of 'national saint' for the Eastern Jews. The Yiddish modernists did not have the slightest intention of pushing him off the 'steam-boat of the present' ("s parokhoda sovremennosti"), as Mayakovsky did in *A Slap in the Face of Public Taste.*[109]

The fact that Mayakovsky transforms Tolstoy's *War and Peace* into 'War and the World' in the face of World War I, thus deleting the counter-balancing force of peace, can be regarded as a declaration of the bankruptcy of Christian ethics with its central tenet "thou shalt not kill" – and a slap in the face for the Count who preached pacifism even outside the Christian value system (so far, there is still need for a comparison between Tolstoy's novel and Mayakovsky's poem from an intellectual and literary history perspective). Mayakovsky's intertextual references to Tolstoy in his poem go beyond the title. Thus, the drastic, naturalistic descriptions of violence in Markish's and Mayakovsky's work find a counter-part in *War and the World* (cf. Tolstoy's description of soldiers as "chair à canon"![110]). Tolstoy depicts the horrors of war with haunting intensity when the heavily wounded Andrey Bolkonsky is taken to a field hospital. The narrator describes how wounded Anatoly Kuragin, Bolkonsky's former rival, is shown his amputated leg still wearing its boot.[111] Mayakovsky radicalizes this kind of literary description of violence in his poetry: 'In a rotting

108 *Kupe* has the additional meaning of 'feces'.

109 Burliuk / Kruchenykh / Maiakovskii / Khlebnikov: Poshchechina obshchestvennomu vkusu, pp. 69–70.

110 Lev N. Tolstoy: *Voina i mir*, vol. 2. Moskva: Eksmo 2008, p. 253.

111 Ibid., p. 254.

wagon there are four legs to forty soldiers' ("[...] v gniiushchim vagone / na sorok chelovek – chetyre nogi").[112]

In *War and the World*, Mayakovsky settles three scores at once: with the Gospel, all the 'Tolstoys' hiding behind it' ("[...] zabivshikhsia pod Evangelie Tolstykh")[113], and Count Tolstoy, who justifies war as "naitrudneishee podchinenie svobody cheloveka zakonam Boga"[114] ('most difficult subordination of human freedom under the laws of God'). For Mayakovsky, God is dead. For Markish, God serves as a good reason for killing (Jews). So, what are God's laws for? Markish's "malke-kupe" ('Queen Heap') in *The Heap* hurls the Ten Commandments back to Mount Sinai, the site of divine revelation. The covenant between God and the Chosen People is radically put into question. The Ten Commandments are no longer valid cornerstones of universal human ethics. Mayakovsky's speaker, in lieu of Christ burdening himself with the collective guilt for the war, is the better savior.[115] Markish's first-person speaker offers neither salvation nor redemption. It is the rebellious and anti-prophetic voice praising a reversed world order. Markish's powerfully voiced outcry and testimony to an ethical and religious point of no return is a blasphemous act unprecedented in Yiddish (pogrom) literature:

> S'iz haynt a milekhike nakht fun ayngeshteltn krigele levone-layb gerotn,
> Dershrekt zikh nit, o, shvartse kets, far umru fun mayn tupen;
> Ikh gey aykh onzogn a gzeyre fun der malke-kupe:
> Zi shlaydert dem barg Sinay op tsurik di tsen gebotn ...
>
> Ir moyl zikh dorshtik roykhert, vi a krater a tsegliter,
> un troyerik ir zoyf, glaykh vi mit shvartsn markh farzotn;
> Hey, berg un markn! Af a shvue ruf ikh mit mayn lid aykh,
> di kupe blutikt dem barg Sinay op di tsen gebotn ...

112 Mayakovsky: *Polnoe sobranie sochinenii v 13 tomakh*, vol. 1, p. 228. By implication, Taglioni's dance can be regarded as an alternative concept to Natasha's dance in Tolstoy's novel.

113 Ibid., p. 219.

114 Tolstoy: Voina i mir, p. 289.

115 Ibid., p. 230.

Tsvey foyglen dreyen zikh arum ir moyl un shprekhn, un bashvern,
un viklen iber hoykh ir tsung, vi a tseflakerte megile,
un leygn af ir kop a kroyn fun shoymendikn shtern…

O, Sinay-barg! In iberkerter shol fun himl – lek di blove blote!…
Un nikhne, nikhne, vi a kats, in halbnakhtisher tfile,
Di malke-kupe shpayt in ponim tsrik dir op di tsen gebotn!…[116]

(It's a milky night of an upright pitcher resembling a moon-lion.
Don't be frightened, black cats, nor uneasy from my stompings;
I'm going to announce an evil decree from the Queen Heap:
She flings back to Mount Sinai the Ten Commandments!

Thirsting, her mouth puffs smoke like a red-hot crater
And her swill is mournful like black boiled brains;
Hey markets and mountains, I call you by my song to swear an oath.
The Heap sends back to Mount Sinai the bloodied Ten Commandments!

Overhead, two birds wheel around her mouth and babble
And swear and wrap her tongue about like a blazing *megillah*,
And place on her head a crown of foaming stars…

Oh Mount Sinai, in an overturned bowl of heaven, lick the blue muck!
And humble, humble, like a cat at midnight prayer,
The Queen Heap spits back in your face the Ten Commandments.)[117]

116 Markish: *Di kupe*, p. 30.

117 Translated by Seth L Wolitz in his article "A Yiddish Modernist Dirge: Di kupe of Perets Markish". In: Sherman / Estraikh / Finkin / Shneer (eds): *A Captive of Dawn*, pp. 237–238.

Armin Eidherr

Drei Khalyastre-Dichter: Uri Tsvi Grinberg, Meylekh Ravitsh und Perets Markish

Jiddistik im Rahmen der Jüdischen Kulturgeschichte und als eigenes Fach

Wer sich heute für ein Studium der Jüdischen Kulturgeschichte, der Jewish Studies und auch der Judaistik entscheidet, wird früher oder später nicht nur mit der jiddischen Sprache in Berührung kommen, weil sie beispielsweise nötig für die Lektüre wichtiger Quellen in allen Bereichen dieser Studien ist, sondern womöglich darüber hinaus bemerken, dass hier ein unermesslich großes Forschungsfeld vorhanden ist, das eigentlich einen eigenen Schwerpunkt, ein eigenes Teilfach darstellt bzw. gar als ein separates Studium vorstellbar wäre. Den Zugang zur Jiddistik eröffnen hauptsächlich vier Teilfächer – und zwar in gleichberechtigtem Maße: Die Didaktik und die Sprachwissenschaft, die Kultur- und die Literaturwissenschaft. Besonders letztere ist auf den ständigen Austausch mit den übrigen und ihre kontinuierliche Miteinbeziehung angewiesen und kann so als integrativer Schwerpunkt gesehen werden.

Didaktische Überlegungen zur Vermittlung jiddischer Literatur

Die Behandlung der jiddischen Literatur geschieht im Spannungsfeld kulturgeschichtlicher und linguistischer Überlegungen und Fragestellungen. Es dient also die Beschäftigung mit ihr auch der sprachlichen Analyse und der Verortung in einem historischen und kulturgeschichtlichen Kontext. Wie dies in der Praxis vorstellbar ist, soll

dieser Beitrag am Beispiel dreier Dichter der expressionistischen Warschauer Khalyastre-Gruppe[1] skizzieren. Ihr Leben und Werk kann dabei aus verschiedenen Blickwinkeln vorgestellt werden: vor den historischen Hintergründen, den ideologischen und poetologischen Auseinandersetzungen, den motivischen Ähnlichkeiten und Unterschieden.
Es bietet sich an, drei durch je ein signifikantes Textbeispiel repräsentierte Werke in den Fokus der Betrachtung zu nehmen. Alle sind 1921 erschienen, stehen noch unter dem Eindruck des Ersten Weltkrieges und teilweise auch der Pogrome, die diesem etwa in Lemberg folgten[2]. Sie haben mehr oder minder zyklische Strukturen, gelten als wichtige bzw. Hauptwerke der modernistischen jiddischen Dichtung und zeigen diese jenseits aller Zuschreibungen, wie sie bis heute der Jiddisch-Kultur generell und der -Dichtung im Besonderen immer noch angehaftet werden. Eine Vermittlung dieser Literatur jenseits all der üblichen Zuschreibungen wird ein besonderes, zentrales Anliegen bei der Beschäftigung mit der jiddischen Literatur sein. Sie wird dabei nicht nur bestehender Unkenntnis zu begegnen haben, sondern auch hartnäckig sich haltenden, tief eingeprägten Vorurteilen, Wunsch- und Zerrbildern vom Jiddischen als lustiger, beschränkter Shtetl-Sprache, in der zu Klezmer-Begleitung vom einfachen Leben gesungen wird.

Das *Anatevka*-geprägte Jiddisch-Bild

2016 erschien aus Anlass des 100. Todestages von Scholem Alejchem meine Übersetzung von *Tewje, der Milchmann* in einer besonderen Ausgabe des Manesse Verlages.[3] Bei den Präsentationen des Buches

1 Die Dichtergruppe nannte sich nach einer in einer Rezension (von Hillel Zeitlin) gebrauchten, durchaus negativ gemeinten Bezeichnung dieser Dichter als „Khalyastre“ (vom Polnischen *hałastra*, dt.: Bande, Rasselbande, Radaubrüder). Zur Khalyastre siehe Karolina Szymaniak (Hrsg.): *Warszawska awangarda jidysz: antologia tekstów*. Gdańsk: słowo/obraz terytoria 2005, S. 12–14.

2 Zu den Pogrom-Wellen in der Ukraine nach dem Ersten Weltkrieg siehe z. B.: Haim Hillel Ben-Sasson: *Geschichte des jüdischen Volkes: Von den Anfängen bis zur Gegenwart*, aus d. Engl. v. Siegfried Schmitz / Modeste zur Nedden Pferdekamp / Christian Spiel. Sonderausgabe in einem Band. München: Beck 1995, S. 1170–1171.

3 Scholem Alejchem: *Tewje, der Milchmann*, aus d. Jidd. v. Armin Eidherr. Zürich: Manesse 2016.

in Deutschland und Österreich begegnete man bei den Publikumsdiskussionen diesen von Zerr- und Wunschbildern geprägten Vorstellungen vielfach. Wie bekannt, liegt dem Musical *Anatevka* (*Fiddler on the Roof*) Scholem Alejchems Roman zugrunde, weicht von diesem jedoch in wesentlichen Aspekten ab, und zwar so, dass dabei eher eine Versimpelung und Verkitschung eintritt.[4] Nach Vorstellung des Werkes und kritischen, vergleichenden Exkursen zu *Anatevka* bei diesen Veranstaltungen wurden trotzdem noch Fragen gestellt wie: „In welchem Kapitel des Romans singt Tewje denn nun ‚Wenn ich einmal reich wär'?", oder: „Ah so, hat der Tewje außer Singen und Tanzen auch noch mit Milch und Käse gehandelt."

Ein anderes Bild: Warschau als Zentrum einer radikal neuen jiddischen Literatur

1921 war Scholem Alejchem, dessen Werk – technisch gesehen mit seinen inneren Monologen, Sprachspielen, Textsorten-Experimenten[5] usf. – der jiddischen Moderne zuzurechnen ist, bereits fünf Jahre tot, als sich in diesem Jahr aus verschiedenen Städten und Ländern drei Dichter in die polnische Hauptstadt Warschau, in *das* Zentrum der modernen Jiddisch-Literatur, aufmachten, sich dort kennenlernten und zu einer der bedeutendsten, für die Weiterentwicklung der jiddischen Literatur folgenschweren literarischen Gruppen zusammenschließen sollten: Aus Wien kam Meylekh Ravitsh (auch: Melech Rawitsch, 1893–1976), unter anderem um den die österreichische jiddische Literatur prägenden Neoromantizismus und die abzusehende Assimilation seiner Kinder Bluma-Ruth (geb. 1917) und Jossel (geb. 1920) hinter sich zu lassen.[6] Aus Kiew erschien Perets

4 Siehe Armin Eidherr: Nachwort. In: Ebd., S. 261–277, hier S. 261–262.

5 So ist *Marienbad* ein aus Briefen, Postkarten und vor allem Telegrammen komponierter Roman (Scholem Alejchem: *Marienbad. Kein Roman sondern eine ziemlich verwickelte Geschichte, die sich zwischen den Städten Warschau und Marienbad abspielt und zwar in 36 Briefen, 13 Billets-doux und 47 Telegrammen*, aus d. Jidd. v. Salcia Landmann. München: dtv 1972). Siehe zu den inhaltlichen und sprachlichen Wagnissen und den sich daraus ergebenden Schwierigkeiten für die Übersetzung: Salcia Landmann: Nachwort. In: Ebd., S. 155–168, hier bes. S. 165–166.

6 Vgl. Szymaniuk: *Warszawska awangarda jidysz*, S. 341–342. Ravitsh wurde als Sacharja-Chana Bergner 1893 in Radymno (Galizien) geboren. Ab 1910 Bankangestellter – erst in Lemberg und dann in Wien, wo er von 1912–21 lebte. Im Ersten Weltkrieg Soldat. 1921, inzwischen Vater zweier Kinder, übersiedelte er nach

Markish (1895–1952), um für den sowjetischen Gedanken zu werben.[7] Seine Dichtung war gekennzeichnet durch Aufschrei, Revolte und metaphysische Absage. Und aus Lemberg (damals als Lwów zu Polen gehörend) war Uri Tsvi Grinberg (1896–1981) gekommen, seinen *Mefisto*, mit dem er in der ebenfalls noch neoromantisch orientierten Lemberger Jiddisch-Szene auf kein Verständnis stieß, im Gepäck und außerdem auf der Flucht vor Pogromen.[8]

In ihren Werken präsentiert sich die jiddische Dichtung in einem bewusst modern-europäischen Kontext und fern von allen Klischees eines im Volksliedhaften oder der Arbeiterlyrik wurzelnden einheitlichen Schrifttums. Sie war so vielfältig, wie es auch

Warschau, das damals eines der Hauptzentren der jiddischen Literatur war. In Warschau gehörte er mit Perets Markish und Uri Tsvi Grinberg zu den Anführern der Schriftstellergruppe Khalyastre. Arbeitete als Sekretär des jiddischen Schriftstellerverbandes, der 250 Mitglieder hatte. 1934 verließ er Polen, lebte 1936–38 in Melbourne (Australien). Ab 1941 in Montreal, wo er – mit Unterbrechung durch zwei Israel-Aufenthalte (1950 und 1954–56) – bis zu seinem Tod im Jahre 1976 blieb. (Zu den Dichterbiografien siehe die entsprechenden Artikel in: *Leksikon fun der nayer yidisher Literatur*, hrsg. v. Shmuel Niger et al. 8 Bde. New York: Marstin 1956–1981.)

7 Vgl. Szymaniuk: *Warszawska awangarda jidysz*, S. 336–337. Markish, geboren 1895 in der Ukraine, war einer der bedeutendsten jiddischen Dichter der ersten Hälfte des 20. Jahrhunderts. Er wurde in Warschau in den zwanziger Jahren Ravitshs bester Freund. Markish begann als Fünfzehnjähriger russische Gedichte zu schreiben, veröffentlichte ab 1917 in Jiddisch. Stets überzeugter Kommunist, kehrte er 1926 in die Sowjetunion zurück. 1939 bekam er den Lenin-Orden, 1948 wurde er arretiert und vier Jahre später ermordet – am 12. August 1952, gleichzeitig mit vielen anderen jiddischen Dichtern, Kulturtätigen und Intellektuellen.

8 Zu Grinbergs Leben und Werk siehe ausführlich Armin Eidherr: *Sonnenuntergang auf eisig-blauen Wegen. Zur Thematisierung von Diaspora und Sprache in der jiddischen Literatur des 20. Jahrhunderts.* Göttingen: V&R unipress 2012. Geboren wurde Grinberg am 22. September 1896 (bisweilen fälschlich: 10. Januar 1894) in Biały Kamień (Galizien). Er kam noch nicht zweijährig nach Lemberg. Sein neuromantischer Beginn spiegelt sich in den ersten Gedichtsammlungen wider: 1915 *ergets af felder* (dt.: *Irgendwo auf Feldern*); 1919 *in tsaytns roysh* (dt.: *Im Rausch der Zeiten*), erweitert unter dem Titel *krig af der erd* 1923; 1921 *farnakhtngold* (dt.: *Das Gold der Abende*). Er war Soldat in der Österreichisch-Ungarischen Armee von 1915–1917. Der neoromantischen folgte eine expressionistische Phase, für die besonders der hier behandelte *Mefisto* (Lemberg 1921, 63 Seiten; und Warschau 1922, 85 Seiten) typisch ist. Der Autor ging nach Erscheinen der ersten Ausgabe nach Warschau, wo er Mitglied der Khalyastre wurde. Das Hereinbrechen eines noch schlimmeren Unglücks, als es sich in den letzten zehn Jahren gezeigt hatte, über Europa deutlich vorherahnend, ließ er es hinter sich und wanderte Anfang 1925 nach Erez Israel aus. Von da an verfasste er hauptsächlich zionistische Dichtung in Hebräisch. Am 8. Mai 1981 ist er in Jerusalem gestorben.

die ideologisch-politischen und literarischen Orientierungen der drei Dichter waren, die im Folgenden in aller Kürze skizziert werden sollen:
Meylekh Ravitsh fühlte sich als Weltbürger bzw. Kosmopolit, als Humanist und Pazifist. Außerdem vertrat er einen strikten Vegetarianismus. Für diese Ideologien warb er nicht nur in Vorträgen und Essays, sondern sie bestimmten auch ganz wesentlich die Inhalte seiner Dichtungen. Besonders in seiner Autobiographie, die in Auswahl in deutscher Übersetzung unter dem Titel *Das Geschichtenbuch meines Lebens*[9] erschienen ist, setzt er sich mit seinen weltanschaulichen Credos intensiv auseinander.
Perets Markish – der überzeugte Kommunist, der am 12. August 1952, dem Todesdatum vieler sowjetisch-jiddischer Dichter, in der Sowjetunion ermordet werden sollte, seine Verblendung und sein Ende – als Opfer begriffen, das dem des biblischen Isaak gleicht (nur ohne hemmend eingreifenden Engel) – schon früh vorherahnend, wie aus einem unbetitelten Gedicht von 1919[10] geschlossen werden kann:

> far mayn arumgeyn pust-un-pas iz mir der tog nokh karg,
> [...]
>
> mir iz tsu kleyn der veg – far mayn nit visn vu ikh gey do,
> un far mayn aynshparn zikh vild iz foyl un shleferik der vint;
> vos iz di velt kegn mayn eygn firn zikh tsu der akeyde,
> [...]
>
> Für ein Herumflanieren ist mir der Tag zu knapp,
> [...]
>
> Mir ist der Weg zu klein – für mein Nicht-Wissen, wohin ich hier gehe,
> Und für meinen wilden Eigensinn ist der Wind zu faul und schläfrig;
> Und was ist die Welt im Vergleich damit, dass ich mich selbst zu meinem eigenen Opferaltar führe,
> [...]

9 Melech Rawitsch: *Das Geschichtenbuch meines Lebens. Auswahl*, aus d. Jidd. v. Armin Eidherr. Salzburg / Wien: Müller 1996.
10 Abgedruckt in: Irving Howe / Ruth R. Wisse / Khone Shmeruk (Hrsg.): *The Penguin Book of Modern Yiddish Verse*. New York: Penguin 1988, S. 347, 349. Hier und im Folgenden stammt die Übersetzung vom Autor.

Mit „akeyde" spielt Markish auf die Opferung/Bindung Isaaks in 1. Mose 22 an, wo Isaak von seinem Vater Abraham ins Land Morija geführt wird, um dort auf einem Altar als Brandopfer geopfert zu werden, was in der Bibel im letzten Moment durch einen Engel des Herrn verhindert wird. (1. Mose 22,11–12)
Uri Tsvi Grinberg – ein fiebrig Orientierung in den ideologischen Angeboten (etwa Sozialismus, Diaspora-Nationalismus, Assimilation, Kultur-Zionismus, Kommunismus, religiöse Orthodoxie) Suchender, den schließlich die Zeitläufte und der in ihnen sich rabiatisierende Antisemitismus zum Zionismus führten.
Alle drei schufen ein umfangreiches dichterisches Werk, wovon nur wenig über die durch die jiddische Sprache gegebene Grenze hinaus bekannt geworden ist.

Drei Schlüsselwerke des jiddischen Modernismus

Die hier vorgestellten Werke sind: *Di kupe* (dt.: *Der Haufen*)[11] von Perets Markish, *Nakete lider* (dt.: *Nackte Gedichte*)[12] von Meylekh Ravitsh; *Mefisto* (dt.: *Mephisto*)[13] von Uri Tsvi Grinberg. Alle drei Werke, jiddisch-expressionistische Schlüsseltexte, haben vergleichbare Motive wie Krieg, Pogrome, ideologische und künstlerische (Neu-)Orientierung, Identitätssuche, Armut, Diaspora, Traditionsverlust; und sie schildern die Welt als Leichen- und Misthaufen (Markish), als etwas ‚trotz alledem' zu Bejahendes und dem mit Optimismus zu begegnen ist (Ravitsh), als beherrscht vom Teufel, der einen schwach gewordenen Gott entmachtet hat (Grinberg). Die genannten Motive und die jeweiligen Weltsichten bieten sich im Vergleich zu einem Einstieg in die Poetologien und Ideologien der drei Dichter (und exemplarisch vieler anderer Dichterinnen und Dichter) an.

11 Perets Markish: *Di kupe*. Warschau: Kultur-lige 1921.

12 Meylekh Ravitsh: *Nakete lider*. Wien: Der kval-farlag, kooperative opteylung „kritik" 1921. Zur Entstehung von *Nakete lider* siehe Rawitsch: *Das Geschichtenbuch meines Lebens*, S. 166–170.

13 Das Werk erschien in zwei Ausgaben: die erste in Lemberg 1921 und die zweite, erweiterte 1922 in Warschau, die 55 meist längere lyrische Texte zu einer Art Epos versammelt. Hier zit. n. Uri Tsvi Grinberg: Mefisto. In: Ders.: *Gezamlte verk*, Bd. 2. Jerusalem: Magnes 1979, S. 317–378.

Sie befinden sich alle irgendwie ‚am Scheideweg'[14] – am eigenen, den verschiedenen ideologischen Angeboten gegenüber – und letztlich an dem (tragischen!), der sie wegführen sollte von ihren Kollegen, die ‚Dreifaltigkeit' ihres sich ergänzenden Weltanschauungspluralismus zerreißend, das produktiv sich ergänzende Kräftespiel der unterschiedlichen Charaktere kalt oder verzweifelt opfernd – einem anderen, als richtig erachteten Ziel entgegen. Neben diesen zu vergleichenden Aspekten bieten sich noch andere an wie das Gebrauchmachen aller drei von einer intensiven Intertextualität und ein poetologisch begründeter Hang zur Intermedialität (Aufhebung von Gattungsgrenzen und den Grenzen zwischen Wort, Bild und Performance).[15]

Also sprach *Mefisto*

Dem Gefühl, an einem Scheideweg zu stehen, gibt Uri Tsvi Grinberg in seinem epischen Gedichtzyklus *Mefisto* am deutlichsten Ausdruck. Der Inhalt des Werkes wird bereits im ersten Text präformiert: Man betritt das Buch wie ein Labyrinth, ein Labyrinth, das eigentlich die – westliche, europäische! – Welt (des Mephisto) meint, hinter deren dekadenter Fassade Aggression und Kriegslust nur schlecht verborgen sind:

> – – an ufgepraler labirint. a shrayendiker farloyrn-geyer-velt-tog – falt a dervorgener: in gumen iz arayn a toplter galgl fun a zun.
> in milyonen glider-gebayen un in buzem fun nakht brent der vakhlomp funem pakhed. in di fun thoyhu-vovoyhu gefangene gufim geveltikt der groyl. men veyst dem nomen nisht. asoy muz zayn.
> baym vakhlomp funem pakhed zitst a geboygener, mit tseshoyberte hor un a tseflakertn moyekh – der yokhed un shraybt af papir zayn evangelyum.
> blutshtiker. knokhn-ksav. –
> ikh makh tsu di oygn un fal mitn shtern ibern shàr –
> mefisto der mentsh.
> grotesk-geshtalt.

14 So der Titel einer ideologisch einflussreichen vierbändigen Sammlung von hebräischen Schriften Achad Ha'ams, dem Begründer eines ‚geistigen Zionismus': *Al parashat derakhim*, erschienen 1895 (dt.: Achad Ha'am: *Am Scheidewege. Gesammelte Aufsätze*. Berlin: Jüdischer Verlag 1916–1923). Auf dieses Werk spielt Grinberg im *Mefisto* deutlich an (siehe dazu die Erläuterungen zur zitierten Stelle aus dem *Mefisto* unten).

15 Vgl. dazu generell Sabine Koller: *Marc Chagall. Grenzgänge zwischen Literatur und Malerei*. Wien / Köln / Weimar: Böhlau 2012.

– – das Tor zum Labyrinth ist aufgestoßen. Ein schreiender Welt-Verloren-Geher-Tag – bricht erwürgt zusammen: In den Gaumen ist eine *doppelte* Sonnensphäre hinein.
In Millionen Glieder-Gebäuden und im Busen der Nacht brennt die Wach-Lampe des Schreckens. Und die im Tohuwabohu gefangenen Leiber beherrscht das *Grauen*. Man kennt den Namen nicht. *So muss es sein*.
Bei der Wachlampe des Schreckens sitzt ein Gebeugter mit zerzaustem Haar und zerflammtem Hirn – der Einzelne/Abgesonderte und schreibt auf *Papier* sein Evangelium. Blutstücke. Knochen-Schrift. –
Ich schließe die Augen und falle mit der Stirn aufs Titelblatt –
Mephisto der Mensch.
Grotesk-Gestalt.[16]

Zum genaueren Verständnis sind ein paar Anmerkungen zur zitierten Stelle nötig: Ein späteres Gedicht (Nr. 40: *lebn mayns, vos geyst mit mayne yorn barg-arop* (dt.: *Mein Leben, das du mit meinen Jahren abwärts führst*)) macht klar, dass das ‚Labyrinth' ein Symbol für die Welt der Diaspora ist: „a shoyder-bild: an ufgepralter vister labirint / fun shrayendike vogl-teg un pkhodimdike nekht – –: " („Ein Schauer-Bild: Ein aufgestoßenes wüstes Labyrinth / von schreienden Wander-Tagen und schreckerfüllten Nächten – –: ")[17] Der nicht gewusste Name ist „Mephisto", mit dem das lyrische Ich wie hier bisweilen verschmilzt. Zur „doppelten Sonnensphäre" (wörtlich: „ein doppeltes Rad einer Sonne"), könnte man folgende Stelle in Friedrich Nietzsches Gedicht *An Goethe*, der implizit bzw. als ‚Intertext' im *Mefisto* omnipräsent ist, vergleichen: „Welt-Rad, das rollende, / Streift Ziel auf Ziel: / Not – nennt's der Grollende, / Der Narr nennt's – Spiel ... // Welt-Spiel, das herrische / Mischt Sein und Schein: – / Das Ewig-Närrische / Mischt *uns* – hinein!"[18]

16 Grinberg: Mefisto, S. 321.

17 Ebd., S. 364.

18 Friedrich Nietzsche: *Gedichte*, hrsg. v. Jost Hermand. Stuttgart: Reclam 1985, S. 65 (Herv. i. Orig.). Zur Intertextualität in Grinbergs *Mefisto* vgl. Karin Neuburger: Einleitung. In: Uri Zvi Grinberg: *Mephisto*, aus d. Jidd. v. Karin Neuburger. München: Fink 2007, S. 13–56, hier bes. S. 36–53. Zu Nietzsche und Grinberg siehe David Ohana: *The Origins of Israeli Mythology. Neither Canaanites Nor Crusaders*. Cambridge: Cambridge UP 2012, S. 50.

Wenn Mephisto auch „der Mensch" („mefisto der mentsh") genannt wird und nicht mehr unterscheidbar ist, ob es sich um ein eigenes Wesen oder um das lyrische Ich handelt, wird er auch als solcher darstellbar, obwohl dieser als Abbild Gottes in seiner Darstellbarkeit als umstritten galt. Somit befinden wir uns in einer Epoche, in welcher ein traditionelles Weltverständnis (etwa mit Bilderverbot) nicht mehr gegeben ist. – Der „Einzelne/Abgesonderte" (wörtlich: „der yokhed") meint offensichtlich primär das lyrische Ich, den Poeten. – Die so betretene Welt wird beherrscht von einem zynischen Wesen, Mephisto genannt, welches Dekadenz und Diabolischkeit der nunmehr – nach 1918 – ‚neuen' Epoche darstellt. Mephisto, der über Gott triumphierende Zeit-Geist, verkörpert sich in allen Lebewesen und Dingen. Zigaretten, Syphilis, Freudenhäuser, Alkohol und Haschisch gehören zu seiner Sphäre. Der Zusammenhang zwischen Krisenerfahrung, kriegsbedingter Vertreibung, aggressiv aufbrechenden Nationalismen und generell den Bedingungen in der Diaspora mit den sich transformierenden nationalen und transnationalen Identitätskonstrukten wird thematisiert.

„Die Welt von gestern", wie sie Stefan Zweig im Titel seiner Memoiren (1944) nennt, ist durch den Ersten Weltkrieg, den Grinberg an der Front mitmachte, und die durch ihn bedingten Verwüstungen, Zerstörungen und Umgestaltungen der politischen Landkarte verschwunden. Nicht zuletzt sind die Auswirkungen auf das traditionelle jüdische Leben gewaltig, das keinen Halt mehr zu bieten scheint. Der Dichter steht vor der Notwendigkeit der Neuorientierung hinsichtlich seiner poetologischen und weltanschaulichen Konzepte – und somit, wie schon erwähnt, ‚am Scheideweg':

> al poroshes drokhim shteyt mayn knokhndik gebay, / an ufgerisn heykhl on a dakh, / un ineveynik zitst mayn broyges ikh: / an oysgedart kubistish gliderdiks, / [...]

> Am Scheideweg steht mein knochiges Gerüst, / Ein aufgerissener Tempel ohne Dach, / Und innen drin sitzt mein zorniges Ich: / Ein ausgedörrt *kubistisch Gliederliches*, / [...][19]

19 Grinberg: Mefisto, S. 367.

„Al poroshes drokhim" ist die jiddische Aussprache von *Al parashat derakhim*, dem vierbändigen Hauptwerk Achad Ha'ams, auf das hier deutlich angespielt wird. Grinbergs spätere Wendung zum politischen bzw. nationalistischen Zionismus, der von Achad Ha'am ja eher mit Vorbehalten betrachtet wurde, ist Anfang der 1920er Jahre bei Grinberg noch nicht vollzogen.

Die von Leichenhaufen überdeckte Welt

Perets Markishs Dichtung *Di kupe* reagiert auf diese Erschütterungen durch Krieg und Pogrome mit einem klaren Aufschrei, einer radikalen Revolte gegen Gott, einer absoluten Absage an alle metaphysische Rückbindung, was für ihn nur eine Option übriglässt: Die Beendigung aller Ungerechtigkeit und Ungleichheit soll durch den Kommunismus herbeigeführt werden; dass sich diese optimistische Option als tödlicher Irrtum herausstellen sollte, war für ihn damals noch nicht abzusehen.
In dem Gedicht *s'iz haynt a milekhike nakht* (dt.: *Heut ist eine milchige Nacht*)[20] gibt der Haufen die Zehn Gebote dorthin zurück, von woher sie auf die Menschheit gekommen sind:

s'iz haynt a milekhike nakht fun ayngeshteltn krigele levone-layb gerotn,
dershrekt zikh nit, o, shvartse kets, far umru fun mayn tupen;
ikh gey aykh onzogn a gzeyre fun der malke-kupe:
– zi shlaydert dem barg sinay op tsurik di tsen gebotn …

ir moyl zikh dorshtik roykhert, vi a krater a tsegliter,
un troyerik ir zoyf, glaykh vi mit shvartsn markh farzotn;
– hey, berg un markn! oyf a shvue ruf ikh mit mayn lid aykh,
di kupe blutikt dem barg sinay op di tsen gebotn …

tsvey foyglen dreyen zikh arum ir moyl un shprekhn, un bashvern,
un viklen iber hoykh ir tsung, vi a tseflakerte megile,
un leygn oyf ir kop a kroyn fun shoymendikn shtern …

o, sinay-barg! in iberkerter shol fun himl – lek di blove blote! …
un nikhne, nikhne, vi a kats, in halbnakhtisher tfile,
– di malke-kupe shpayt in ponim tsrik dir op di tsen gebotn! …

20 Markish: *Di kupe*, S. 30. Vgl. auch Koller: *Marc Chagall*, S. 159–163, mit einem weiteren Beispiel aus *Di kupe* (ebd., S. 161–162).

Heut ist eine milchige Nacht aus dem hingestellten Mond-Leib-Krug geraten.

Erschreckt nicht, o schwarze Katzen, vor der Unruhe meiner Fußtritte;
ich komme, um euch eine Verfügung der Königin Haufen zu künden:
– Sie schleudert dem Berg Sinai die Zehn Gebote zurück ...

Ihr Maul raucht durstig wie ein glühender Krater,
und traurig ist ihr Gesöff, wie aus schwarzem Mark gekocht.
He, Berge und Ebenen! Zu einem Schwur ruf ich euch mit meinem Lied,
der Haufen blutet dem Berg Sinai die Zehn Gebote aus ...

Zwei Vögel kreisen um ihren Mund und sprechen und beschwören
und wickeln hoch ihre Zungen ein wie eine aufflackernde Buch- Esther-Rolle,
auf deren Kopf sie eine Krone schäumender Sterne legen ...

O Berg Sinai! In der umgedrehten Himmelsschale – leck den blauen Schlamm! ...
Und ergeben, ergeben wie eine Katze in mitternächtlichem Gebet
– speit dir die Königin Haufen die Zehn Gebote zurück ins Gesicht! ...

Ideologiefrei, das heißt *nackt*, stellt sich Meylekh Ravitsh seiner Zeit
Dem Zynismus des *Mefisto* und dem geballten Grauen der *kupe* setzt Meylekh Ravitsh einen übernationalen, keinen Zwängen einer Ideologie (und Religion!) gehorchenden jiddischistischen Kosmopolitismus[21] als jüdische Option entgegen: Einzige gemeinsame Verbindung ist die jiddische Sprache und Kultur; sie ist die geistige und kulturelle Heimat, in welcher Menschen unabhängig von ihrer politischen oder religiösen Überzeugung ihren Platz finden. Noch fühlt er sich allein auf diesem Weg:

21 Ironisch von Ravitsh thematisiert in dem Gedicht *Yidish!*; siehe dazu die Analyse in Eidherr: *Sonnenuntergang auf eisig-blauen Wegen*, S. 85–86. (Das Original von *Yidish!* ist abgedruckt in Ravitsh: *Nakete lider*, S. 159–160.)

eynzamkeyt

kh'hob ongehoybn mit hundert fremde gezangen,
un shtum geblibn inmitn,
azoy wi kh'bin hundert fremde vegn gegangen,
un ale tsum sof gemitn.
vel ikh mir zukhn eygene vegn.

un wayl ikh hob hundert eygene vegn,
mit ale paynen tomid nay batretn,
un tsu hundert neshomes mikh tsugebunen,
un nischt keyn mitgeyer gefunen,
vel ikh aleyn geyn dem likht akegn.[22]

Einsamkeit

Begonnen habe ich mit hundert fremden Gesängen
Und bin mittendrin verstummt,
So wie ich hundert fremde Wege gegangen bin
Und am Ende alle gemieden habe.
Nun werde ich mir eigene Wege suchen.

Und weil ich hundert eigene Wege
Mit allen Peinen stets neu betreten
Und mich an hundert Seelen angeschlossen
Und keinen Mitgeher gefunden habe,
Werde ich allein dem Licht entgegengehen.

In *Nakete lider* werden auch andere Wege als der allein gegangene in diesem Gedicht aufgezeigt. Die didaktischen Fragestellungen dazu könnten so formuliert werden: Wo finden sich dergleichen Wege beschrieben und wodurch sind sie gekennzeichnet? Welche Analyse der Welt geben sie? Was ist das speziell Jiddischistische daran?

22 Meylekh Ravitsh: Eynzamkeyt. In: Ders.: *Nakete lider*, S. 101.

Ausblick und weiterführende Fragen

Von den vorgestellten Ausschnitten aus den drei 1921 erschienenen Büchern führt der Weg weiter – tiefer in die drei Werke hinein, hin zu den anderen Werken der Dichter, zu ihren Zeitgenossen und Nachfolgern. Die Betrachtung wird sich den verschiedenen künstlerischen und ideologischen Kontexten zuwenden. Die sprachlichen Mittel werden untersucht: Wo treten Slawismen gehäuft auf und welcher Provenienz (aus dem Russischen, Ukrainischen, Polnischen) sind sie – und warum ist dies so?[23] Wie wird durch Hebraismen und Aramäismen die Welt der jüdischen Tradition heraufbeschworen, abgeschmettert, lächerlich gemacht, zu integrieren versucht?[24]

Die Forschungsfelder der Jiddistik gehen über in die Forschungsfelder Jüdischer Kulturgeschichte. Und diese in jene, wo die Auseinandersetzung mit den grundlegenden Fragen der Menschheit stattfindet.

23 So kündigen Slawismen immer das Erscheinen Mephistos an (vgl. Eidherr: *Sonnenuntergang auf eisig-blauen Wegen*, S. 165).

24 Siehe z. B. ebd., S. 161–164.

Autorinnen und Autoren

Daniel Boyarin ist Hermann P. and Sophia Taubman Professor of Talmudic Culture an der University of California in Berkeley. Seine Bücher und Artikel befassen sich mit verschiedenen Aspekten der Themenbereiche Gender, Ethnizität, Sexualität und den Beziehungen zwischen Christentum und Judentum. Was jedoch alle seine Werke miteinander verbindet, ist der ständige Bezug auf den Talmud.

Aimée Bunting unterrichtet an der Godolphin and Latymer School in London Geschichte. Sie promovierte 2006 am Parkes Institute for the Study of Jewish/non-Jewish Relations, University of Southampton bei Tony Kushner mit der Arbeit *Britain and the Holocaust. Then and Now*, einer Untersuchung über die Reaktionen auf und die Erinnerung an den Holocaust in Großbritannien. Aimee Bunting ist Honorary Fellow am Parkes Institute.

Armin Eidherr ist Professor für Jüdische Kulturgeschichte unter besonderer Berücksichtigung der Jiddistik und der deutsch-jüdischen Literatur am Fachbereich Germanistik sowie stellvertretender Leiter des Zentrums für Jüdische Kulturgeschichte an der Universität Salzburg. Seine Forschungsschwerpunkte sind u. a. jiddische Sprache, Literatur und Kultur, deutsch-jüdische Literatur sowie Exilliteratur.

Sebastian Günther ist Professor für Arabistik und Islamwissenschaft sowie Direktor des Seminars für Arabistik/Islamwissenschaft der Universität Göttingen. Zuvor war er an der Universität Toronto und der Martin-Luther-Universität Halle-Wittenberg, wo er 1989 promoviert wurde, tätig. Der Fokus von Sebastian Günthers Forschung liegt auf dem geistigen Erbe des Islams, vor allem des Korans, der islamischen Religions- und Geistesgeschichte und der arabischen Belletristik. Seine jüngsten Publikationen sind vor allem der Geschichte der Bildung im Islam gewidmet.

Irène Heidelberger-Leonard, Prof. em. Université libre de Bruxelles (1985–2009), seit 2009 Honorarprofessorin am Queen Mary College, University of London. Buchveröffentlichungen zu Jean Améry, Alfred Andersch, Ingeborg Bachmann, Jurek Becker, Thomas Bernhard, Günter Grass, Ruth Klüger, W. G. Sebald und Peter Weiss. Werke in Auswahl: *Jean Améry. Revolte in der Resignation. Biographie*, (Klett-Cotta, 2004 (Einhard-Preis 2005)). *Imre Kertész. Leben und Werk* (Wallstein, 2015). Irène Heidelberger-Leonard ist Gesamtherausgeberin der Werke von Jean Améry (9 Bde., Klett-Cotta, 2002–2008) sowie Korrespondierendes Mitglied der Deutschen Akademie für Sprache und Dichtung.

Sabine Koller ist Professorin für Slavisch-Jüdische Studien an der Universität Regensburg. Aus dem Dilthey-Fellowship der Volkswagen-Stiftung (2006–2012) ging ihre Habilitationsschrift *Marc Chagall. Grenzgänge zwischen Literatur und Malerei* (Böhlau, 2012) hervor. Ihre Forschungsschwerpunkte sind slavisch-jüdische Kulturen und Literaturen des 19. und 20. Jh., (Pogrom-)Gewalt in Text und Bild, Prozesse kulturellen Übersetzens sowie Poetik und Oppression (jiddische Literatur unter Stalin). Sabine Koller arbeitet derzeit im Rahmen des deutsch-israelischen GIF-Forschungsprojekts „In Their Sourroundings: Localizing Modern Jewish Literatures in Eastern Europe" zum jiddischen Dichter David Hofstein im literarischen und kulturpolitischen Kontext seiner Zeit. Parallel ist eine Studie zum Pogrom- und Hungerjahr 1919/1920 in der russischen und jiddischen Literatur in Vorbereitung.

Tony Kushner ist Marcus Sieff Professor of Jewish/non-Jewish Relations am Parkes Institute and History Department der University of Southampton. Sein jüngstes Werk ist *The Battle of Britishness. Migrant Journeys, 1685 to the Present* (Manchester UP, 2012). Derzeit arbeitet er an einer Studie zur Konstruktion von Ethnizität bei den Britischen Streitkräften sowie an zwei Büchern mit Bezug zum Holocaust: *Journeys from the Abyss. The Holocaust and Forced Migration* und zus. mit Aimée Bunting: *Co-Presents to the Holocaust.* Tony Kushner ist Mitherausgeber der Zeitschrift *Patterns of Prejudice* sowie Redakteur der Zeitschrift *Jewish Culture and History.*

Angelika Neuwirth ist Professorin für Arabistik an der Freien Universität Berlin und wirkte an zahlreichen Universitäten weltweit. Sie erhielt zahlreiche Preise und Ehrendoktorate. Sie war Direktorin des Orient-Instituts der Deutschen Morgenländischen Gesellschaft in Beirut und Istanbul. Sie ist Initiatorin und Leiterin des Projekts „Corpus Coranicum – Textdokumentation und historisch-kritischer Kommentar zum Koran" der Berlin-Brandenburgischen Akademie der Wissenschaften sowie weiterer Forschungsprojekte an der Freien Universität Berlin.

Susanne Plietzsch ist Professorin für Jüdische Kulturgeschichte sowie Leiterin des Zentrums für Jüdische Kulturgeschichte an der Universität Salzburg. Sie wurde an der Universität Leipzig mit einer Arbeit über den Freiheitsbegriff im rabbinischen Judentum und bei Paulus promoviert (veröffentlicht unter dem Titel *Kontexte der Freiheit*, Kohlhammer 2005). Vor ihrer Berufung nach Salzburg 2010 forschte und lehrte sie an den Universitäten Leipzig, Basel und Zürich. An der Universität Basel habilitierte sie sich 2009 mit der Habilitationsschrift *Text, Identität und Differenz. Weichenstellungen im antiken Judentum.* Ihre Forschungsschwerpunkte sind rabbinische Literatur, Judentum und Christentum in der Antike, jüdische Bibelexegese und -hermeneutik. Susanne Plietzsch betreibt einen Blog zu Midrasch und rabbinischer Literatur (http://bereschitrabba.hypotheses.org/).

Marsha Rozenblit ist Harvey M. Meyerhoff Professor of Modern Jewish History an der University of Maryland. Sie ist Autorin von *The Jews of Vienna, 1867–1914. Assimilation and Identity* (SUNY Press, 1983) sowie *Reconstructing a National Identity. The Jews of Habsburg Austria during World War I* (Oxford UP, 2001). Außerdem ist sie Mitherausgeberin von *Constructing Nationalities in East Central Europe* (Berghahn, 2005) und Verfasserin von mehr als 30 Artikeln über das Judentum in Österreich. Marsha Rozenblit war Präsidentin der Association for Jewish Studies (USA).

Gefördert von:
Stiftungs- und Förderungsgesellschaft der
Paris-Lodron-Universität Salzburg

Bibliografische Information der Deutschen Nationalbibliothek
Die Deutsche Nationalbibliothek verzeichnet diese
Publikation in der Deutschen Nationalbibliografie;
detaillierte bibliografische Daten sind im Internet
über http://dnb.d-nb.de abrufbar.

Umschlaggestaltung: Marija Skara
Lektorat & Satz: Neofelis Verlag (fs/mn/lw/ae)
Druck: PRESSEL Digitaler Produktionsdruck, Remshalden
Gedruckt auf FSC-zertifiziertem Papier.
ISBN (Print): 978-3-95808-021-8
ISBN (PDF): 978-3-95808-060-7